JAMES MARTIN HARVEY

NATIVITAS

ASTROLOGICAL STUDIES

JAMES MARTIN HARVEY

NATIVITAS

ASTROLOGICAL STUDIES

TRIOM
Centro de Estudos Marina e Martin Harvey
Editorial e Comercial Ltda.

1ª Edição

São Paulo
1992

* *Tradução e versão: Maria Helena Pacheco Fernandes Berenguer*

* *Revisão e Artefinal: TRIOM - Centro de Estudos Marina e Martin Harvey Editorial e Comercial Ltda.*

* *Composição: Serifa Lines Fotocomposição S/C Ltda.*

* *Impressão e Fotolitos: Laborgraph S/A.*

* *Ornatos com signos do Zodíaco utilizados na capa e nas ilustrações internas: Levy Pinotti e Marco Rossi*

Reservada e exclusiva a titularidade e propriedade desta edição para
TRIOM - Centro de Estudos Marina e Martin Harvey
Editorial e Comercial Ltda.
Rua Tabapuã, nº 821 - 10º Andar - sala 115
CEP: 04533/São Paulo/SP

Pedidos pelo Reembolso Postal

Impresso no Brasil
Printed in Brazil

JAMES MARTIN HARVEY

NATIVITAS

ASTROLOGICAL STUDIES

A fac-simile reproduction of natal charts researched by the author, compiled by Renata Carvalho Lima Ramos and Ruth C. L. da Cunha Cintra

Reprodução em fac-simile de mapas natais levantados pelo autor, organizada por Renata Carvalho Lima Ramos e Ruth C. L. da Cunha Cintra

TRIOM
Centro de Estudos Marina e Martin Harvey
Editorial e Comercial Ltda.

Mr. James Martin Harvey and his wife Marina.
Photograph taken in Rio de Janeiro, at the time of their marriage.

Da. Marina e o Sr. James Martin Harvey.
Foto tirada no Rio de Janeiro, à época de seu casamento.

Past life experiences,
Present alienation
The Mind is intuition's price!
Daren't you deeply dive
having just one chance?
But you shouldn't forget it's only a dream
that will never come back again.
A dream? And yet what is not a dream?
Wake up, wake up, for only when awake can we die.

Vivências do passado,
Alheamento do presente
O preço que a intuição cobra é a razão
Não hesites, mergulhe fundo!
— Que outra chance terás?
Mas não esqueças, é só um sonho
do que não volta mais.
Um sonho? Mas o que não é um sonho?
Acorda, acorda, que só acordado podemos morrer.

Rodrigo Araês Caldas Farias
São Paulo, 1990

We thank our friends who lovingly helped us to make this book a reality: Cleide José Loris, Lucio P. de Carvalho Lima, Mary Lou Simonsen, Plinio N. da Cunha Cintra, Raul Varella Martinez, Rodrigo Araês Caldas Farias e Sonia Maria Sarzedas.

Agradecemos aos amigos que carinhosamente colaboraram para que este livro se tornasse uma realidade: Cleide José Loris, Lucio P. de Carvalho Lima, Mary Lou Simonsen, Plinio N. da Cunha Cintra, Raul Varella Martinez, Rodrigo Araês Caldas Farias e Sonia Maria Sarzedas.

Renata e Ruth
São Paulo, 1992

INDEX

Biographical Notes
Memories
Historical Research on the Astral Inheritance
Fac-simile of natal charts
List of Nativities researched by the Author

ÍNDICE

Dados Biográficos
Recordações
Pesquisa Histórica sobre a Herança Astral
Fac-simile de mapas natais
Listagem das natividades levantadas pelo autor

BIOGRAPHY

Mr.James Martin Harvey, economist and writer, was born in Maldon, Essex, England, on February 22, 1904, the son of Edgar Augustus Harvey and Emilie Louise Jane Harvey. He attended Maldon's Grammar School and later Saint Chad's College, in Denstone, Staffordshire.

He began his professional career in "The Western Telegraph Co. Ltd", in Funchal, Madeira, in 1923; was transferred to Rio de Janeiro, Brasil, by the end of that year and in 1924 to the Island of São Vicente, Cabo Verde. He returned to Brazil in 1926, worked first in Recife and later, in 1930, in Santos, where he was appointed to the commercial division of the Company. It was in Santos that Mr. Martin met Miss Marina Teixeira de Carvalho, whom he married in 1933, when he was trasferred to Rio de Janeiro. In 1936 the young couple moved permanently to São Paulo, where Mr. Martin became the Commercial Manager of The Western Telegraph Co.

BIOGRAFIA

Mr. James Martin Harvey, economista e escritor, nasceu em Maldon, Essex, Inglaterra, em 22 de fevereiro de 1904, filho de Edgar Augustus Harvey e Emilie Louise Jane Harvey. Estudou no Maldon Grammar School, Maldon, Essex, e no Saint Chad's College, Denstone, Staffordshire.

Iniciou sua carreira profissional na "The Western Telegraph Co.Ltd", indo para Funchal, Madeira, em 1923; foi transferido para o Rio de Janeiro, Brasil, em fins de 1923, e para a ilha de São Vicente, em Cabo Verde, em 1924. Voltou para o Brasil em 1926, trabalhou em Recife e foi para Santos em 1930, quando ingressou na área comercial da Companhia. Foi em Santos que Mr. Martin conheceu Da. Marina Teixeira de Carvalho, com quem se casaria em 1933, quando foi transferido para o Rio de Janeiro. Em 1935 o casal mudou-se definitivamente para São Paulo, onde Mr. Martin assumiu a gerência comercial da Western Telegraph Co.

At this time he began to write economy reports for the Company and this led him to graduate in Economy in 1955.

After leaving Western, in 1946, he began working for the British Chamber of Commerce of São Paulo and one of his duties was to prepare the "Information Circular", an economy bulletin widely read in Brazil as well as abroad. In 1952 he took full charge of the bulletin, writing as much as 12.000 words every 2 weeks. He was appointed Secretary General in 1953 and, on retiring in 1960, was elected Honorary Member for the British Chamber of Commerce of São Paulo. From 1954 on, Mr. Martin was a correspondent (anonymous) of the London journal "The Banker", collaborator for the now extinct Anglo Brazilian Chronicle and for the Times of Brazil.

From his youth Mr. Martin was a student of historical subjects and, in 1946, became a member of the Historical Association of England. For more than 30 years he has been a member of the "Instituto Histórico e Geográfico do Brasil". In 1956 he was elected to the Board of Directors of the "Sociedade Brasileira de Cultura Inglesa de São Paulo", writing and publishing several "Braziliana Pamphlets" on Brazilian History.

Among his many objects of study was the work of Rosalia de Castro (1837-1885),

Foi nesta época que Mr. Martin começou a escrever relatórios econômicos para a Companhia e este interesse levou-o a formar-se em economia em 1955. Quando, deixando a Western em 1946, passou a trabalhar na Câmara Britânica do Comércio de São Paulo, uma de suas atividades era redigir o "Information Circular", boletim econômico de extensa divulgação, tanto no Brasil quanto no exterior. Em 1952 assumiu o contrôle completo do boletim, escrevendo 12.000 palavras a cada 15 dias. Foi nomeado Secretário Geral em 1953 e, quando se aposentou em 1960, foi eleito Membro Honorário da Câmara Britânica do Comércio de São Paulo. A partir de 1954 Mr. Martin foi correspondente (anônimo) no Brasil da revista londrina "The Banker", colaborador do extinto Anglo Brazilian Chronicle e do Times do Brasil.

Desde a juventude Mr. Martin foi um estudioso de assuntos históricos e, em 1946, tornou-se membro remido da Historical Association da Inglaterra. É, também, há mais de 30 anos, sócio do Instituto Histórico e Geográfico do Brasil. Em 1956 foi eleito para a Diretoria da Sociedade Brasileira de Cultura Inglesa de São Paulo e publicou vários "Braziliana Pamphlets", de sua autoria, sobre a História do Brasil.

Entre seus múltiplos interesses está a obra de Rosalia de Castro (1837-1885), poeti-

Spanish poet and the greatest modern writer in the "galego" dialect. Mr. Martin translated these poems into English but, being a perfectionist, was never completely satisfied with his work. He also wrote variations on themes from the poet Horace (65 B.C.-8 B.C.) for his own amusement. He published, in 1957, a limited edition of the "Variations on Themes from Horace". On demand from the Council of the British Community in São Paulo he wrote "100 Years of British Life in São Paulo" for inclusion in the official program of the festivities for the Coronation of Queen Elizabeth II.

In Brazil Mr.Martin is a person of the greatest importance for the so called "English" Freemasonry (i.e. directly subject to the Great United Lodge of England) that operates a small number of Lodges in Brazil thanks to a Treaty of Friendship and Mutual Reconaissance subscribed by that Great Lodge and the Great Orient of Brazil in May, 1935, and valid up to the present day.

Mr. Martin entered the Order in 1937, in the "Unity" Lodge and, after several appointments to hierarchical positions, became its Venerable Master in 1957. Two years later he received his first appointment to the masonic board of the "District Grand Lodge of South America, Northern Division", then in Rio de Janeiro, from where the lodges of

sa espanhola que foi a maior escritora moderna no dialeto galego. Mr. Martin traduzia estas poesias para o inglês mas, muito detalhista, jamais ficava satisfeito com o próprio trabalho. Escrevia, também, variações sobre temas do poeta Horácio (65 a.C - 8 a.C.), para seu próprio divertimento. Em 1957, publicou uma edição limitada de "Variations on Themes from Horace". A pedido do Conselho da Comunidade Britânica de São Paulo, escreveu "100 Years of British Life in São Paulo", para o programa oficial das festividades na época da coroação da Rainha Elizabeth II.

No Brasil, Mr. Martin é figura de maior importância na Maçonaria dita "inglesa", (i.e. subordinada diretamenta à Grande Loja Unida da Inglaterra), que opera no Brasil com pequeno número de lojas, graças a um Tratado de Amizade e Mútuo Reconhecimento subscrito por aquela Grande Loja e o Grande Oriente do Brasil, em maio de 1935, o qual continua em pleno vigor até os dias presentes.

Ele ingressou na Ordem em 1937, na loja "Unity" de São Paulo, sendo que, após sucessivas nomeações para cargos hierárquicos naquela agremiação, tornou-se seu Venerável Mestre em 1957. Dois anos mais tarde recebeu seu primeiro cargo na cúpula maçônica do "District Grand Lodge of South America, Northern Division" sediada então no Rio

Recife, Salvador, Rio de Janeiro, Belo Horizonte, Santos and São Paulo were directed. Almost annually he received new charges and responsibilities in the masonic structure, finally becoming, for many years, the President of the General Council, charged with the assistanceship to the District Grand Master. In recognition to his many services to the Order, his unfailing enthusiasm and interest in the development of Freemasonry he was finally nominated, in 1965, "Official of the Great United Lodge of England", a title which is attained only by exceptional freemasons.

Mr. Martin has always endeavoured to research masonic history, particulary the origins of the Freemasonry practiced by British subjects in Brazil. Consulting libraries, archives and records from many lodges in Brazil and abroad, he collected valuable material, much of which is still in manuscript form. He was an assiduous member of the "Quator Coronati 2076" Lodge of London, specialized in masonic research and universally considered as the best source of references to the students of Freemasonry. In 1972, on the occasion of the visit of high officials of the "Great Unified Lodge of England" who came to participate in the festivities celebrating the 150th anniversary of the "Grande Oriente do Brasil", he privately published his work "English Freemasonry in Brazil" with autographed copies for those officials.

de Janeiro, de onde se dirigiam lojas em Recife, Salvador, Rio de Janeiro, Niteroi, Belo Horizonte, Santos e São Paulo. Quase que anualmente recebeu novos cargos e responsabilidades na estrutura maçônica, culminando com a presidência, por diversos anos, do Conselho Geral incumbido de prestar assessoria ao Grão Mestre Distrital. Em reconhecimento por seus múltiplos serviços à Ordem, seu entusiasmo e interesse no desenvolvimento da Maçonaria, acabou recebendo, em 1965, a honrosa nomeação de "Oficial da Grande Loja Unida da Inglaterra", posição que somente os maçons excepcionais alcançam.

Mr. Martin sempre procurou pesquisar a história maçônica, especialmente as origens da Maçonaria praticada por ingleses no Brasil. Consultando bibliotecas, arquivos e registros de muitas lojas aqui e no exterior, reuniu valiosíssimo material, muito ainda em manuscrito. Era assíduo membro correspodente da loja "Quatuor Coronati 2076" de Londres, especializada em pesquisas maçônicas e mundialmente aceita com a melhor fonte de referências para os estudiosos da Maçonaria. Em 1972, por ocasião da visita de altas autoridades da Grande Loja Unida da Inglaterra, para as festividades do sesquicentenário do Grande Oriente do Brasil, chegou a publicar, com seus próprios recursos, a obra de sua autoria "English Freemasonry in Brazil", com exemplares autografados entregues àquelas autoridades.

Since his early youth, Mr. Martin used to save his meager pocket money to buy books on stars, and this love for the skies and for books grew throughout the following years.

After World War II, in 1945, when he found out that the British families were disposing of their books, he sailed to England on the first available cargo ship and there acquired a great part of his extensive and valuable library.

Delving in his rare books, he researched and determined the exact hour of the birth of hundreds of historical personages of Europe, since the year 1.133. His favourite subject was the comparison of these astrological charts with the historical events. He correponded with astrologers and astrological institutions in England, France and Germany and was a regular collaborator of such journals as the British "Astrological Journal". On many occasions he ensconced himself, for many months, in libraries such as the Bodleian of Oxford University, intensifying his researches on the hours of birth of said personages, being extremely preoccupied in establishing the veracity of his data and their sources.

Desde a infância James Martin Harvey economizava suas pequenas mesadas para comprar livros sobre as estrelas, e esse amor pelo céu e pelos livros foi se intensificando através dos anos. Após a 2.ª Guerra Mundial, em 1945, quando soube que as famílias inglesas estavam vendendo seus livros, embarcou no primeiro vapor cargueiro disponível e adquiriu, na Inglaterra, grande parte de sua extensa e valiosa biblioteca.

Mergulhado em seus livros raros, pesquisou e determinou a hora exata do nascimento de centenas de personalidades históricas da Europa, desde o ano de 1.133. Seu tema favorito de estudo era a comparação destes mapas astrológicos com os acontecimentos históricos. Mantinha correspondência com astrólogos e instituições astrológicas da Inglaterra, França e Alemanha, e foi colaborador regular de revistas como a inglesa "The Astrological Journal". Por várias vezes isolou-se durante meses em bibliotecas como a Bodleian, da Universidade de Oxford, aprofundando suas pesquisas de horários natais, pois era extremamente preocupado em provar a veracidade de suas informações e suas respectivas fontes.

The collection of nativities included in this book represent but a small part of the studies of Mr. Martin. It is the wish of Mrs. Marina Teixeira de Carvalho Harvey that all of his work be published, thus offering a rich source of data for future studies.

São Paulo, July, 1991
Cleide José Loris, M.B.E.*

---

* Mr. Loris is Manager of the British Chamber of Commerce in Brazil

A coletânea de natividades apresentadas neste livro é uma pequena parcela dos estudos de Mr. Martin. É intenção de Da. Marina Teixeira de Carvalho Harvey que toda a sua obra seja publicada, tornando-se assim uma fonte rica para pesquisas futuras.

São Paulo, julho de 1991
*Cleide José Loris, M.B.E.**

---

* *O Sr. Loris é Gerente Administrativo da Câmara Britânica de Comércio no Brasil, tendo sido agraciado com o título de "Member of the British Empire".*

MEMORIES

In the mid 70's, having bought some old issues of The Astrological Journal, I could hardly imagine that it would lead to my meeting that fascinating human being, Mr.James Martin Harvey, who would later honour me with his friendship. While browsing through no.2, Vol. 5 (Spring, 1963) of that journal, I came across a seven page article - The Early Tudors - which included the sources researched by the author and numerical data obtained by different methods from the Ephemeris of Gauricus, Zacuto and Schoch. Mr. Martin's article impressed me for its content, historical value and by its having been written by someone who lived in São Paulo, Brazil. In the December issue of that journal I found a mention of another article of his, published in another important British astrological journal - Astrology - (december, 1948/ march, 1949), on Charles II. Further issues of The Astrological Journal published many of his letters and articles on Richard the Lion Heart, Henry IV, Richard Neville, Edward IV, Richard III, Richard II, Henry V and their French Queens, Predictive Astrology in the Golden Age, Edward Longshanks, Elizabeth I and several others.

RECORDAÇÕES

Em meados dos anos 70, quando adquiri alguns números antigos da revista The Astrological Journal, publicada pela The Astrological Association, de Londres, não podia imaginar que essa aquisição me propiciaria conhecer a fascinante figura humana que, mais tarde, me honraria com sua amizade, Mr. James Martin Harvey. Ao folhear o número 2 do Vol.V (Spring, 1963) dessa revista, encontrei o artigo de sete páginas, The Early Tudors, com a citação das fontes pesquisadas pelo autor e com valores numéricos obtidos de formas diferentes, pelas efemérides de Gauricus, de Cardanus, de Zacuto e de Schoch. Esse artigo, de Martin Harvey, me chamou a atenção por seu conteúdo, valor histórico e pelo fato de ter sido escrito por alguém que morava em São Paulo, no Brasil. No número de dezembro dessa revista encontrei referência a outro artigo seu, publicado em outra importante revista astrológica britânica, a Astrology (dezembro de 1948/março de 1949), sobre Charles II. Em números seguintes, o The Astrological Journal iria publicar correspondências e vários artigos de sua autoria sobre Ricardo Coração de Leão, Henry VI, Richard Neville, Edward IV, Richard III, Richard II, Henry V e suas Rainhas Francesas, Predictive

The annals of the VII Congrés International D'Astrologie (Paris, 1953), issued by the Centre International D'Astrologie, also contains an article by Mr. Martin, titled Récherche Historique sur l'Heredité Astrale. In the introduction to this article, he claims that he does not consider himself an astrologer, at least not in the usual meaning of the word, but rather a lover of history, searching for data relative to the birth of historical personalities. He points out the fact that natal times and even dates have been erroneously registered by biographers and some astrologers. These errors are repeated in further publications in which the authors may or may not include the sources of their data. He emphasizes the importance and convenience, for astrological studies, that the sources of the dates and times of births be systematically presented and registered. Two examples are given: the case of Elisabeth de Boheme and that of a recent biographer of Queen Elizabeth I, who registers her birth as having occurred several hours after that which is considered as the true one. This biographer, when asked by Mr. Martin about the source of his data, answered that he did not remember as to the time of birth which, as far as he was concerned, was "merely an irrelevant detail"!

Astrology in the Golden Age, Edward Longshanks, Elizabeth I e muitos outros.

Também os anais do VII Congrés International D'Astrologie (Paris, 1953), publicado pelo Centre International D'Astrologie, transcrevem artigo de Mr.Martin, com o título Récherche Historique sur l'Heredité Astrale. Na introdução deste artigo afirma não se julgar um astrólogo, pelo menos no sentido habitual do termo, mas somente um amante da história em busca de dados de nascimento de personalidades históricas. Ressalta como horários e mesmo datas natais têm sido divulgados erroneamente por biógrafos e alguns astrólogos. Erros que continuam a se reproduzir em publicações posteriores, onde os autores citam ou não as fontes de seus dados. Lembra da importância e conveniência, para efeito dos estudos astrológicos, que sistematicamente sejam anotadas e divulgadas as origens das datas e horários considerados. Exemplifica com o caso de Elizabeth de Bohême, e com a citação de um biógrafo recente da Rainha Elizabeth I, que lhe atribui o nascimento como ocorrido várias horas depois do horário que não é colocado em dúvida. Esse biógrafo, consultado por Mr. Martin sobre a origem de seus dados, responde que não se lembrava quanto à hora do nascimento, que para ele era "apenas um detalhe sem importância"!

A good deal of Mr. Martin's interest in Astrology is aimed at the study of the life of personalities directly or indirectly connected with the British Royal House. For many years he collected trustworthy testimonials of contemporaries, referring to the direct line of British Monarchy, encompassing a span of 800 years and 25 generations.

He researched trustworthy natal times in the largest libraries, church records, archives and museums of Europe. He collected data related to important events as well as astrological interpretations made during the life of the persons studied. He also set up an important private library, containing many rare books, meticulously bound so as to be better preserved, all the while proclaiming himself as a mere trustee of this collection in the same way that he was a trustee of masonic relics. He construed hundreds of ancient astrological charts, in spite of all the difficulties involved in the calculations performed without the help of a computer and of the present Ephemeris. In the interpretation of these charts, for many years, he had the valuable assistance of Mrs. Erna Bastian, already deceased when I first met him.

This book contains only a part of this imense effort which may be fundamental in the investigation of agreements or disagreements between historical reports and their respective astrological readings, or rather, to what extent there is a coincidence between the

Boa parte do interesse astrológico de Mr. Martin se voltou para o estudo da vida de personalidades ligadas direta ou indiretamente à casa real inglesa. Passou anos recolhendo testemunhos, dignos de fé, de contemporâneos, concernentes a todos os membros da linha direta da monarquia britânica, abrangendo um período de 800 anos e 25 gerações.

Pesquisou horários de nascimento confiáveis nas maiores bibliotecas, registros de igrejas, arquivos e museus da Europa. Levantou dados relativos a fatos importantes, assim como interpretações astrológicas elaboradas nas épocas das vidas em estudo. Constituiu importante biblioteca particular, com obras raras bem encadernadas para melhor preservá-las e valorizá-las, embora sempre se colocasse apenas como um depositário desse acervo, assim como foi depositário de relíquias maçônicas. Construiu centenas de cartas astrológicas antigas, com todas as dificuldades inerentes aos cálculos feitos sem auxílio dos computadores e das efemérides atuais. Nas interpretações dessas figuras contou, por muitos anos, com a valiosa colaboração da Sra. Erna Bastian, já falecida na época em que o conheci.

Este livro apresenta apenas parte desse imenso esforço, que pode ser fundamental em constatações de concordâncias ou de discordâncias existentes entre relatos históricos e respectivas leituras astrológicas, ou seja, até onde há coincidências entre a narrativa da época dos fatos e o componente astrológico.

contemporary records of the facts and their astrological component.

Besides the ancient Ephemeris, Mr. Martin made frequent use of the following:

Schoch, Karl - Planeten Tafeln - Linsen Verlag G.M.B.H. Berlin-Pankow, 1927

Foelsch, Kuno - The Tables of Pluto - Publishing Company, Los Angeles, U.S.A, 1938

Hynes, James - Tábuas Solares - (not public.), 1954

For the reduction of the Tropic Zodiac into the Hypsomatic Zodiac, according to Fagan (longitudinal displacement of the Vernal Point - VP):

Fagan, Cyril - Zodiacs Old and New The Llewellyn Foundation for Astrological Research, Los Angeles, USA, 1950

Mr. Martin has always favoured the Campanus System of domification, since he believed that this was the natural method for the generation of the house cusps.

Some years ago, lecturing in the "Cultura Inglesa", São Paulo, he explained his ideas on Astrology:

"Well, at least in its occidental form, this ancient art emanates from the idea of a single principle permeating all creation. Five centuries before Christ, the Greek physician

Além de efemérides antigas, Mr. Martin utilizou com grande frequência:

Schoch, Karl - Planeten-Tafeln, Linser Verlag G.M.B.H., Berlin-Pankov, 1927

Foelsch, Kuno - The Tables of Pluto - Publishing Company, Los Angeles, USA, 1938

Hynes, James - Tábuas Solares - (não publ.), 1954

Para a redução do zodíaco trópico ao zodíaco hipsomático, no dizer de Fagan (deslocamento em longitude do Ponto Vernal - VP):

Fagan, Cyril - Zodiacs Old and New The LLewellyn Foudation for Astrological Research, Los Angeles USA, 1950

Mr. Martin sempre preferiu o sistema Campanus de domificação, por acreditar ser este método a forma natural de geração das cúspides das casas.

Anos atrás, ao proferir palestra na Cultura Inglesa, em São Paulo, exteriorizou seu pensamente sobre a Astrologia:

"Bem, pelo menos em sua forma ocidental, esta antiga arte se origina da idéia de um princípio único que permeia toda a criação. Cinco séculos antes de Cristo, o médi-

Hypocrates, defined this principle as a 'universal flow, a universal breath, the sympathy of all things'. Another philosopher, Philo, in the beginning of our age wrote, with a similar charm: 'God intending to unite in a close and loving companionship, the beginning and the end of all things created, made heaven the beginning and man the end ... (and) man, like the sacred images, encompasses around and within himself, natural gifts which correspond to the constellations ...' One could mention many others, but they all conform to the ancient label 'as above, so below', and this is much easier to remember.

Given this tremendous assumption and the certainty that each minute has its own characteristics, the Small World of Man has no problem (past, present and future) that may not be solved by the corresponding celestial pattern. All we need is a Map of the Heavens for that moment - and the skill to read it".

Raul V.Martinez*
São Paulo, July 23, 1990

---

* Raul Varella Martinez is a Professor of the Arts Institute of the "Julio de Mesquita Filho" São Paulo State University and a researcher in Astrology since 1968.

co grego Hipócrates explicava este princípio como um 'fluir comum, um sopro comum, a simpatia de todas as coisas'. E outro filósofo, Philo, escreveu, com igual encanto, no princípio de nossa era: 'Deus, tendo em mente unir em íntimo e amoroso companheirismo o princípio e o fim das coisas criadas, fez do céu o começo e do homem o fim... (e) o homem apresenta em volta e, dentro de si mesmo, semelhante a imagens sagradas, dotes da natureza que correspondem às constelações...'. Poder-se-ia citar muitos outros, mas todos se ajustam à velha etiqueta 'assim como acima, abaixo', e isso é mais fácil de lembrar.

Dada essa tremenda suposição, e a convicção de que cada minuto tem suas características próprias, o Pequeno Mundo do Homem não mantém nenhum problema (passado, presente ou futuro) que não possa ser resolvido pelo padrão celeste correspondente. Tudo o que se necessita é um mapa do céu para esse momento - e a habilidade para lê-lo."

*Raul V. Martinez**
São Paulo, 23 de julho de 1990

**Raul Varella Martinez é Professor do Instituto de Artes da Universidade Estadual Paulista "Julio de Mesquita Filho" e pesquisador na área de Astrologia desde 1968.*

A HISTORICAL RESEARCH ON ASTRAL INHERITANCE

(Lecture presented at the VII International Congress of Astrology at the "Centre Internacional d'Astrologie" and published by Pierre Roullaud, Editeur; Paris, 1954)

When I was honoured by your Vice-President's invitation to address you, I wondered whether I would be able to find a subject which might be of interest to the French astrologers.

To begin with, I am not an astrologer, in the ordinary sense of the word, but rather a history lover in search for data concerning the birth of historical personalities. I concentrated my researches on the nativities of the Royal Families of England and had, therefore, very little time to spend on other matters for the last six years. These were spent on gathering reliable testimonies concerning all of the direct descendants for a period of 800 years, encompassing 25 generations, in order to find out whether some hereditary trace would

PESQUISA HISTÓRICA SOBRE A HEREDITARIEDADE ASTRAL

(palestra proferida no VII Congresso Internacional de Astrologia, no Centre Internacional d'Astrologie, e publicada por Pierre Roullaud, Editeur; Paris, 1954)

Ao ser honrado com o convite feito por seu Vice Presidente para falar aos senhores, perguntei-me se seria capaz de encontrar um assunto que pudesse interessar aos astrólogos franceses.

Primeiramente, eu não sou um astrólogo no sentido comum da palavra, mas apenas um amante da história em busca de dados sobre o nascimento de personalidades históricas; devo dizer que nos últimos seis anos dediquei-me às natividades das famílias reais da Inglaterra, o que me deixou bem pouco tempo para outras coisas. Passei todos esses anos recolhendo testemunhos contemporâneos fidedignos, relativos a todos os descenden-

emerge out of these nativities throughout the centuries. Proof of this was obtained in about 180 cases.

As you know, there is nothing original in saying that hereditary characteristics stand out in the themes. A long time ago, the ancient astrologers noted similarities between the descendants of a particular family: Jerome Cardan wrote some aphorisms on this subject and Kepler made a study that can be summmarised in the following words: "I cannot say that all those possessing identical constellations are related, but that most people belonging to the same family have the same constellations". Those who disdain the Royal Art and rejoice in quoting Kepler's alleged condemnation of Astrology, might well pay attention to the following reference: De Stella Nova in Pede Serpentari, Joannis Kepleri astronomi Opera omnia: Dr. Ch.Frisch, Editor, Frankfurt am Mein und Erlangen, 1858-1871, vol.II, pg.646.

In modern times many researchers have followed in Kepler's steps: in the forefront there stands your Paul Choisnard, who dedicatet most of his life to this study; E.H.Bailey,

tes em linha direta, abrangendo um período de 800 anos e 25 gerações, a fim de verificar se algum traço hereditário surgiria nestas natividades através dos séculos. Encontrei uma prova em cerca de 180 casos.

Como sabem, não há nada de original na afirmação de que características hereditárias se discernem nos temas. Há muito tempo atrás, os antigos astrólogos notaram semelhanças entre os descendentes de uma mesma família: Jerome Cardan escreveu algumas máximas sobre este assunto e Kepler fez um estudo resumível nas seguintes palavras: "Não posso dizer que todos aqueles que possuem constelações idênticas ou similares sejam parentes, mas sim que a maioria das pessoas pertencentes à mesma família têm as mesmas constelações". Aqueles que menosprezam a Arte Real e se regozijam em citar a suposta condenação da Astrologia por Kepler, devem prestar atenção à referência: De stella nova in pede serpentarii, Joannis Kepleri astronomi Opera omnia, Dr. Ch.Frisch, Frankfurt am Mein und Erlangen, 1858-1871, Vol.II, pg.646.

Nos tempos modernos, muitos pesquisadores seguiram os passos de Kepler: à frente deles encontra-se vosso compatriota Paul Choisnard, que consagrou grande parte de sua vida a este estudo; E.H.Bailey, meu conterrâneo, menciona este assunto em seu estu-

my compatriot, mentions the subject in his study on the prenatal period. Similarly there have been some remarkable German researchers, in particular von Kloecker, Dr. Schwab and Dr. Georg Lomer. When my own study was fairly advanced, I learnt that Dr. Knappich of Vienna had done a similar work in his study on the Habsburgs, from Marie Thérèse on, and that it was published in the "Astrologische Rundschau" in 1928.

An even more surprising witness is Dr. Arvis Talley, an american who, working with animal improvement by selection, believed to have ruined Astrology after establishing their births for five generations. Soon, however, he publicly declared: "the horoscope is not only in accordance with Mendel's laws but is also confirmed by them, since the dominant planets succeed in the horoscopes of a particular family in the same way as the dominant characteristics of a pedigree".

Each one of these researchers followed his own way; I have followed mine. Due to the importance and homogeneity of the material, I hope to present something new, emphasizing the need for adding to the nativities everything that has been found on the

do sobre o periodo pré-natal. Do mesmo modo houve pesquisadores alemães notáveis, como Von Kloecker, Dr.Schwab e o Dr. Georg Lomer. Quando já estava bem adiantado em meus estudos, soube que o Dr.Knappich, de Viena, havia realizado um trabalho semelhante ao meu, com seu estudo sobre os Habsburgos, a partir de Maria Teresa, e que foi publicado no Astrologische Rundschau de 1928.

Testemunha mais surpreendente ainda é o Dr. Arvis Talley, um americano que, trabalhando com o aprimoramento de animais por seleção, pensou ter arruinado a Astrologia ao estabelecer seus nascimentos por cinco gerações. Entretanto ele logo declarou publicamente: "o horóscopo não apenas está de acordo com as leis de Mendel como também é confirmado por elas, pois os planetas dominantes se sucedem nos horóscopos de uma mesma família assim como as características dominantes de um pedigree".

Cada um destes pesquisadores seguiu seu próprio caminho; eu tomei o meu. Pela importância e homogeneidade do material, espero contribuir com algo de novo, insistindo na necessidade de juntar à natividade tudo aquilo que possa ser encontrado sobre o assunto, quer seja através de diferentes testemunhos, quer seja acrescentando algum detalhe adicional, como um parto prematuro. Como dizem os indígenas das ilhas Gilbert: "Co-

subject, whether coming from different testimonials or from some additional detail such as a premature birth. As the natives of the Gilbert Islands say: "Know the root and you will know the tree". I have always believed that very few students are acquainted with this jewel of primitive wisdom. We should not permit, for example, that our admiration for Choisnard, or even our belief in his integrity, should hide the fact that some of his examples were taken mostly from private circles as well as from the traditional Astrology, with its dubious tables and his custom of rectifying, sometimes up to three hours. Notwithstanding an expert's qualifications, any court would reject his testimony if it were based upon an example left on the laboratory table by an unknown person. Choisnard knew his sources but, as we do not, his testimony is perhaps weakened and, to us, unsatisfactory.

I must call your attention to the fact that there is no intrinsic value in the mere quotation from a reference or even the mention of the name of a biographer. In truth it is dangerous, by implying a knowledge and an authority that we can seldom verify. Allow me to give an example: Mary Anne Everett Green was a careful writer who listed her sources. In "Elizabeth of Bohemia" (new edition, revised by her niece and published in 1909), the

nheça a raiz e conhecereis a árvore"; sempre me pareceu que muito poucos estudiosos têm conhecimento desta jóia da sabedoria primitiva. Por exemplo, não devemos permitir que nossa admiração por Choisnard, ou mesmo nossa crença em sua integridade, nos ocultem o fato de que alguns de seus exemplos foram tirados, em grande parte, de círculos privados e mesmo da astrologia tradicional, com suas tábuas incertas e sua mania de retificar, alcançando, às vezes, até três horas. Não importa qual seja a qualificação de um perito, qualquer tribunal rejeitaria seu testemunho se este se baseasse num exemplo deixado em sua mesa de laboratório por um desconhecido. Choisnard conhecia suas próprias fontes mas, como nós as desconhecemos, seu testemunho fica, às vezes, enfraquecido, e não nos é suficiente.

Aqui, devo chamar sua atenção para o fato de que uma simples citação de uma obra de referência, ou a indicação do nome de um biógrafo, não tem nenhum valor intrínseco. Na verdade, ela é perigosa, por implicar em um conhecimento e uma autoridade que raramente podemos verificar. Permitam-me citar um exemplo: Mary Anne Everett Green era uma escritora cuidadosa que citava suas fontes. Em "Elizabeth da Boêmia" (nova edição revista por sua sobrinha e publicada em 1909), a data de nascimento da heroina é apresentada como sendo 16 de agosto de 1596, com a seguinte anotação: "Harl. MS. 1368".*

*MS = manuscrito MSS = manuscritos

date of the heroine's birth is given as August 16, 1596, with the following notation: "Harl. MS.1368". This is very interesting since the exact date, August 19, is controversial. Examining the MS, however, all I found was a heraldic record which began at a time when Elizabeth was already married, the date given being 19 and not 16. Mrs. Green, therefore, or perhaps the printers, made a mistake based on an old and doubtful source; the mistake, however, appeared in other books and certainly will appear in many others, backed by the magical label "Harl MS. 1368".

Let me give other examples from books that, this time, do not furnish their sources for the birth dates. A recent biographer of Queen Elizabeth I gives her a birth date many hours apart from the one accepted as true: when questioned by me, this biographer confessed that he had quoted it from memory. A prolific as well as renowned writer declared that Charles I of England was born "exactly one hour before midnight". When I asked about his sources he answered that he could not remember them and that he viewed the hour as "a picturesque detail". Later, by elimination, I managed to discover his sources and verified that the hour was given as "around eleven o'clock", that is, not eleven o'clock sharp.

Isto é muito interessante pois a data exata, de 19 de agosto, é controvertida. Contudo, ao examinar o manuscrito, encontrei somente um registro heráldico começado em uma data na qual Elizabeth já estava casada e com a referida data de 19 e não de 16. Deste modo, a sra. Green, ou quem sabe seus impressores, cometeram um erro baseando-se numa fonte antiga e pouco segura; entretanto, o erro apareceu em outros livros e com certeza aparecerá em muitos outros, atestado pela etiqueta mágica "Harl.MS.1368".

Permitam-me citar outros exemplos, desta vez segundo livros que não dão as fontes das datas de nascimento. Um biógrafo recente da Rainha Elizabeth I lhe atribue uma data de nascimento com várias horas de diferença daquela que não é posta em dúvida; quando consultado, este biógrafo confessou-me havê-la citado de memória. Um escritor tão prolífico quão renomado, declarou que Carlos I da Inglaterra nasceu "exatamente uma hora antes da meia-noite". Quando eu lhe perguntei a respeito de suas fontes, ele me respondeu que não era capaz de lembrar-se delas e que recordava a hora como "um detalhe pitoresco". Mais tarde, por eliminação, pude chegar até às suas fontes e constatei que a hora era "cerca das onze horas", ou seja, não exatamente na hora completa. Mesmo assim não se tratava de uma fonte da época. Um outro historiador, que relatou a vida de Henriqueta Maria de França, não foi capaz de me dar uma prova sequer do dia de seu nasci-

Moreover it was not a contemporary source. Another historian, who wrote a biography of Henrietta Maria of France, was unable to present a single proof of her birth date (you will see later that this is controversial), simply stating that November 25 is the date accepted by historians.

In short, to the mind of the average biographer, dates and times of birth are unimportant and even irrelevant details. As my friend Elaine Sanceau recently wrote to me from Portugal: "Although I would have loved to kwnow whether John II of Portugal was born on the 3rd. or the 4th., this is not so important for his biography but, on the other hand, if I had not been in such a hurry I would have considered it more carefully". I would like to add that Miss Sanceau deals only with original documents; I often correponded with her on the subject of John's birth and it seemed to me that she had uncovered many more documents on the subject than she let know. In my opinion it pertains more to the astrologer than to the biographer, the task of uncovering or verifying information on births; it is not enough, however, to base the research solely on the first reference obtained.

mento (e os senhores verão, mais tarde, que esta é problemática) simplesmente dizendo que 25 de novembro é a data "aceita pelos historiadores".

Em resumo, na mente do biógrafo mediano, as datas e horas de nascimento são detalhes de somenos importância e até mesmo irrelevantes. Como me escrevia recentemente de Portugal, minha amiga Elaine Sanceau: "Bem que eu teria apreciado muito saber se João II de Portugal teria nascido no dia 3 ou 4, mas isto não tem, realmente, importância para sua biografia; contudo se eu estivesse menos apressada, talvez tivesse prestado mais atenção". Devo acrescentar que Mlle. Sanceau trabalha somente com documentos originais; nós já haviamos trocado numerosa correspondência sobre o assunto do nascimento de João e me parece que ela havia descoberto muito mais documentos sobre este assunto do que fazia crer. Na minha opinião, cabe mais ao astrólogo do que ao biógrafo descobrir ou verificar as informações sobre os nascimentos. Não basta, porém, pesquisar somente na primeira obra de referência ao seu alcance.

Ao iniciar esta exposição, duvidei do seu interesse e estou percebendo que até agora só o que fiz foi pregar um sermão. Contudo, em minha documentação encontram-se as bases de um estudo sobre a família de Henrique IV da França. Creio que elas ilustrarão

In the beginning of this lecture I had some doubts on my capacity to catch your interest but now I perceive that all I have done so far is to preach a sermon.

In my documentation, however, you will find the foundations for a study on the family of Henry IV of France. I believe that they will exemplify the essence of the results of my study of the Royal Families of England and then, what is perhaps more important, they may give you an idea of the dangers that may pop up here and there in this type of research. Perhaps one of you will have your interest sufficiently aroused to continue this study which time and distance prevent me from finishing. So much the better if this study may be continued.

I will not overburden this text with the proofs contained in my notes and which are appended to it. I will limit myself to the evaluation of the witnesses. Unfortunately those concerning the parents of Henry IV of France are quite meager. As to Henry's birth there is an error of, possibly, half an hour, probably no greater than a quarter of an hour more or less from the hour which I determined and which reposes on solid bases. As regards Maria de Medicis I could only furnish what was known by the English Astrologers of the XVII Century.

a essência daquilo que resulta de meu estudo sobre as famílias reais da Inglaterra, e o que é ainda mais importante, poderão dar-lhes uma idéia dos perigos que surgem neste tipo de pesquisa. Qualquer um dentre os senhores poderá interessar-se suficientemente pela continuação deste estudo, que o tempo e a distância me impedem de terminar. Tanto melhor se este trabalho puder ser completado.

Não sobrecarregarei este texto com as provas contidas em minhas anotações dadas em anexo. Limitar-me-ei à avaliação das testemunhas. Infelizmente no que diz respeito aos pais de Henrique IV da França, é bem incompleta. Há um possível erro de meia hora quanto ao nascimento de Henrique, provavelmente não mais nem menos do que um quarto de hora além da hora estabelecida por mim, a qual se assenta sobre bases seguras. Quanto a Maria de Medicis, pude dar apenas informações contemporâneas do conhecimento de astrólogos ingleses do século XVII.

Quanto às provas referentes aos filhos, são melhores, se bem que gostaria que pudessem ser tão boas quanto as que dizem respeito aos filhos de Jaime I da Inglaterra, os quais nasceram mais ou menos nas mesmas datas. As principais fontes são o Dr. Jean Héroard e Maximilien de Béthune, duque de Sully e primeiro ministro de Henrique IV.

The proofs for the children are much better, although I would prefer that they be as good as the ones for the children of James I of England, who were born at about the same date. The main sources are Dr. Jean Héroard and Maximilian of Béthune, Duke of Sully, who was a friend and Prime Minister of Henry IV. If, however, someone asked you which of these witnesses was the best, or if I had given you only their names without revealing what they had said, you would probably choose Sully as the better qualified to know the truth. You may have, perhaps, read his memories and therefore know that when Maria de Medicis gave birth, the King immediately sent a note to Sully, announcing the event and asking him to order a gun salute (at least in one case). You will notice, however, that Héroard is a better witness than Sully when you read my appended notes.

Jean Héroard was a doctor who served Louis XIII during his childhood and youth. He kept a diary in which we may find, carefully recorded, the birth dates and times of six children of Henry IV. According to the extensive and detailed medical descriptions, it is quite certain that he was present at the births of Louis XIII, of his brother Gaston and of

Todavia, se aos senhores fosse perguntado qual seria a melhor destas testemunhas, ou caso eu lhes desse apenas seus nomes sem revelar-lhes o que haviam dito, provavelmente os senhores designariam Sully como sendo o melhor indicado para saber a verdade. Talvez os senhores tenham lido suas memórias e saibam que, quando Maria de Medicis deu à luz, o rei imediatamente enviou uma nota a Sully, anunciando-lhe o acontecimento e rogando-lhe que ordenasse uma salva de artilharia (pelo menos em um caso). Mas, se recorrerem às notas em anexo, verão que Héroard é uma excelente testemunha, enquanto que Sully não o é.

Jean Héroard foi um médico que trabalhou a serviço de Luis XIII durante sua infância e adolescência. Ele mantinha um diário no qual encontramos registrados cuidadosamente as datas e os horários de nascimento de seis filhos de Henrique IV e é certo que, de acordo com as longas e detalhadas descrições médicas, ele se encontrava presente ao nascimento de Luis XIII, de seu irmão Gastão e ao de Henriqueta Maria, embora os partos tenham sido assistidos por uma parteira. Para os astrólogos, o que é mais interessante é que ele nos diz que consultou seu relógio por ocasião do nascimento de Luis XIII (relógio esse do qual ele muito se orgulhava, pois nos dá até o nome do seu fabricante) e que o mesmo relógio marcava 10 horas quando Henriqueta Maria nasceu. Detalhes

Henrietta Maria, although the deliveries were helped by a midwife. For astrologers the most interesting point is that he consulted his watch when Louis XIII was born (he was very proud of this watch and even records the name of its maker) and then goes on to tell that, by the same watch, it was ten o'clock when Henrietta Maria was born. Such minutiae not only give him considerable reliability but also picture him as a very meticulous man. If we now check his informations against those of Sully we will find that the Prime Minister advances the birth of Louis XIII by thirty seven minutes, retards by thirty minutes the birth of "Monsieur", the King's brother and also records a difference of a whole day for the birth of Gaston (in my edition). As for the daughters they are not even mentioned.

Secondary sources such as the letters of Henry IV and several British astrological MSS, help in a different fashion. We wish we could rely on the father's official correspondence but any evidence concerning Henrietta Maria is non existant. The same is true for that of the British agent in Paris. If we accept Héroard's testimony as correct and then check it against Ashmole's MS, we find only a difference of seven minutes for Louis. Gaston's time is correct; there is a thirty minute difference for Elizabeth and of exactly eight hours for

como este não só lhe conferem grande autoridade como também revelam que ele era um homem muito meticuloso. Se, no entanto, confrontarmos suas informações com as de Sully, poderemos verificar que o Primeiro Ministro adianta em 37 minutos o nascimento de Luis XIII e atrasa em 30 minutos o de "Monsieur", irmão do Rei, e que ainda registra um dia de diferença no nascimento de Gastão (em minha edição). Quanto às filhas, sequer são mencionadas.

Fontes secundárias como as cartas de Henrique IV e diversos manuscritos astrológicos ingleses auxiliam de modo diverso. Gostaríamos de poder contar com a correspondência oficial do pai, mas as indicações dadas no que diz respeito à Henriqueta Maria demonstram que não há nada. O mesmo no que tange ao representante britânico em Paris. Considerando o testemunho de Héroard como exato, ao compará-lo com o manuscrito de Ashmole, encontramos uma diferença de apenas sete minutos quanto a Luis. A hora de Gastão está certa; há uma diferença de trinta minutos quanto à Elizabeth e de exatamente oito horas em relação a "Monsieur" (talvez "deux" em lugar de "dix"). No manuscrito de Sloane, Francis Bernard registra a hora exata para Gastão, embora confunda sua data com a de seu irmão mais velho, "Monsieur" (provavelmente porque ambos foram duques de Orleans) mas, há uma diferença de 90 minutos em relação à Christina e de 4 horas e

"Monsieur" (perhaps "deux" in place of "dix"). In Sloane's MS, Francis Bernard gives Gaston's exact hour although he confuses the date with that of his older brother "Monsieur" (probably because both were Dukes of Orleans); there is, however a difference of ninety minutes for Christina and of four hours and thirty minutes for "Monsieur" (perhaps "six" in place of "dix").The Bernards corresponded with the Ashmoles and other astrologers and Charles Bernard gives the same figures as Ashmole for Henrietta Maria, except for a thirty minũte difference in the hour of her birth. Finally there is an Ashmole MS dated 1709 (whose author I do not know), which gives precisely the hour for Louis XIII and Maria de Medicis but giving, however, the date for Henrieta Maria as November 25 and a purely imaginary hour. All of these discrepancies demonstrate how difficult it is to establish the traditional nativities when they are not supported by reliable historical evidences.

In my study of the Royal Houses of England I used, as a standard for comparison, the most ancient fundamental and astrological factors. Consequently I have chosen the Sun, the Moon and the angles formed by the horizon and the meridian. The AS and the DS constitute, therefore, a group, and so do the Zenith and the Nadir. Proceeding with the study of my examples it seemed that, particularly between brothers and even between different generations (or even with a two degree orb), the places of the Sun and the Moon

30 minutos em relação a "Monsieur" (talvez "six" em lugar de "dix"). Os Bernard corresponderam-se com os Ashmole e outros astrólogos e Charles Bernard apresenta os mesmos números que Ashmole quanto a Henriqueta Maria; apenas a hora apresenta uma diferença de 30 minutos. Finalmente há o manuscrito de Ashmole, 1709 (cujo autor eu ignoro), que registra com exatidão a hora de Luis XIII e também a de Maria de Medicis, como nos outros exemplares de Bernard e Ashmole, dando, no entanto, para Henriqueta Maria, a data de 25 de novembro e uma hora puramente imaginária. Todas essas variações demonstram como é difícil fixar o valor de natividades tradicionais quando não existe prova histórica onde se apoiar.

No meu estudo sobre as casas reais da Inglaterra empreguei, como termo de comparação, fatores astrológicos fundamentais dos mais antigos. Consequentemente, escolhi o Sol e a Lua e os ângulos formados pelo horizonte e pelo meridiano. Deste modo, o AS e o DS formam um conjunto; da mesma maneira o Zênite e o Nadir formam um outro conjunto. Prosseguindo com o estudo de meus exemplos, parecia que o lugar do Sol e da Lua era quase sempre o mesmo (ou com orbe de 2 graus) particularmente entre irmãos e mesmo entre gerações diferentes, em relação a um dos ângulos (ou eles estavam em oposição) e, do mesmo modo que os ângulos, o Sol e a Lua ocupavam posições in-

were often the same as regards one of the angles (they might be in opposition) and, in the same way as the angles, the positions occupied by the Sun and the Moon were interchangeable. You will remember that this convention makes opposite points in the Zodiac equivalent; those positions at right angles are excluded since they introduce too many factors; the proximity of the luminaries in respect to the angles is also not considered. My wish was to reduce the analysis to its simplest form, verifiable through public documents and mathematical tables, without the need for introducing an astrological theory. If it were possible to prove that the resulting similarities are more frequent among brothers than among unrelated persons, then we could assert, with certainty, that it had been proved that natural birth does not occur by chance alone but that it is ruled by extraterrestrial forces measurable in the Zodiac.

Applying this theory to the births of Henry IV and his family (in accord to the sources we know) we have:

tercambiáveis. Os senhores recordar-se-ão que esta convenção torna equivalentes os pontos opostos do Zodíaco; as posições em ângulo reto são excluidas, pois introduzem fatores excessivos; também não é levada em conta a proximidade dos luminares em relação aos ângulos. Meu desejo era reduzir a análise à sua forma mais simples, verificável através de documentos públicos e de tábuas matemáticas, sem que houvesse necessidade de introduzir uma teoria astrológica. Se fosse possível provar que as semelhanças que daí resultam são mais frequentes entre irmãos do que entre pessoas que não são parentes, então poderiamos afirmar, com plena confiança, que fica comprovado que o nascimento natural não é meramente acidental, mas sim comandado por forças extraterrenas mensuráveis no Zodíaco.

Aplicando esta teoria ao nascimento de Herique IV e de sua família (de acordo com as fontes que conhecemos), temos:

	Meridian	Horizon	Sun	Moon
Henri IV	♋ ♑ 23	♎ ♈ 19	♑ 2	♈ 25
Marie de Medicis	♉ ♏ 7	♌ ♒ 18	♉ 15	♐ 1
Louis XIII	♓ ♍ 12	♋ ♑ 11	♎ 5	♎ 24
Elisabeth	♎ ♈ 14	♐ ♊ 16	♏ 30	♓ 5
Crétienne	♒ ♌ 29	♋ ♑ 1	♒ 22	♈ 2
Monsieur, Duke of Orleans	♎ ♈ 2	♐ ♊ 7	♈ 26	♐ 24
Gaston Jean Baptiste	♓ ♍ 25	♋ ♑ 21	♉ 5	♍ 12
Henriette-Marie A	♉ ♏ 4	♌ ♒ 18	♐ 4	♏ 27
Henriette-Marie B	♉ ♏ 5	♌ ♒ 19	♐ 5	♐ 9

The following similarities are to be noticed:

1) Henry's meridian is approximately Gaston's horizon whereas his Sun is near Christine's horizon and his Moon is in aspect with Louis' Moon and Monsieur's Sun.

	Meridiano	*Horizonte*	*Sol*	*Lua*
Henrique IV	*♋ ♑ 23*	*♎ ♈ 19*	*♑ 2*	*♈ 25*
Maria de Medicis	*♉ ♏ 7*	*♌ ♒ 18*	*♉ 15*	*♐ 1*
Luis XIII	*♓ ♍ 12*	*♋ ♑ 11*	*♎ 5*	*♎ 24*
Elisabeth	*♎ ♈ 14*	*♐ ♊ 16*	*♏ 30*	*♓ 5*
Crétienne	*♒ ♌ 29*	*♋ ♑ 1*	*♒ 22*	*♈ 2*
Monsieur, Duque de Orleans	*♎ ♈ 2*	*♐ ♊ 7*	*♈ 26*	*♐ 24*
Gaston Jean Baptiste	*♓ ♍ 25*	*♋ ♑ 21*	*♉ 5*	*♍ 12*
Henrietta Maria A	*♉ ♏ 4*	*♌ ♒ 18*	*♐ 4*	*♏ 27*
Henrietta Maria B	*♉ ♏ 5*	*♌ ♒ 19*	*♐ 5*	*♐ 9*

Notar-se-ão as seguinte semelhanças:

1) O meridiano de Henrique é, aproximadamente, o horizonte de Gastão, ao passo que seu Sol fica perto do horizonte de Christina e sua Lua está em aspecto com a de Luis

It has no aspects with Henrietta or Elizabeth.

2) Maria de Medicis' theme angles are similar to those of her youngest daughter and her Moon is in conjuction with Elizabeth's Sun.

3) Louis' meridian is the same as Gaston's Moon and his Sun approaches Christine's Moon which is at the same degree as Monsieur's meridian.

Considering that the Sun is found in a particular degree only once every year and the Moon only once in a lunar month, that the angles cover the 360 degrees in one day, it seemed that the similiarities I have just noted could not happen by chance and therefore I did not make even the slightest verification. Besides I had not given it a thought before writing the present essay or even before reaching the above paragraph.

My verification, therefore consisted in selecting at random eight births in the "1001 Notable Nativities" and in two other colletions gathered by Maurice Wemyss entitled "More Notable Nativities" and "Famous Nativities", taking care to use the same criterium in all

e ao mesmo tempo com o Sol de "Monsieur". Não há relação com Henriqueta e Elizabeth.

2) Os ângulos do tema de Maria de Medicis são semelhantes aos de sua filha mais nova, ao passo que sua Lua está quase em conjunção com o Sol de Elizabeth.

3) O meridiano de Luis coincide com a Lua de Gastão e seu Sol aproxima-se da Lua de Christina, estando ela própria sobre o grau do meridiano de "Monsieur".

Levando-se em conta que o Sol se encontra num determinado grau apenas uma vez por ano, que a Lua, por sua vez, encontra-se somente uma vez num mês lunar e que também os ângulos atravessam os 360 graus num mesmo dia, pareceu-me que as semelhanças que acabei de assinalar não podiam ser devidas ao acaso e por isso não fiz a menor verificação. Aliás não pensei nisso senão ao redigir o presente ensaio e o parágrafo acima.

Minha verificação consistiu, então, em tomar ao acaso oito nascimentos nas "1001 Natividades Notáveis" e em duas coleções compiladas por Maurice Wemyss sob os títulos "Mais Natividades Notáveis" e "Natividades Famosas", tendo o cuidado de escolher em cada uma das obras, com o mesmo critério. Escrevi, então, o algarismo 7 e estabeleci uma série aumentando 20 para cada termo: 7, 27, 47, 67, 87, 107 e 127. Em seguida,

cases. I then wrote the figure 7 and constructed a progressive series with an interval of 20: 7, 27, 47, 67, 87, 107 and 127. The corresponding births were then chosen in the three books. As in Wemyss' book, however, the angles were sometimes not given, I used the next birth when the theme corresponding to one of the chosen numbers was not complete. To my disappointment I found that similarities existed in these fictitious "families" even more frequently than among the brothers of George V of England and also among the brothers of George VI. Moreover the number 7 meridians were interchageable in the three families in such a way that if they constituted three generations of a same family one might be tempted to think that the first borns of each generation should have the same meridian. This assumption seemed even more grotesque after I found out who were the possessors of the number 7 in the three books, namely a Duke of Saxe-Gotha, Warren G. Harding and the German Republic of 1918.

This being the case, that which to my way of thinking should be of interest to you, turned out a false trail, at least from my point of view. To reach a dead end after six years of research is not particularly gratifying. Notwithstanding I left my essay unchanged as an objective lesson of the dangers of what in English we call "wishful thinking" or prejudiced

selecionei os nascimentos correspondentes nos três livros. Entretanto, como no livro de Wemyss nem sempre os ângulos eram dados, tomei o nascimento seguinte quando o tema correspondente a um dos números escolhidos não estava completo. Para meu desapontamento, descobri que existiam semelhanças entre estas "famílias" fictícias e isto mais frequentemente do que entre os irmãos de Jorge V da Inglaterra e também entre os irmãos de Jorge VI. Além disso, os meridianos do número 7 eram intercambiáveis nas 3 famílias, de modo que, se elas constituissem 3 gerações de uma mesma família, poder-se-ia ser tentado a pensar que os primogênitos de cada geração tendem a possuir o mesmo meridiano. Esta suposição pareceu-me bem mais grotesca quando descobri quais eram os possuidores do número 7 nos 3 livros, a saber, respectivamente, um duque de Saxe-Gotha, Warren G.Harding e a República Alemã de 1918.

Assim sendo, aquilo que, na minha opinião mereceria o interesse dos senhores, tornou-se uma pista falsa, pelo menos sob o prisma em que me coloquei. Depois de seis anos de pesquisa, chegar a um beco sem saída como este não é uma constatação muito gratificante. Contudo, deixo o meu artigo como ele está, para servir de lição sobre o que chamamos em inglês de "wishful thinking" ou opinião preconcebida. Reproduzirei, agora,

opinion. I will now repeat the quotation that two years ago I wrote in the beginning of my MS on the Royal Families of England. These are the words written by the economist John Stuart Mill in his auto-biography:

"To doubt everything; never to avoid a difficulty whatever it may be; not to accept any doctrine be it ours or somebody else's without a severe examination through a negative criticism, never letting a sophistry, incoherence or misunderstanding pass unnoticed; above all insist that the meaning of a word be clearly understood before using it and, similarly, the meaning of a phrase before accepting it. These are the lessons we were taught by the ancient dialecticians".

Considering this excellent advice little I knew that I would be its first victim.

Let me, nevertheless, give you another quotation from a XV century English poet, prematurely deceased:

a citação que, há dois anos escrevi no começo de meu manuscrito sobre as famílias reais da Inglaterra. Estas são as palavras que o economista John Stuart Mill escreveu em sua auto-biografia:

"Pôr em dúvida todas as coisas; jamais se esquivar a uma dificuldade, seja ela qual fôr; não aceitar qualquer doutrina, seja ela nossa ou de outrem, sem um exame rigoroso, por meio de uma crítica negativa, não deixando escapar nenhum sofisma, nenhuma incoerência, nem confusão de pensamento; acima de tudo insistir para que o sentido de uma palavra seja compreendido claramente e, da mesma maneira, o sentido de uma frase, antes que ela seja aceita; estas são as lições que nos ensinam os antigos dialéticos".

Ao tomar nota deste excelente conselho eu ignorava que seria, eu próprio, a primeira vítima.

Entretanto, deixem-me dar-lhes uma outra citação, de um poeta inglês do século XV que, infelizmente, morreu prematuramente:

"By nature we were formed out of four elements,
And taught that while struggling for power from
the heart, we should aim our minds higher than
Our souls whose faculties may grasp
The wonderful world architectures
And measure any wandering planet course,
Rising always towards limitless knowledge,
Moving incessantly like tireless spheres,
Demanding we should consume ourselves,
Never taking a rest though."

Martin Harvey
(Brazil)

Note - The author appended a copious historical documentation to his essay which justifies the dates in the themes used. VIIe Congrès Internacional d'Astrologie-Centre Internacional d'Astrologie - Pierre Roublaud - Editeur; Paris, 1954

*"Lutando pelo poder em nosso coração,
A natureza de quatro elementos nos formou,
Sempre nos ensinando a mais alto chegar
Do que nossas almas, cujas faculdades
As maravilhosas arquiteturas do mundo compreendem
e o curso de cada planeta errante medem,
em direção ao infinito do conhecimento sempre se elevam,
como infatigáveis esferas, movem-se sem trégua,
exigindo que nos consumamos
sem jamais o repouso encontrar".*

*Martin Harvey
(Brasil)*

NOTA - O Autor acrescentou ao seu estudo uma documentação histórica abundante, a qual justifica as datas que são tomadas para os temas utilizados. VIIe Congrès Internacional d'Astrologie - Centre Internacional d'Astrologie - Pierre Roublaud - Editeur; Paris, 1954

FAC-SIMILE

Since the author used only standard calculating methods, the results presented in these charts may be improved with the use of current available tecnology.

The listed charts not included in this book may be ordered directly from:
TRIOM - Centro de Estudos Marina e Martin Harvey.

Posto que o autor utilizou somente métodos convencionais de cálculo, os resultados apresentados nestes mapas poderão ser aperfeiçoados por meio da tecnologia atualmente disponível.

Os mapas listados que não constam deste volume poderão ser solicitados diretamente a TRIOM - Centro de Estudos Marina e Martin Harvey.

PROOFS OF NATIVITIES

contained in

25 GENERATIONS .

Indian

Collected by J.M.Harvey and calculated from English almanacks in his possession, together with the tables of Schoch and Foelsch for the outer planets.

The index dates are kept in the English reckoning until September 2 1752, after which date the Gregorian calendar came into use officially; English births follow the same rule, but foreign one are usually shown in the one ruling abroad or in double natation.

The reference of every example is my finding of the date of birth. In these references the year is always taken to begin from January 1.

Martin Harvey

Collectio Geniturarum ~

Virorum et Feminarum Illustrium
praecipue ex Angliae, Scotiae, Franciae
Portugalliae stirpibus regalibus
ortorum ~

Studio
a Martino Harveio
Maldoniense

collata apparatuque critico instructa

HENRY II OF ENGLAND SURNAMED FITZEMPRESS 1133.3.5
Henricus Dei gratia Rex Anglorum et Dux Normannorum et Aquitannorum et Comes Andegavorum

Calculated for Le Mans 48NO OE12, Mid-Lent Sunday 5 March 1133, apparent noon, from Hynes, Schoch and Foelsch.

Tropical zodiac
VP: 17°13'
Birth time untraced
☊ ♓0.1

☽	☉
♒ 13.6	♓ 21.4
17.2	17.2
30.8	38.6
♒ 0.8	♓ 8.6

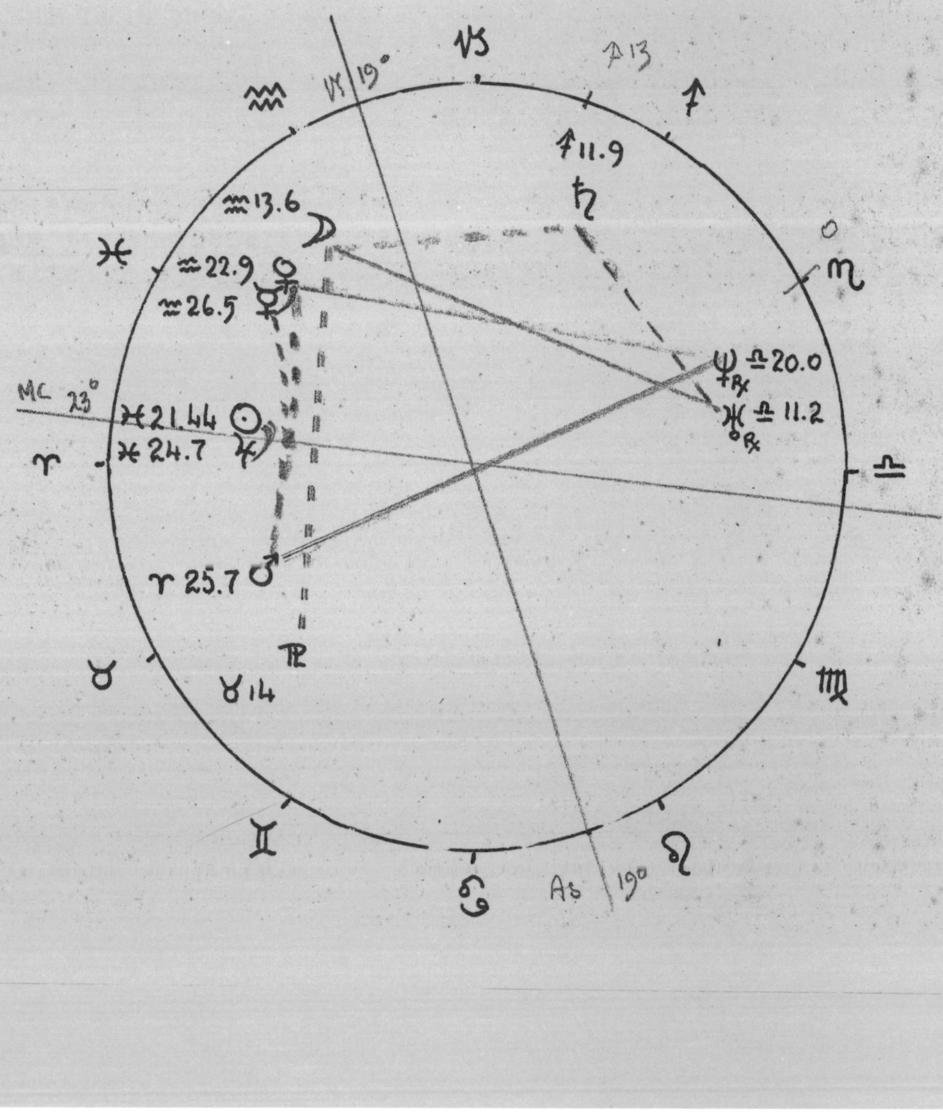

42

Natus est Henricus, filius Gaufridi comitis Andecavorum, ex Mathilde filia Henrici regis Anglorum, quae prius uxor fuerat imperatoris Alemanniae. Praefati Henrici nativitas iii° nonas martii exstitit, dominica die, in medio quadragesimae, in Cenomannica civitate, ubi et baptizatus est. (In mcxxxiii)

Chronicon Sancti Sergii Andegavensis: page 144.
The originals of two chronicles kept by the abbey of Saint Serge are lost, but copies are preserved: elle est plus croyable qu'elle est faite par un auteur contemporain qui la finit en 1153. *NB*: the first part covers 768 to 1153, but the chronicle itself ends in 1215.

In 1133, March 5 was the 4th Sunday after Shrove Tuesday and thus Mid-Lent Sunday, which agrees with iii non. mar.

Mathildis vero uxor ejus Cenomannis prolixo degens tempore, ibi filium suum, qui postea nuncupatus est Henricus, peperit, & extemplo ad honorem Domini quoddan pallium beato Juliano allegavit anno millesimo centisimo xxxiij. In vigilia antem Paschae ipsum infantem per manum nostri Guidonis in nostra matre ecclesia sacro baptismate fecit purificari, clero adstante & populo.

Caput xxxvi. Gesta Guidonis Episcopi. in *Acta Pontif. Cenomann* published by Jean Mabillon in *Vetera Analecta*, Paris 1723.

Henry was the son of Geoffrey Plantagenet and Maud the Empress, daughter of Henry I of England. After coming to the throne of England as Henry II he married Eleanor of Aquitaine and originated a notable dynasty.

The *Chronicon* cited above is published in *Chroniques des églises d'Anjou recueilles et publiées pour la société de l'histoire de France par MM. Paul Marchegay et Émile Mabille*. Paris mdccclxix.

RICHARD COR LEONIS 1157.9.8

Ricardus Dei gratia Rex Anglorum Dux Normannorum et Aquitannorum et Comes Andegavorum
4th child & 3rd son of Henry II & Eleanor of Aquitaine

Noon positions calculated for a sundial at Oxford on Sunday 8 September 1157, from Hynes, Schoch & Foelsch, Although a <u>nocturnal</u> <u>birth</u> is suggested in the evidence over-leaf, we do not know whether it was in the early hours or late at night on that Sunday.

Tropical zodiac
VP: 16°54'
☊: ♏6.0

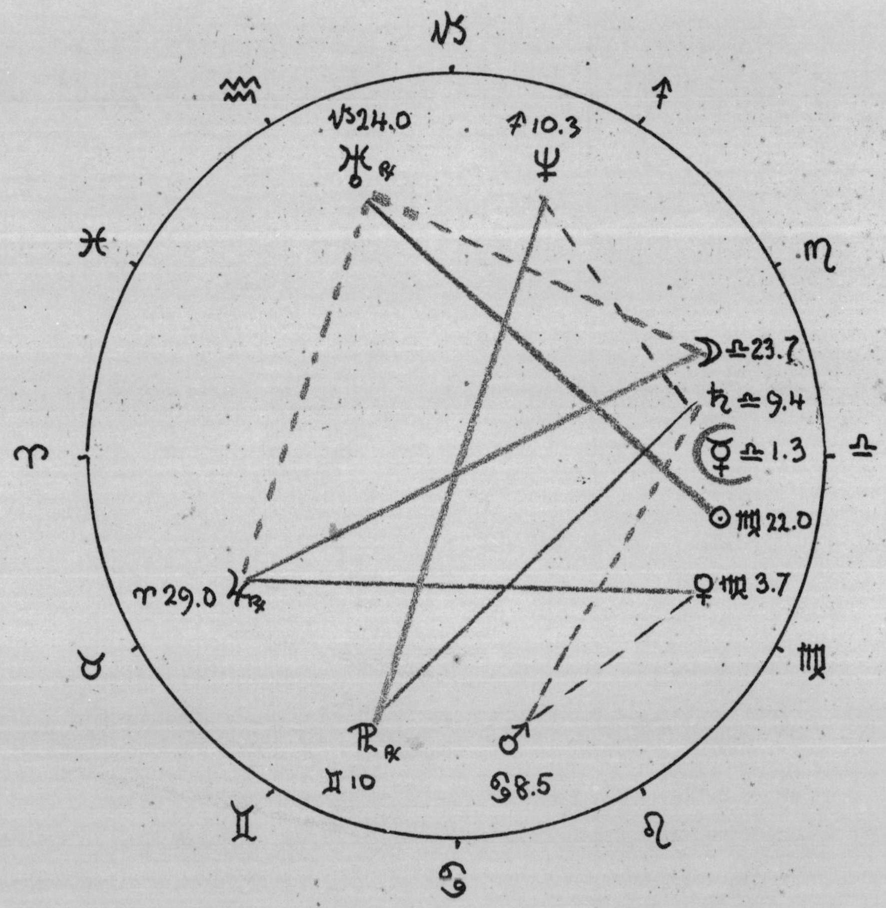

1157 Mense Septembri, natus est Henrico regi Anglorum filius, et vocatus est Richardus.

Chronica Roberti de Torigneio (Rolls №82. vol.4, p.195) Robert of Torigni was contemporary and a friend of Henry II, who occasionally visited him at his monastery at Mont Saint Michel. The year is further reinforced by a heading that it was *Anglorum Henricus 3*.

MCLVII. Regina Alienor peperit filium apud Oxeneford, quem vocavit Ricardum.

Radulfi de Diceto Ymagines Historiarum (Rolls №68. vol.1, p.302). Diceto was a contemporary in life if not in the compilation of his chronicle.

MCLVII. Richardus filius Hainrici nascitur, vi° idus Septembris.

Chronicae Sancti Albini Andegavensis in Chroniques des églises d'Anjou, published by the Société de l'histoire de France. 1869. The abbey of Saint-Aubin d'Angers had seven different chronicles dating back to one original of the late 10th century. The entry regarding Richard appears in three.

Mense Septembri natus est anno MCLVII°, regi filius Ricardus nomine apud Windleshore; eadem nocte natus est Alexander Necham apud Sanctum Albanum; cujus mater fovit Ricardum ex mamilla dextra, sed Alexandrum fovit ex mamilla sua sinistra.

William Stubbs drew attention to the possibility of a night birth in *Chronica Magistri Rogeri de Houedene* (Rolls №51. vol.3, p.xviii) by quoting the above passage from a MS. in Lord Arundel's collection cited by M.R.James in his collections now in the Bodleian vol.vii. 34. Stubbs remarks: 'Windsor might easily be substituted for Oxford by one ignorant of the circumstances, not so Oxford for Windsor.' Alexander Neckham was the author of De Laudibus Divinae Sapientiae and De Naturis Rerum. Richard's nurse, whether she was Neckham's mother or not, was Hodierna.

Hic, propter magnanimitatem cordis, cognominatus est ab Anglicis et Normannis 'Cor Leonis'.

Ypodigma Neustriae, a Thoma Walsingham (Rolls №28. vol.7, p.122)

PHILIP II OF FRANCE 1165.8.21

Son of Lewis VII and Adele de Champagne: he was known as Philippe Auguste and Dieu-donné, and was the great antagonist of King John of England.

Calculated for Gonesse 49N0 2E30, Saturday 21 August 1165 at 10h. p.m. apparent time, from Hynes, Schoch and Foelsch.

Tropical zodiac
VP: 16°48'
Campanus houses
MC: 306°46'
☊ : ♊2.2

Some sources have 22 August, but Gerald leaves no doubt that birth took place late on the Saturday & his evidence stems from the fact that it was dark (except for probable moonlight) by 8h.30m. p.m. There is an ancient tradition that he was born at Gonesse, some 20 km away, but strong arguments for birth in Paris were adduced in the <u>Revue historique</u> (1891) vol. 47, p. 309. and this view I accept. However the same figure will do for Paris & fits the evidence of Gerald & could also agree with the news reaching St Germain in the early morning. The <u>Chronique de St. Denis</u> is said to give him born on the Saturday, but I have not seen it.

<u>This nativity must be considered semi-speculative</u>

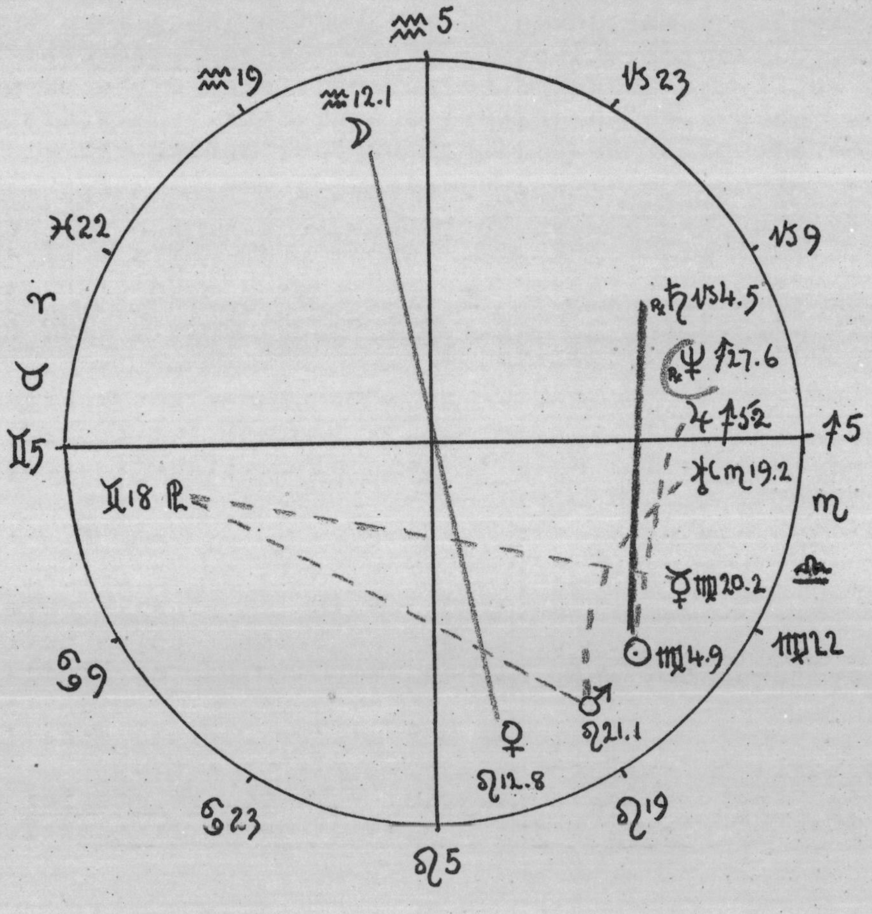

When as a young man I devoted myself with great application to the liberal studies in Paris, the said Philip was born by the grace of God from his mother's womb at the beginning of autumn, by night, and at the hour when silence begins, the time at which everybody enjoys the first sleep. When the rumour was heard in the town and received more joyfully than anybody could express, such an overwhelming ringing of bells at once started everywhere, so many wax lights were lighted in all places, that those who were not used to so much noise, tumult, and such an immense nocturnal illumination, and did not know the reason, believed that the city must be on fire. The author, then a young man in that city and about the end of his twentieth year, arose from his couch where he had already been asleep, and jumped to the window. He saw in the square two old women, rather poor ones, who carried waxen torches in their hands and were expressing their joy by their voices and gesticulations, running to and fro as though about to fight each other. When he asked them the reason of all this commotion and rejoicing, one of them at once stared at him and replied: 'God has now given us a king and an heir to the realm, a very valiant one, through whom will come to your king grave dishonour, damage, punishment and shame, full of confusion and sorrow'. And had she said openly 'This night a boy was born to us who certainly by divine favour will be the hammer of your king and will curtail his might and territory' she would have spoken truth. For the woman knew that the author and his companions were from the kingdom of England, and so this old woman spoke as it were in a prophetic spirit and her harsh words against the English and their king were all too much confirmed by subsequent events. (Latin)

<u>De principis instructione</u> (<u>Geraldi Cambrensis Opera</u>: VIII)
Gerald de Barry the Welshman was a secular clerk of good blood, both Norman and Welsh, and was well versed in affairs.
<u>Rolls series №21, 1891</u>. ed. George F. Warner.

Philip II. du nom roy de France, surnommé Dieu-donné, le Conquerant, ou Auguste, naquit la nuit du samedy au dimanche 22. aoust 1165. fut baptisé par Maurice éveque de Paris dans l'église de S.Michel...

<u>Chron. de S.Pierre le Vif de Sens</u> quoted p.78 of P. Anselme's <u>Histoire genealogique et chronologique de la Maison Royale de France</u>, Vol.1. 3rd edition, 1726.

Anno Domini MCLXV... Ludovico Regi Francorum natus est filius Philippus nomine, xi Kal Septembris Dominica. (Aug.22)

<u>Ex chronico Willelmi Godelli monachi S.Martialis Lemovicensis</u> ... Scribebat Godellus circa an. 1173.
<u>Receuil des Historiens des Gaules et de la France</u>. T.xiii.p.676.

Anno Incarnationis Dominicae M CLXV. sabbato in octava Assumptionis Beatae Mariae Virginis, nocte dum matutina synaxis celebraretur, haec nobilissima proles processit ad ortum. Cujus nativitatis gaudiam deferens nuntius, ad Sanctum Germanum de Pratis veniens, hos felices rumores enarravit, eadem hora qua monachi incipiebant cantare propheticum Canticum: Benedictus Dominus Deus Israeli quia visitavit & fecit redemptionem plebus suae.

<u>Historia Gloriosi Regis Ludovici VII. filii Ludovici Grossi</u>.
<u>Receuil des Historiens des Gaules et de la France</u>. T.xii.p.133

JOHN "LACKLAND", KING OF ENGLAND 1167.12.24

Youngest child & fifth son of Henry II of England and Eleanor of Aquitaine. He succeeded to his brother, King Richard I, on 27 May 1199 with the style "Johannes Dei gratia Rex Anglie Dominus Hibernie Dux Normannie et Aquitannie Comes Andegavie."

Before Richard died in the Limosin on 6 April 1199, he is said to have declared John his heir. John ~~is said to~~ ~~have~~ heard ~~of~~ this in Brittany, possibly from his mother. At any rate, he was consecrated ~~as~~ duke of Normandy on 25 April at Rouen. On 25 May he landed at Shoreham & went straight to London. On 27 May he was solemnly crowned in Westminster by Hubert Walter, archbishop of Canterbury, Ascension Day, a Thursday, and his Regnal Years are dated from this day.

In 1189 he married the heiress Isabel of Gloucester, by whom he had much land & no children. They were divorced just before he married Isabel of Angoulême, betrothed to Hugh de Lusignan (a source of trouble) & by her he had five children: Henry who succeeded him; Richard who led a crusade, became King of the Romans, and the richest man in England; Joan who married Alexander II of Scots; Isabel who married the Emperor Frederick II; Eleanor who married two powerful men, the second being Simon de Montfort, earl of Leicester.

He had at least six bastards, by different women, and died on Wednesday, 19 October 1216 in his 49th year.

Tropical Zodiac
VP: 16º45′
RA MC: 355º23′
Campanus cusps
☊: ♈ 16.9

Hynes
Schoch
Noesselt-Hoffmann

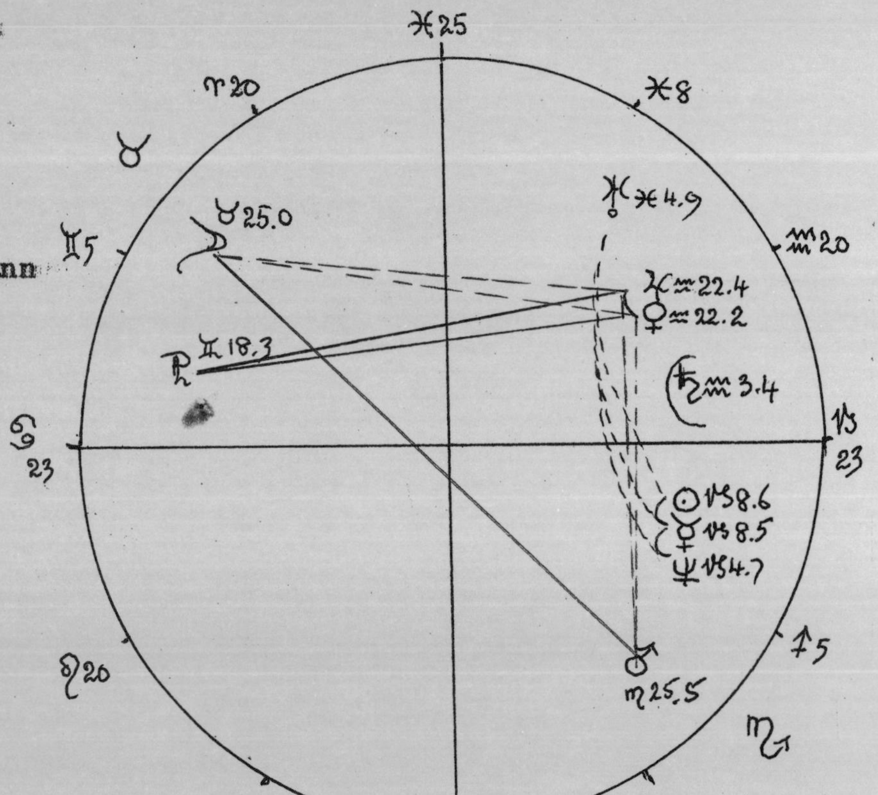

Data verso

48

The data were discussed fully in Astrology, Vol. 33, Nº 1 March 1959, ed Charles E. O. Carter, pp 12-15.

My figure is semi-speculative. Sunset was circa 4 p.m. & what is known to astronomers as Astronomical darkness or complete darkness (Sun depressed 18º below the horizon) came at about 6 o'clock. I therefore took five o'clock, or about twenty minutes after the beginning of what is known as Civil Twilight (Sun 6º below the horizon) and some twenty minutes before so-called Nautical Twilight (Sun 12º below the horizon). As the sky must have been relatively clear, most of the brighter stars will have been visible, but for all practical purposes daylight had gone, or was indistinguishable from increasing moonlight.

But even supposing that John's birth were coincident with the phenomenon itself, a period of nearly three hours would be involved, because the conjunction of Venus-Jupiter did not disappear below the horizon until about a quarter to 8. This should be a lesson to every confectioner of speculative nativities.

My figure is cast for Oxford, 51N40 1W16: Sunday, 24 December 1167, 5h.0m. p.m., or one hour after sunset and one hour before complete darkness, presumably the time when the conjunction of Venus and Jupiter began to attract attention, on both sides of the Channel.

My basis is Rolls 82, vol. 4, "Chronicle of Robert of Torigni, abbot of the monastery of St. Michael-in-peril-of-the sea (1890)"

> In vigilia Natalis Domini duae stellae ignei coloris, quarum una erat magna altera parva, apparuerunt in occidente, et erant quasi conjunctae; postea disjunctae sunt longo spatio, et apparere desiverunt.

Against this, in the space for dates, in a hand described by the editor as "fantastic", somebody added:-

> Natus est Johannes filius regis Anglorum.

John's father, Henry II, visited St. Michel occasionally and it is not impossible that this phenomen, observed in Oxford and at the monastery across the Channel, may have given rise to the marginal note.

The Chief Assistant of the Royal Observarory informed me: "Venus and Jupiter will have differed very considerably in "magnitude; Jupiter will have been close to its faintest and "Venus not very far from it brightest in the circumstances you "quote. They might easily look reddish if seen low down, but "the direction will have been very considerably south of west, "and probably south of south-west. Apart from this point, and "the doubts about postea and apparere desiverunt, they fit the "description well enough."

My late friend, Cyril Fagan of Dublin, gave a more detailed judgment, for which there is no room here, but is included in my notes, ending "thus confirming the historical record perfectly."

EDWARD II OF ENGLAND 1284.4.25

Eldest surviving son of Edward I. & D. Leonor of Castile, his regnal years counting from 8 July 1307. He married Isabel of France, daughter of Philipp le Bel, on 25 January 1307/8, she being variously described as 12 and 16 years old, and they were crowned on Shrove Sunday, 25 February 1307/8. Edward abdicated on 20 January 1326/7, and was murdered in a horrible manner on 21 or 22 September in the same year. His style was Edwardus Dei gratia Rex Anglie Dominus Hibernie et Dux Aquitanie until 1325, when the reference to Aquitaine was deleted, he having passed this Dukedom to his son.

Calculated for Carnarvon, 53N5 4W30, Tuesday, 25 April 1284, 8h.21m. a.m. apparent time, from the tables of Hynes, Schoch & Foelsch.

B.M. MS. Royal 12. F. XVII.

Tropical zodiac
VP: 15.1
Campanus Houses
R.A. M.C. 346°11'
☊ ♑ 16.7
Note that the Nodes lie across the horizon.

Note ☉ & ♂ are without aspect.

Houses: ♓15 (MC) ♈25 ♊10 ♋16 (As.) ♌6 ♌26

☉	☽	☿	♀	♂	♃℞	♄
♉13	♌26	♉23	♉24	♌6	♐27	♑24

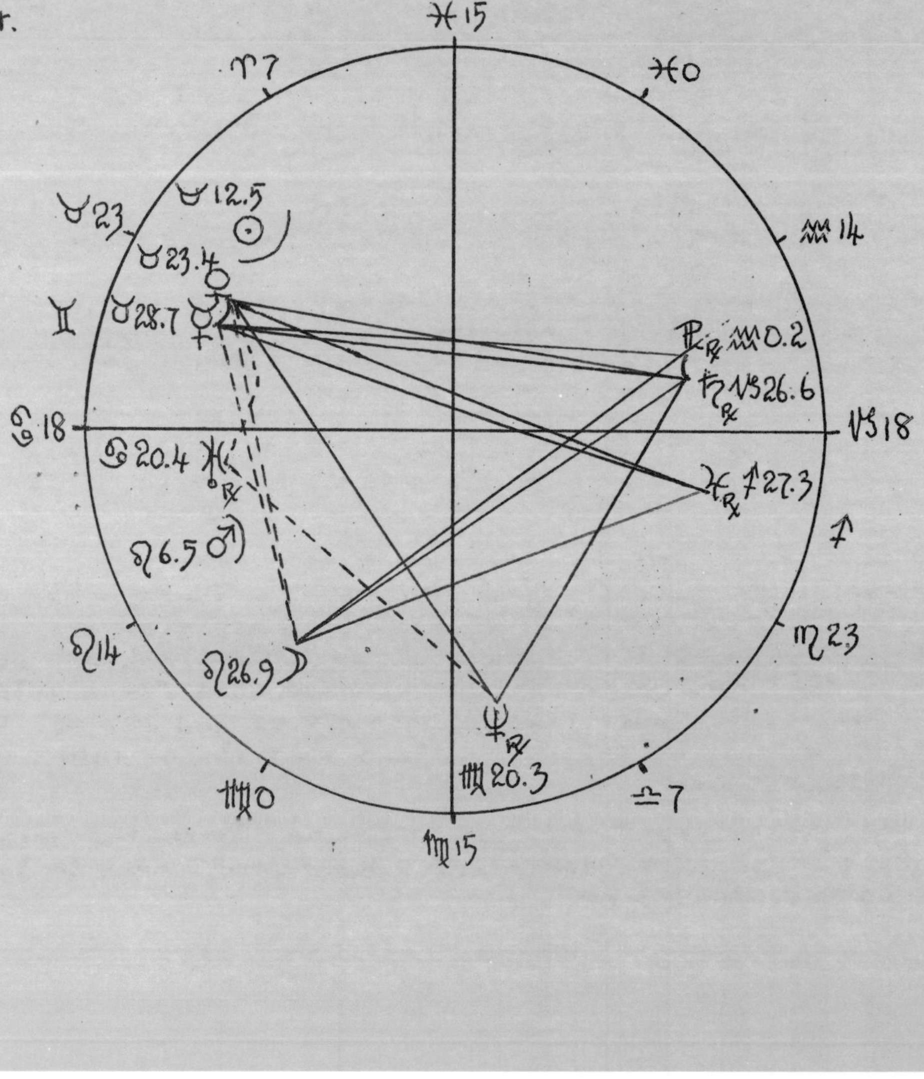

The best recording found by me, and it can stand for all, is in *Annales monastici*, ed. H. R. Luard (Rolls Nº36, vol. 2), *Annales monasterii de Waverleia*, p. 401.

> MCCLXXXIV. Hoc anno die Sancti Marci evangelistae apud Carvenham juxta Snaudone natus est domino regi Eadwardo filius, et vocatus est nomine patris sui Eadwardus, in cujus nativitate multi et maxime Londonienses gaudebant.

All sources agree on St. Mark's day, but none indicates any time. However, there is a nativity, seemingly well informed, in *British Museum MS. Royal 12.f.xvii.* This MS. is a copy of *De judiciis astrorum* by Albohazen Haly filius Abenragel, done from Castilian into Latin and catalogued as 15th century. Between parts vi. and vii. a leaf of vellum is bound in as fol.153, with an unlabelled and undated figure on the recto (the planets places being for noon 16 Sep. 1339); and on the verso the genitures of "Edward of Carnarvon", "Edward of Windsor son of the King of England", and "Edward of Woodstock son of Edward III". The fourth corner of the verso is drawn ready for a fourth nativity, but remains empty.

The mathematical work throughout is remarkable. The Black Prince's natus was calculated precisely from the sun's altitude; Edward III's from the "beginning of dawn", taken as the exact moment when the sun was 18º below the eastern horizon, known as the end of absolute darkness and the beginning of "astronomical twilight". But there is nothing to suggest how Edward II received a birth time of 8h.21m. a.m. Possibly, as in the case of Edward of Woodstock, it was found by astrolabe, seeing what company it keeps; the three of them were done no doubt by one or more professionals in royal employment, but this leaf must be a copy bringing grandfather, father, and grandson together.

This seems clear from the labels, all three written as though the father's were still alive: the key to this supposition being "Edward of Windsor son of the King of England". There is an odd error in Edward II's natus, the year being written "1282" instead of "1284", which is the year given in all sources. The nativity is labelled as under, the abbreviations being here extended:-

> Figura natiuitatis Edwardi de Karnaruan Anno Christi .1282. imperfecto 25. die Aprilis. in festo Sancti Marce euangeliste Luna currit per 12. Littera dominicalis .a. Ista natiuitas est Coniunctionalis. & est ante Meridiem.

The planets places are closely in agreement with those found by modern tables calculated for Carnarvon, Tuesday 25 April 1284, for the moment when Pisces 15º was at the midheaven, or 8h.21m. a.m., and Cancer 18º rising. The original scheme shows Cancer 16º rising, but appears to have been drawn for the latitude of London. Furthermore, the Golden Number was 12, and the Sunday Letter was A. It will be noticed that the original does not mention an hour.

The unlabelled figure on the recto, drawn for noon on 16 Sep. 1339, might be for Edward III's daughter Blanche de la Tour, who was born in that year.

Leap year

EDWARD OF WINDSOR 1312.11.13

Edwardus Dei gratia Rex Anglie et Francie dominus Hibernie et dux Aquitanie

Firstborn of Edward II. & Isabel of France, he came to the throne as Edward III. & died on June 21 1377.

Calculated for Windsor 51N28 0W37 on Monday November 13 1312 at 7h.5m. sundial time, which is the beginning of civil dawn when the sun is depressed 6° below the horizon: from the tables of Hynes, Schoch & Foelsch.

Hypsomatic zodiac
VP: 14°45′

	MC	AS	☉	☽	☿	♀	♂	♃	♄	⊕
MS. Royal 12F. xvii.	♌20	♏6	♏28	♈28	♐10	♏19	♏19	♉26	♑8	
Windsor Castle: ~~Sandford~~ Ashmole	♌18	♏6	♏28	♉8	♏8	♏18	♏21	♉27	♑5	♉26
" " : Gent's Mag.	♌18	♏6	♏28	♉8	♏8	♏18	♏21	♉27.30	♑5	

Radical 6h. 9m. AS ♏11, MC ♌27 {♉9.3 = ☽}

149°16′
RA.MC. ~~163°16′~~
☊ ♋4.5 ✓

Beginning of civil dawn
Tropical zodiac
Campanus houses

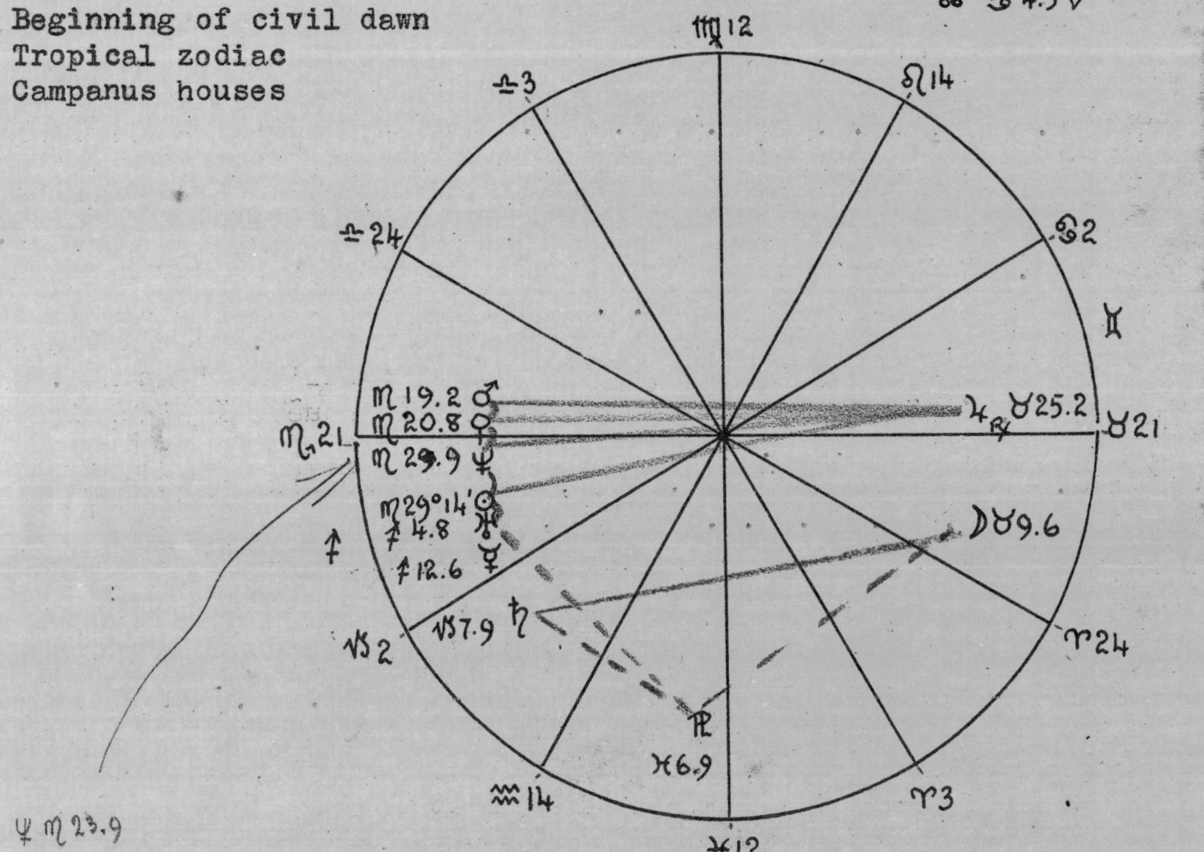

Thomas Rymer: Foedera, conventiones, litterae, et cujuscunque generis acta publica inter reges Angliae et alios quovis imperatores, reges, pontifices, principes, vel communitates.
20 volumes: London 1704-1735. 1706 vol.3 page 358.

Memorandum quod Isabella Regina Angliae, Consors Regis Edwardi, Filii Regis Edwardi, in Castro ipsius Regis de Wyndesore, die Lunae proximo post Festum Sancti Martini in hieme, Anno gratiae MCCCXII. & Regni ipsius Regis sexto peperit Filium suum primogenitum.
(Claus. 6.E.2. m.22 dor)

Chroniques de London depuis l'an 44.Hen.III. jusqu'a l'an 17.Edw.III. ed. G.J.Aungier, Camden Society xxviii. London 1844.

(Ed.II.) vj. En mesme l'an fu née sire Edward de Wyndesore, fitz le roy de dame Isabelle la reyne, qe fu la fille le roy de Fraunce, le lundi en la feste seint Bryce.

This was a city or mayor's chronicle compiled about the middle of the 14th century.

Annales Londonienses: Rolls No.76, were written by a London citizen who had easy access to the records - perhaps Andrew Horne (d.1328), chamberlain of the city. To 1301 it is mostly an abridgement of Flores Historiarum, and from 1316 to 1330 it relates mainly to the civil history of London. There are two entries of interest:

Vol.1. page 119. 1312. Item xiii^{o} die Novembris, regina peperit filium qui vocatur Edwardus ...

Vol.1. page 221. 1312. Eodem anno in festo Sancti Bricii, videlicet XIII° die Novembris, natus est Edwardus primogenitus regis Edwardi apud Wyndeshore, toto regno gaudium conferens permaximum.

BM MS. Royal 12.F. xvii. fol.153b. This is a copy of *Halij de iudiciis astrorum* (Haly filius Abenrangel) translated from a Spanish version into Latin by Aegidius de Tebaldis, notary, and Petrus de Regio, prothonotary of the Imperial court. Inserted between parts VI. and VII. as fol.153 is a leaf of vellum with an unlabelled astrological figure on the recto (for noon 1339.9.16) and the nativities of Edward II, Edward III, and Edward of Woodstock on the verso. The label reads:

Figura natiuitatis Edward de Wyndesouer fil' Reg' Anglie. Anno x̃pi. 1312. ĩpft̃o. In festo sã Bricij. 13 die Nouẽbs ĩ p'ncipio Aurore hora 17 m^{o} 43. 2". 24. vera

Scil. for the feast of St.Brice, November 13 1312 at the beginning of dawn or 5h.43m.24s. a.m. However, the places of the planets in the figure are for that time *on the previous day*. The astrologer made a mistake in his date; but he made none in his mathematics: the time he chose was what we now call Astronomical Dawn, or the end of perfect darkness, when the Sun's centre is depressed 18° below the horizon. Calculation of it from modern tables gives 5h.42m.56s. on 1312.11.12. which is a negligible difference seeing that the elements involve geographical latitude, obliquity of the ecliptic, and solar declination, all of which are sensitive to imperfect tables or knowledge.

The Institution Laws & Cerimonies of the Most Noble Order of the Garter, Collected & Digested into one Body. Elias Ashmole of the Middle Temple Esq. Windesor Herald at Arms. London. 1672.

(Section II. pages 643 & 644) To begin then with the Founder the most noble King Edward the Third. He was the eldest son of King Edward the second & Isabel daughter to Philip the fourth King of France, whose sons Lewis, Philip & Charles (all Kings of France one after another) dying without issue Male, this Prince challenged the Crown of France, as the next heir male to it. He was born in Windsor Castle, the 13 day of November, being Monday next after the Feast of St Martin the Bishop in Winter (and the day of St Brice, Bishop & disciple of St Martin) in the year of our Lord 1312. An astrological scheme of whose nativity hath been long since painted in glass, in one of the windows of the Prebend's lodgings at Windesor, belonging to the Reverend & Worthy Divine, Doctor Hever, late one of the Canons of the Colledge. Whence it appears that he was born at 40 minutes after five in the morning of the said day. The 6 degree of the sign Scorpio Ascending & 18 Leo culminating. The places of the Planets, as there posited, followeth.

Beginning of nautical dawn
Tropical zodiac
Campanus houses

RA.MC. 152°55'
☊ ♋4.5

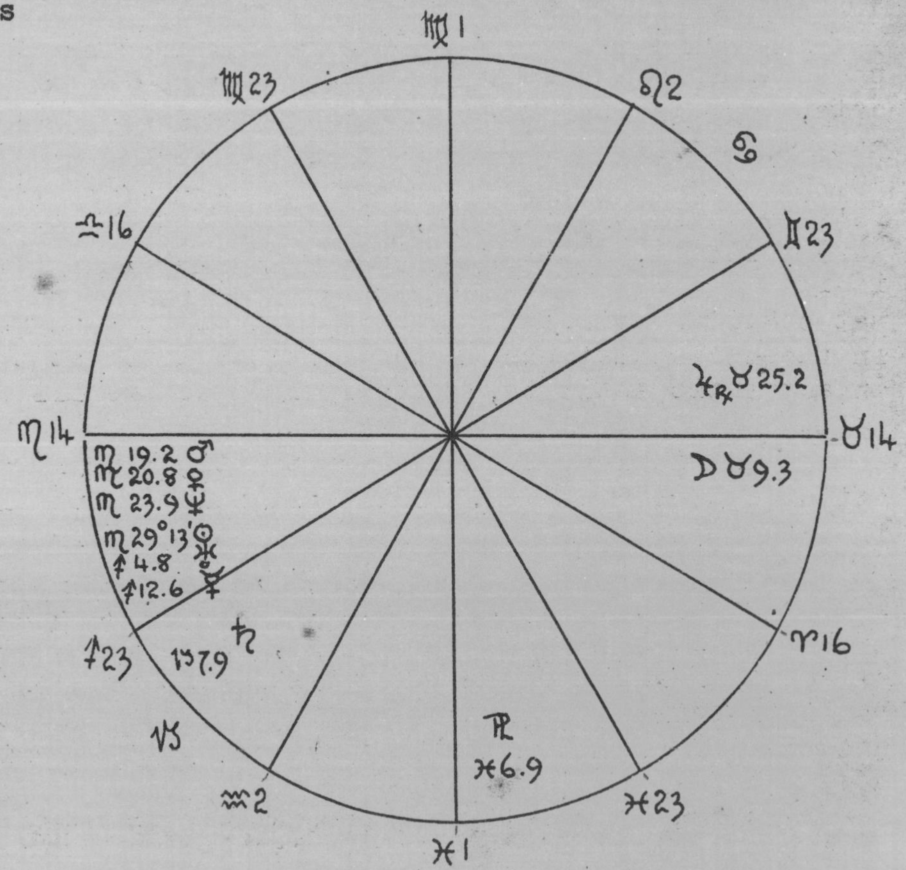

The Gentleman's Magazine. Vol.xxv. New Series. London 1846. Jan. to Jul. inclusive. In the Feb. issue, on pages 146 and 147, there is a letter signed PLANTAGENET which reproduces a nativity of Edward III.

> which I traced from a window of the anteroom to the Royal Closet in St. George's Chapel at Windsor, and which is no doubt the same that Ashmole, in his History of the Order of the Garter, describes ... The actual painter of this specimen of the credulity of by-gone times was not apparently an adept in astrology, several of its signs not being placed in their proper houses. But it is perfectly intelligible, and I see no reason for imagining that it was composed much later than the event alluded to. For although some may think that the Arabic numerals upon it invalidate this opinion, the continuator of Matthew Paris tells us that the knowledge of these figures had been brought into England by John de Basingstoke, so early as the year 1240; and if we carefully compare the numerals before us with those of certain (ecclesiastical) charters of the 14th century, we shall find much resemblance to them.

I find nothing wrong with the painter's knowledge of astrology, but the places are indeed the same as those given by Ashmole; the degree ascending is also the same as that shown in the Royal MS. but the calculation is a new one for the correct date of birth - as can be seen by the lunar position. The house positions in the Royal MS. and in the Windsor window compare thus

	MC	11.	12.	AS	2	3
Royal MS.	♌20	♍15	♎11	♏6	♐12	♑16
Windsor figure	♌18	♍15	♎12	♏6	♐12	♑16

Summing up this evidence we find that the testimony of the chronicles could not be better: they contain the regnal year, the civil date, the day of the week, and two Church festivals, and all agree with each other. On the other hand the three nativities in the Royal MS. suggest the work of an Astrologer Royal (or copies of his work). Edward II's natus is the vaguest, based probably on tradition; Edward III's is more definite, "at the beginning of dawn", and Edward of Woodstock's is from direct observation of the Sun at the time of birth. The high mathematical ability demonstrated indicates an uncommonly learned man. In these circumstances I think we can take "at the beginning of dawn" as an authentic estimate, probably from Edward III himself.

It is less easy to accept Astronomical Dawn as the best interpretation of that estimate. This definition serves little practical use and in the latitude of London it does not occur from about mid May to mid July. The second calibration of twilight, known as Nautical Dawn (Sun depressed 12° degrees) is more acceptable. At that time it is still completely dark for all intents and purposes, all the brighter stars can be seen, and general outlines will be visible but probably not the horizon. Nautical Twilight occurs throughout the year in the latitude of London, but the period of darkness described by it is brief in the summer months.

What most people understand as the beginning of dawn is the

convention named Civil Dawn (Sun depressed 6°): some of the brightest stars are still visible and outdoor operations are difficult without artificial light. We cannot know what the observer thought of as dawn when Edward of Windsor was born; but we may be fairly sure that it was not Astronomical Dawn. It was more likely to have been some time between Nautical Dawn and Civil Dawn, that is between 6h.24m. and 7h.5m. a.m. apparent time, or at Civil Dawn itself. Both these conventions have therefore been worked.

....

Bodleian Ashm. MS. 1744 is a printed book containing a letter from William Lilly to Elias Ashmole with readings of the nativities of Edward III and Edward of Woodstock from figures which appear to be similar to those of the Royal MS. The following is my copy from photographs:

Edward the 3^{d}

If wee consider his corporature, stature, complexion & conditions from the scheam of his nativity, they are thus delivered by Astrologers.
The sign of ♏ generally giues a strong able body, capable of labour, ‸or hardship in any employment providence shall cast them vppon; more particularly his corporature may bee thus described - viz of somwhat more then a midle stature, his body well and strongly compacted, xxx his bones bigg, his complexion of a brown ruddy colour, his visage round if not a little ovall, his hair a a sandy flaxen crisping or curling ‸haire quick hazell eys and peircing, a very confident countenance, an active and fearless person: as ♂ is Orientall and in ♏ the sign ascending hee signifies him very valiant, and his complexion mixed with white and red, somwhat hairy of his body -
♀ so near vnto ♂, vsually adds comliness vnto that member signified by the sign or house shee is in, and so wee conceiue his face was very louely, because the Ascendant what sign soever possesseth it, represents the face.
♀ in 1^{a}. significat natum pulchri corporis etc.
♂ in his own house and in the ascendant, facit animosum potentem, et fortunatum in Armis, etc. Schonerus. 147
all authors agree, that if many planets bee in the Ascendant as hear in o^{r} scheam, yet the most powrfull planet shall giue the most durable ‸conditions and of most continuance; xxx thes in o^{r} scheam signified by ♂ are such as wee haue mentioned, yet ‸is the fury of ♂ much sweetly allayed by the p^{r}sence of ♀: for ♂ of himselfe is violent, impetuous, furious subject vnto choller and passion; something also his manners are qualified by the p^{r}sence of the ☉ in the ascendant, who

generally giues generous and princely spirits, high
thoughts, majesticall, ayming at high matters, yet ever
with a kind of nobleness and generous resolution,
scorning baseness or treacherous actions; ☉ in ascendente
significat principatum et sublimitatem, et exaltatio‸nem
atq amicitiam cum Magnis, et digniorem fratribus____
all wch are verified in this King: besides the ☉ beeing
Lord of his 10th. house, transferrs honour vnto him by sundry meanes, but
especially by his
own industry - a person certainly of a fixed resolution the planets
declare him to bee -
born vnto great Actions, having ♂ ♄. ☽, essentially fortified, two of them
in Angles: ♄ and ☽ in

ther is no
△. - xxx‸thing hear in this scheam of ill signification. but the ☍ of ♀
and ♃ in Angles, ♃ beeing
Lord of his second shews want of treasure, and some blemish in the Clergies
Actions not assisting his wants.
most impede his affaires

(The last five lines above are written down the margin of the letter.
The final four words are an addition above a line that is hidden in
the binding. This transcript is in Lilly's lines and his additions
have been preserved in their proper places. xxx indicates an erasure
of the writer)

EDWARD OF WOODSTOCK 1330.6.15

Firstborn of Edward III. of England & Philippa
Prince of Wales, duke of Cornwall, earl of Chester, Prince of Aquitaine

Calculated for Woodstock 51N51 1W22 on Friday June 15 1330 at 9h.32m. a.m. on the sundial when the Sun's altitude was 50°, from the tables of Hynes, Schoch, and Foelsch.

Hypsomatic zodiac
VP: 14°35′

	MC	As.	☉	☽	☿	♀	♂	♃	♄
	♉28	♍6							
MS. Royal 12.F. xvii.	~~♌20~~	~~♍6~~	♋1	♊12	♌18	♊19	♉11	♏3	♌20
Schoch			♋1	♊10	♊19	♊22	♉10	♏3	♌20

RA.MC. 54°17′
☊ ♋24.4

Tropical zodiac
Campanus houses

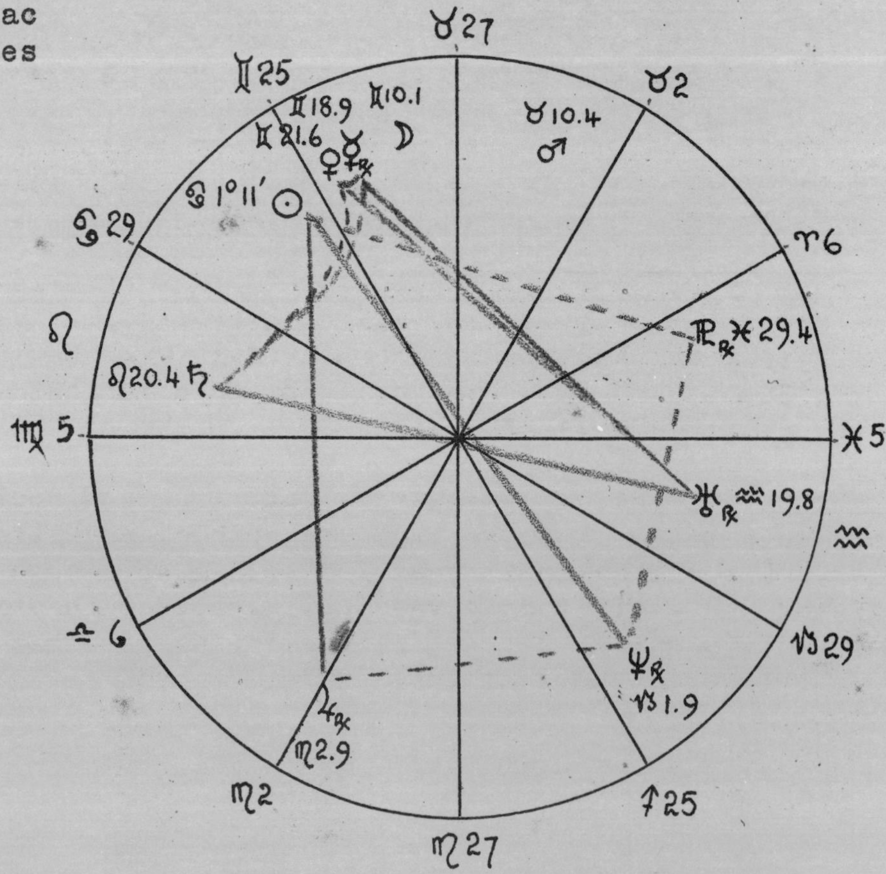

Annales Paulini de Tempore Edwardi Tertii, Rolls No.76. are an abridgement of the Westminster Flores Historiarum until 1307, after which date they are a valuable record to 1341 compiled by someone connected with St.Paul's. In Vol.1. page 349 is the following

> Anno Domini M°CCC°XXX°. XVI° die mensis Junii Philippa regina Angliae peperit filium suum primogenitum apud Wodestoke; et baptizatus ab episcopo Lincolniensi, vocatum est nomen ejus Edwardus.

Chronicon Domini Walteri de Hemingburgh vulgo Hemingford nuncupati, ordinis Sancti Augustini canonici regularis, in coenobio beatae Mariae de Gisburn, de Gestis Regum Angliae. ed. Hans Claude Hamilton. English Historical Society, 1848. Hemingburgh was a canon regular of Gisburn in Yorkshire and is sometimes called Walter of Gisburn. He is considered valuable for the reigns of the first three Edwards, but it is disputed that he wrote the portion 1297 to 1346, while others say that his work probably ends with the year 1313. Hamilton, on the other hand asserts that he wrote the whole chronicle to 1346. At any rate, the evidence is contemporary for Edward of Woodstock: see Vol.2 page 302.

> 1330 (in margin) Eodem anno die Veneris ante festum Sancti Botulphi natus est regi filius suus primogenitus Edwardus a conquaestu quartus.

Itinerarium sive liber rerum memorabilium Willelmi Botoner dict. de Worcestre ExCod. autographo autoris in bibliotheca Coll. Corp. Christi No.210. Printed copy 1778. Page 339.

> Memorandum quod 15 die junii natus est Edwardus a conquestu quartus, qui est dux Cornubiae.

William of Worcester wrote about 1490, but the stile of this entry suggests that he copied from some recording made shortly after Edwards birth. Edward was invested with the Duchy of Cornwall on March 17 1336-7, and was created Prince of Wales on May 12 1343.

Francis Sandford in his Genealogical History gives the same date as above and adds "at 10 of the Clock in the morning", with references to Ypodigma Neustriae, Thomas de la Mare, and Walsingham.

BM MS. Royal 12.F. xvii. fol.153b. for further details of which see my notes on Edward III 1312.11.13, where there is a nativity labelled:

> Figura Natiuitatis Edward de Wodestok fil' Reg' Ed t'cij a conquestu Anno x̃ 1330. ĩ pfcõ .15. die Junij añ Midiẽ ĩn festo Scõrum Viti & modesti. Altitudo Solis 50 gradus

As the ancient nativity is seemingly cast from a direct observation of the Sun I have taken it to be from the work of an astrologer present at the birth. His midheaven is cast for 9h.37m.48s. solar time. Recalculation of the Sun's altitude gives 9h.31m.56s. or an original error of just under six minutes: very small in view of possible difference in latitude, obliquity, and declination.

CHARLES V OF FRANCE 1338.1.21

Son of Jean le Bon and Bonne de Luxembourg: one of the great kings of France.

Calculated for Vincennes 48N50 2E20, Wednesday 21 January 1338, at 5h.36m. a.m. apparent time, from Hynes, Schoch & Foelsch.

Tropical zodiac
VP: 14°23'
Campanus houses
RA MC: 215°46'
☊: ♒ 27.3

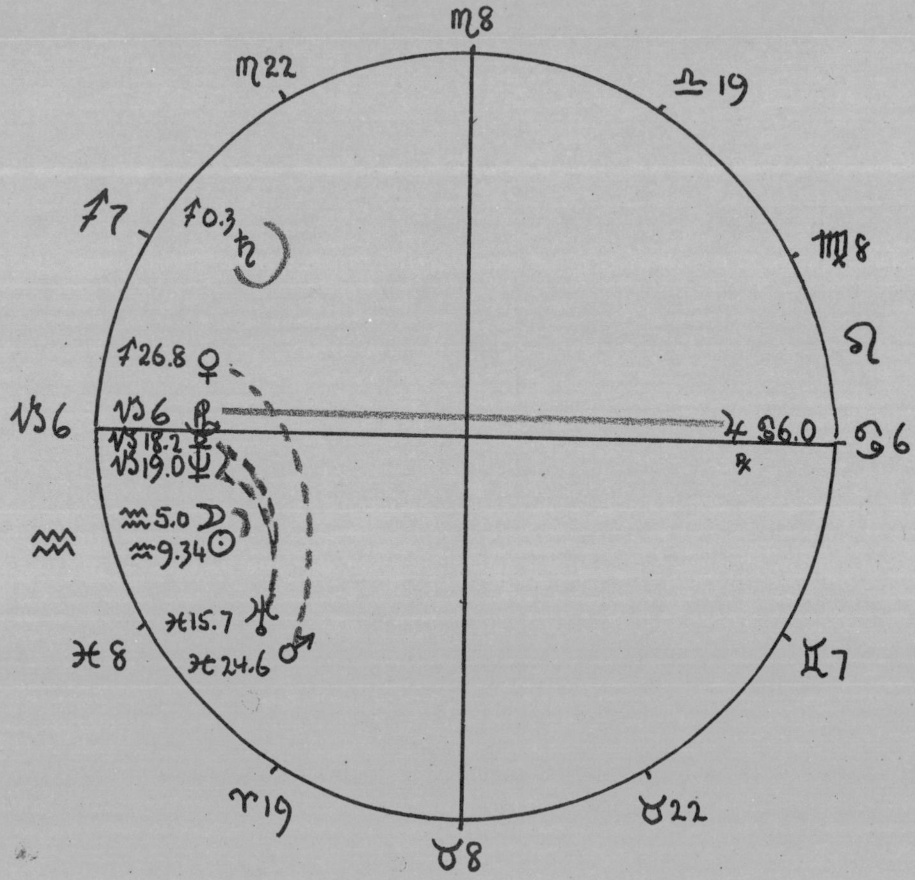

Charles V. du nom, roy de France, surnommé le Sage pour sa prudence & pour sa bonne conduite, naquit au château de Vincennes le 21. janvier 1337.

Histoire Genealogique et Chronologique de la Maison Royale de France, &c. Par le P. Anselme, Augustin Déchaussé; continuée par M. du Fourny. (Paris 1726: 3rd edition) Father Anselme used the French-style year beginning with Easter, so that this was 1337-8.

Figure natĩtatis Serenissimi Regis francorum Karoli/ anno dñi . 1338 . post meridiem . 20e . diei Januarii hora 17 . m 36. diebus equatis In nocte Sequenti diẽ martis que fuit nox Saturni hora . 10 . artificiali noctis que fuit hora Martis

St John's College, Oxford, MS. 164. MS. xiv century, once the property of William Paddy who presented it to the College in 1633. Apart from this nativity, it contains also those of his eldest son Charles who followed him, his second son Lewis of Orleans, and his daughters Marie and Isabelle.

This figure has the MC in Scorpio 8°39', AS in Capricorn 6°31' and Sun in Aquarius 9°44'. These check with an apparent time of 17h.36m. p.m., but there is an error in the place of the Sun, so that my figure differs slightly from the original. Comparison of the xiv century figures with Schoch shows the following:-

	☉	☽	☿	♀	♂	♃	♄
MS.	♒ 9°44'	♒ 5°8'	♑ 24°46'	♐ 27°1'	♓ 25°58'	♋ 6°31	♐ 0°3'
Schoch	9°20'	5.0	18.2	26.8	24.6	6.0	0.3

☊ is ♒ 27°20' in the MS. & ♒ 27.3 by Schoch.

THOMAS OF WOODSTOCK 1355.1.7

Youngest son of Edward III. of England & queen Philippa
Duke of Gloucester: murdered by Richard II.

Calculated for Woodstock 51N51 1W22 on Wednesday January 7 1354-5 at noon on the sundial, from the tables of Hynes, Schoch & Foelsch.

Hypsomatic zodiac
VP: 14°9′

Tropical zodiac

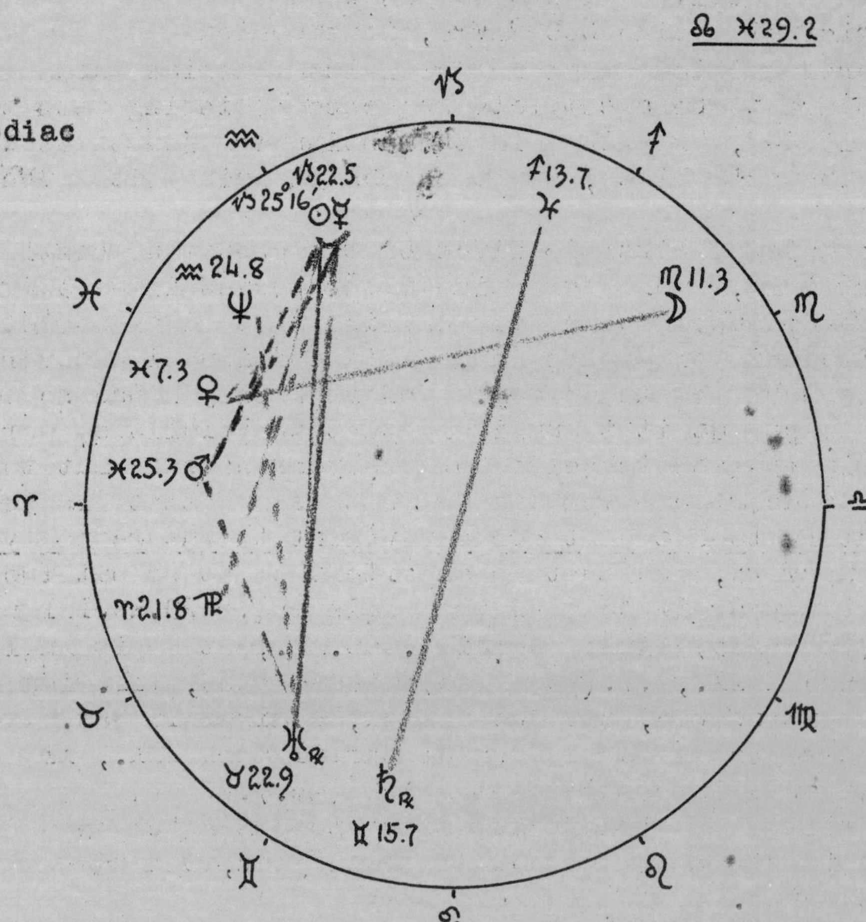

Data for Thomas of Woodstock present difficulties that arise from the style of year used by various chroniclers. However, no doubts attach to the best authority, Robert of Avesbury, a registrar of the court of the Archbishop of Canterbury: his chronicle covers 1325 to 1356 in detail (1308 to 1324 being briefly touched) and is thus strictly contemporary. Robert of Avesbury used neither the Christmas nor the Circumcision style, as we see from the recording of Edward II's marriage, the recognition of Edward III, and other events. Presumably he favoured the English Annunciation style, although the final years recall the somewhat unlikely French style from Easter.

<u>De gestis mirabilibus regis Edwardi tertii</u>: Robertus de Avesbury. Edited by E.M.Thompson, LL.D. Rolls No.93.

> (page 420) Anno gratiae millesimo CCC^{mo}LIIII^{to}, post Pascha...(page 422) Eodem tempore, prima Dominica Quadragesimae (Feb.22), rex tenuit magnum festum et hastiludium grande fecit apud Wodestoke, eo quod regina tunc ibidem fuit purificata de Thoma, filio suo ibidem nato; quem Thomas, episcopus Dunelmensis, de sacro fonte levavit.

This follows a report of riots at Oxford between townsmen and scholars beginning: "Anno praedicto, in festo sanctae Scholasticae virginis (Feb.10)..." And after the interpolation concerning Thomas's birth at nearby Woodstock, the chronicle returns to the Oxford riots to tell what was done about them, including the king's intervention: "Et in magno concilio celebrato apud Westmonasterium post Pascha (Apr.5), anno Domini millesimo CCC^{mo}LV^{to}, idem dominus rex cepit in manus suas totam querelam inter scholares et laicos Oxoniae suscitatam..." Thus there appears to be a complete sequence beginning with the riots on February 10 1354-5, breaking off to mention the jousts at Woodstock in honour of Thomas's birth, and then continuing with events after Easter.

The date of birth is given by the anonymous continuator of Adam Murimuth's chronicle, whose narrative is preserved in MS.304 of Queen's College, Oxford; published by the English Historical Society in 1846 under the editorship of Thomas Hog. This continuation covers 1347 to 1380 and is presumably contemporary. Unfortunately I had no time to study the style of years but it is unlikely that they followed Murimuth's arrangement beginning at Michaelmas of the year named. But to make this witness agree with Robert of Avesbury we must assume that his years began at Christmas, <u>that he took them to be equivalent to the regnal years</u> which began on January 25, and that as an afterthought he put Thomas's birth at the end of the year instead of the beginning. 29.Ed.III was 25.1.1355 to 24.1.56.

> (page 185) Anno Domini M.CCC.LV., et regis Anglorum Edwardi tertii anno XXIX., ...(page 186) Eodem anno, VII. idus Januarii, natus est regi Edwardo, apud Woodstock, dominus Thomas. Anno Domini M.CCC.LVI., et regis Anglorum Edwardi tertii anno XXX., XIII. die Januarii, regi Edwardo in castro de Berwick (&c.)...

It will be noticed that Edward took Berwick on January 13 1355-6, which was in his 29th and not his 30th year, but was 1356 according to Christmas reckoning.

Much the same occurs in Thomas Walsingham's Historia Anglicana and is evidently copied from it - for Walsingham is original only from 1377 to 1422 when he died. I do not know Walsingham's style of year in the Historia, but his last work Ypodigma Neustriae contains abundant proof of Christmas reckoning.

Thomae Walsingham quondam monachi S.Albani, Historia Anglicana. Edited by H.T.Riley, M.A. 1863. Rolls No.28. Vol.1.

> (page 279) Anno gratiae millesimo trecentesimo quinquagesimo quinto qui est annus regni Regis Edwardi, a Conquaestu Tertii, vicesimus nonus...(page 280) Eodem anno, septimo Idus Januarii, natus est Regi Edwardo apud Wodestoke filius, et vocatus est nomen ejus Thomas. Anno gratiae millesimo trecentesimo quinquagesimo sexto, que est annus regni Regis Edwardi, a Conquaestu Tertii, tricesimus, Rex Edwardus adivit partes Boreales cum exercitu populoso, ut villam de Berewyk eriperet de Scotorum manibus perfidorum. Igitur decimo tertio die Januarii, Rege Edwardo in castro de Berwyk existente, et exercitu ejus prope villam, Scoti, sibimet metuentes, sine damno vel difficultate villam Regi reddiderunt.

Here again it will be noticed that Edward took Berwick on January 13 1355-6 which was in his 29th and not his 30th year, but was 1356 according to Christmas reckoning.

Ypodigma Neustriae, a Thoma Walsingham, quondam monacho monasterii S.Albani, conscriptum. Edited by H.T.Riley, M.A. 1876 Rolls No.28.

> (page 296) Anno millesimo trecentesimo quinquagesimo quinto, nunciatum est Regi Angliae, Philippum, Regem Francorum, diem clausisse ultimum...(page 297) Septimo Idus Januarii, natus est Edwardo novissimus filius, apud Wodestok, et vocatus est Thomas. Anno millesimo trecentesimo quinquagesimo sexto, Rex Edwardus adivit partes boreales, cum grandi exercitu, ut villam suam de Scotorum manibus recuperaret; quam Scoti tertio decimo die Januarii, sine ulla resistentia praevia, reddiderunt

Here there are no regnal years, the style is from Christmas, and the birth of Thomas occurs in 1355 - but at the end of the notes under that year instead of at the beginning.

John Stow and Raphaell Holinshed both interpret the birth of Thomas of Woodstock as I have done, namely for January 7 1354-5; and their texts suggest that they took Robert of Avesbury as the authority.

The following are the positions for January 7 1355-6, included here for reference only.

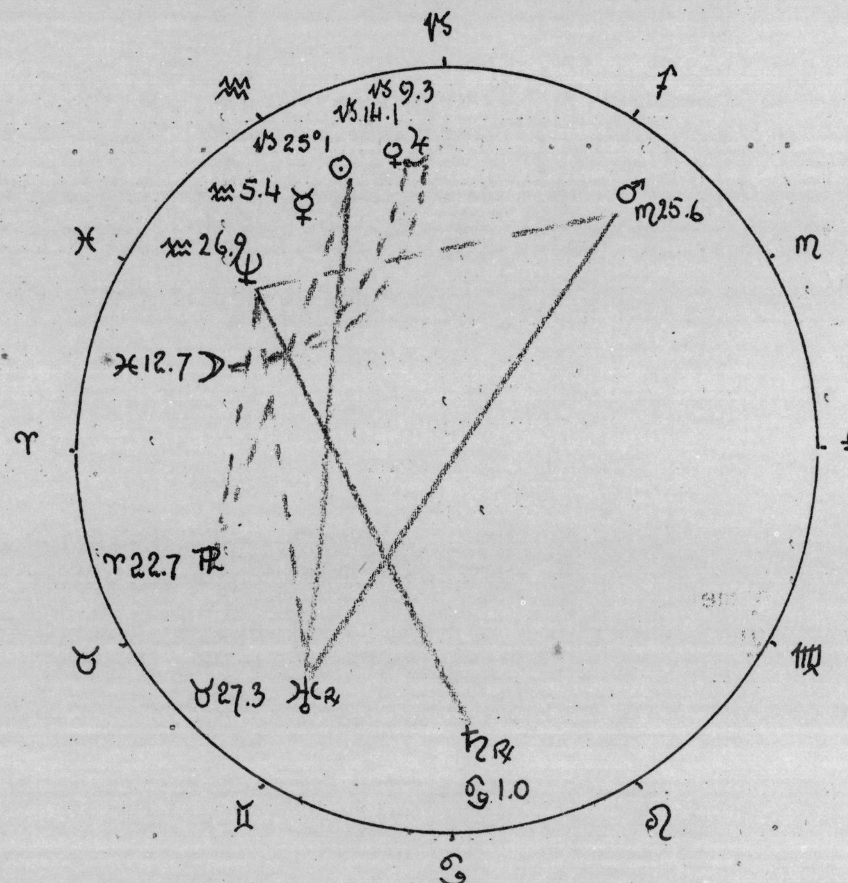

HENRY V OF ENGLAND 1386.9.16

Eldest son of Henry of Bolingbroke, afterwards Henry IV of England, and Mary de Bohun. Crowned as Henricus Dei gratia Rex Anglie et Francie et dominus Hibernie, the reference to France being altered to haeres et regens regni Francie in May 1420. He married Catherine de Valois (q.v. 1401), the daughter of mad Charles VI of France.

Calculated for Monmouth 51N49 2W43, Sunday 16 September 1386, 11h.30m. a.m. apparent time, from Schoch, with the solar refinement of Hynes. Pluto from Foelsch.

Tropical zodiac
VP: 13°43′
Campanus houses
RA MC: 173°47′
☊: ~~[illegible]~~ ♋16
♇: 24♉

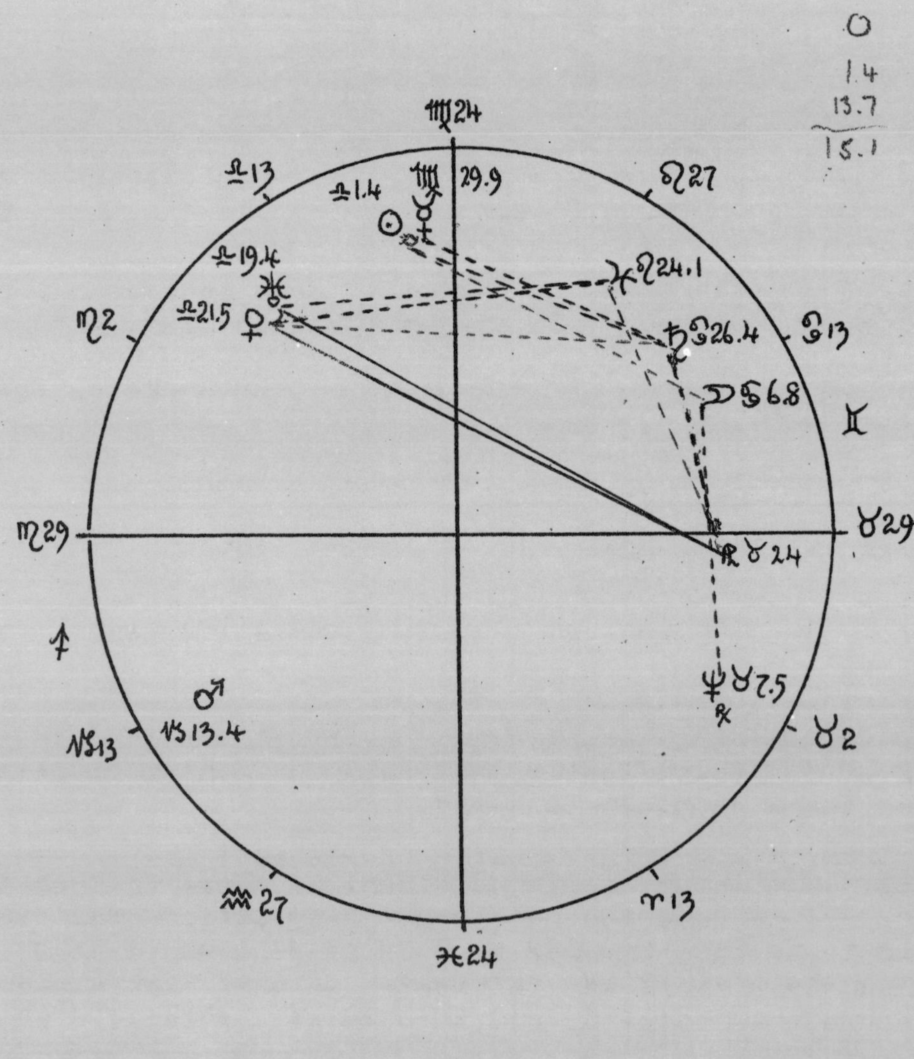

Nativitas nocturna. In nomine sanctae et individuae trinitatis. Patris et Filij et Spiritus sancti, incipit judicium Nativitatis cujusdam nobilissimi regis Angliae, (sc.) Henrici Quinti, qui natus est anno Domini 1376, completo, 16º die Septembris, 22 minutis post 11am horam completam.

Bodleian MS. Ashm.393, a large thick volume with five MSS. confusedly bound together. On the corner of the first page of the first MS. (from which the above is extracted) is written in a xv century hand 'Anno d'ni 1455 Me scripsit isto argenteo calamo.' However, the label on the figure below reads:

Figure Coeli praesentis Nativitatis ad Latitudinem 54 graduum 1376º incompleto 16º die Mensis Septembr. 22. min. post 11. horam Completam. Et haec Figure facta ad Latitudinem 54 graduum.

Internal evidence leaves no doubt that the figure, with its long interpretation, was copied from an older source; and the date, 1455, is only sixty-nine years after Henry's birth and thirty-three from his death. It was therefore cast within the memory of people who knew him, perhaps within his life-time. The Midheaven ♍24 and Ascendant ♏28 agree with latitude 54º; but sun in ♎1º implies a birth time of 11h.34m. a.m., not 11h.22m. a.m. apparent time. My figure has therefore been taken of 11h.30m. a.m. latitude 51N49.

BM MS. Cotton Vitellius A. 16, one of seven old chronicles which, despite variations, appear to have had a common ancestor down to Henry IV's reign, namely Cronicon regum Angliae (&c) has at f.30 (28): under Anno xº R.II (June 1386 to June 1387) with Nicholas Exton Mayor, and William More and William Staundon Sheriffs:

And that yer was boryn the sone of the yerll of Derby atte monemowth that after he was called henry of monemouth //

The Wardrobe Account of Henry earl of Derby shows that 341£.12.5d. was paid on 24 September 1386 for the household expenses of the earl and his family at Monmouth.

NB: nativitas nocturna was a technical term meaning any birth between midnight and noon. Leading factors in judging the Ashmole MS. to be a copy lie in the year being shown as 1376 completo in the heading and incompleto in the label. The places are cast for Sunday 16 September 1386.

Another and completely different date can be adduced for Henry from three distinct recordings:

(1) Anno Graciae 1387. Hoc anno natus est Henricus V: William of Worcester.

(2) Henricus filius Monomothi in Vuallia natus v. id. August. Anglorum Regum Chronicon, p.70 in Vitae Illustrium Virorum of Paulo Jovius (1578).

(3) Natus inAugusto fueras
Versus rhythmici de Henrico Quinto, by Thomas of Elmham, who was a monk of S. Aband in 1407 and prior of Lenton in 1414: he was at one time a chaplain to Henry.

These three items suggest birth on 9 August 1387, but I prefer the nativity despite my nagging distrust of these things: in this case it appears to have the more convincing basis. The Ashmole evidence is found in Ashm. 192 f.26-39 as well as in Ashm. 393 f.109 et seq. Ashmole himself was interested in this figure and wrote a note in his own hand pointing out the old city chronicle noted above.

CATHERINE DE VALOIS 1401.10.27

Queen of Henry V of England, youngest of the seven daughters of Charles VI of France and Isabeau de Bavière. She was the mother of Henry VI of England and grandmother of Henry VII of England through her unconventional relationship with Owen Tudor.

Calculated for Paris, 48N50 2E21, Thursday 27 October 1401 at 10h a.m. apparent time, from the tables of Hynes & Schoch. Pluto by Foelsch is shown separately.

Tropical zodiac
VP: 13°31′
Campanus houses
RA MC: 190°6′
PL: ♊ 8
☊: ♍ 24°0′

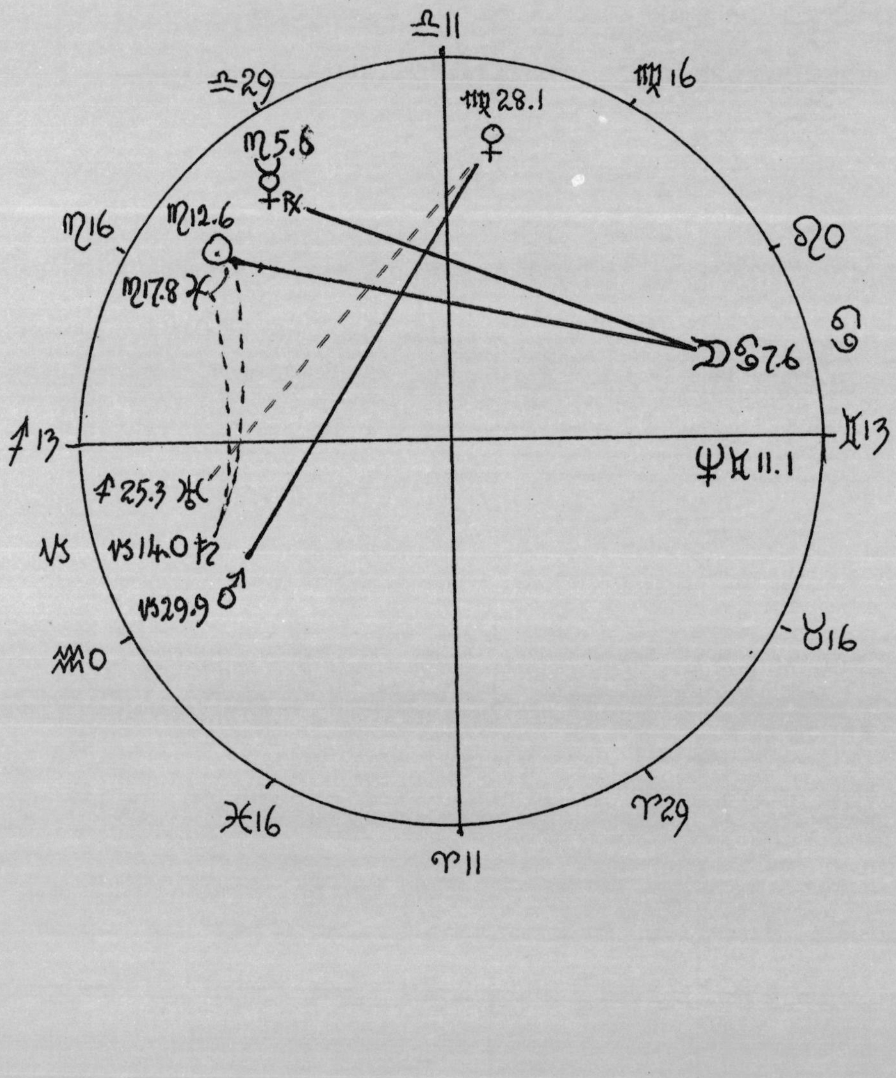

Catherine, née en l'hotel de S. Paul à Paris le 27. octobre sur les 10. heures du matin 1401. fut accordée par traité passé a Troyes le 21. may 1420. & mariée le 2. juin suivant dans l'église de S. Jean de Troyes à Henry V. du nom roy d'Angleterre.

<u>Histoire Genealogique et Chronologique de la Maison Royale de France, &c. Par le P. Anselme, Augustin Déchaussé; continuée par M. du Fourny.</u>
Paris: 1726: 3rd edition: page 115.

RICHARD NEVILLE EARL OF WARWICK 1428.11.22
Surnamed The Kingmaker

Calculated for Sheriff Hutton 54N6 1W2, the feast of S.Cecilia, Monday 22 November 1428, at 3h. apparent time in the morning, from Hynes, Schoch & Foelsch.

Tropical zodiac
VP: 13°9'
Campanus houses
RA MC: 112°21'
☊: ♈ 10.4

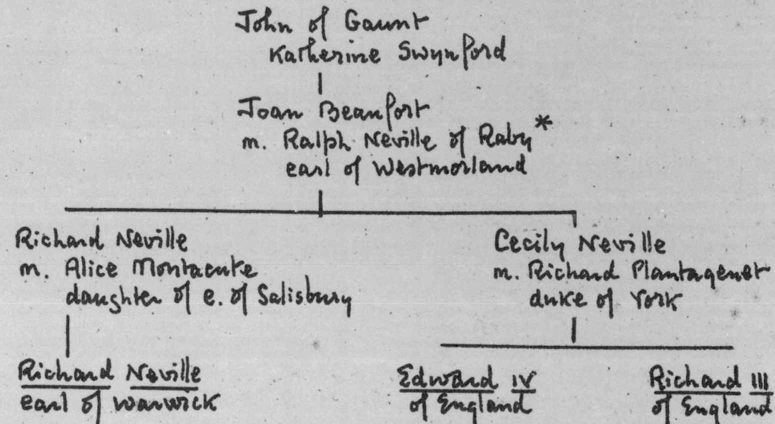

* he had 14 children by Joan, following 9 by a former wife.

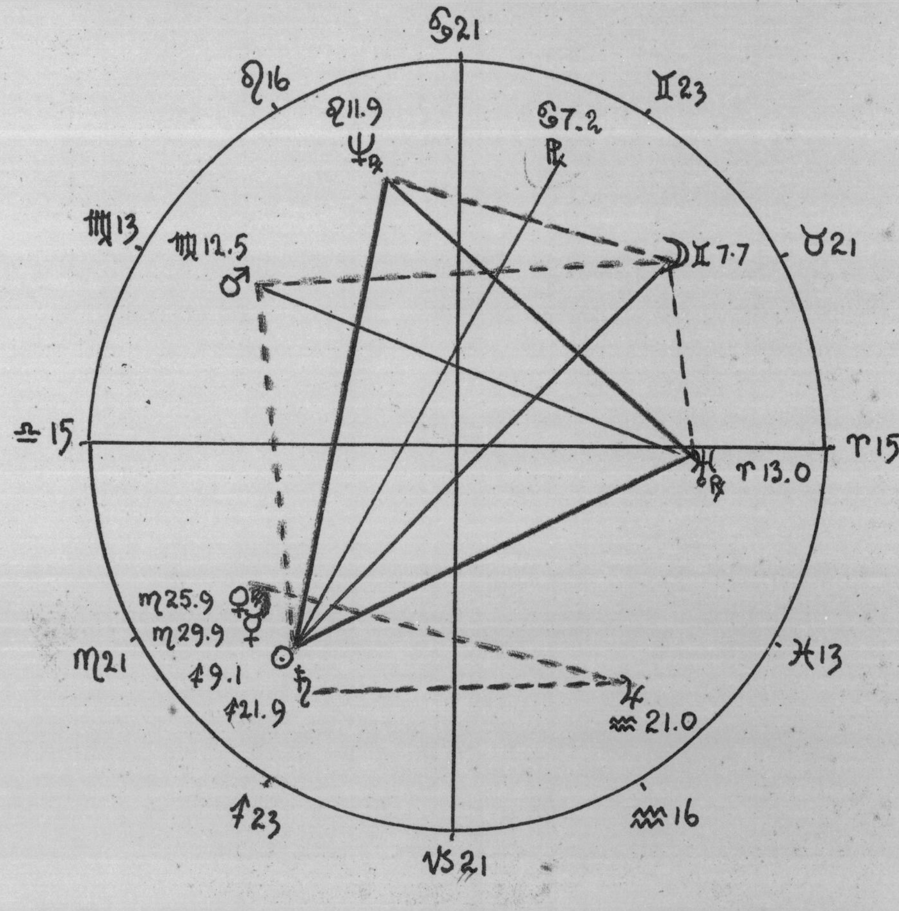

Nativitas humana iuxta Eboracum per 20 millia anno domini 1427 completo 21 die 15 hora novembris completo in die Sancte Cecilie anno Bissextili ascendente estimato 15 libre verum ascendente 20 libre loca planetarum Sol... Warwiki (the last word being written heavily and larger than the rest)

Note at the top of B.M. MS. Royal 12.F.xvii. Halij iudiciis astrorum: fol.1. The writing is scribbled, very worn, and took the expert Mrs Dorothy Clarke nearly an hour to decipher. The MS. is described as of the xv century. On fol.180 there is another note, remarking that the coronation of Henry VI took place on S.Leonard's day, Sunday 6 November 1429, between ten and twelve in the morning.

Richard's grandmother, Joan Beaufort, owned much property in Yorkshire but the principal residences were Middleham castle and Sheriff Hutton and the latter was much favoured by her son Richard—the father of this native. Sheriff Hutton is about ten miles from York as the crow flies, but in those days may well have been a tiresome journey. Middleham is too far away to merit consideration.

Quotation of an estimate and a true time show that this information derived from a qualified source, perhaps even from the parents; and presumably it was registered at the time of Richard's birth rather than later, because it is roughly contemporaneous with the coronation of Henry VI which caused the other note in this MS.

This is the jewel of my mediaeval nativities.

D. FERNANDO V DE ESPAÑA 1452.3.10

The king of Aragon who married Isabel of Castile thus creating the famous partnership known as <u>los Reyes Católicos</u> which united the whole of Spain.

Calculated for Sos 42N30 1W12, Friday 10 March 1452, at 10h. apparent time in the morning, from Hynes, Schoch & Foelsch.

Tropical zodiac
VP: 12°48'
Campanus houses
MC: 329°
☊: ♑9.9

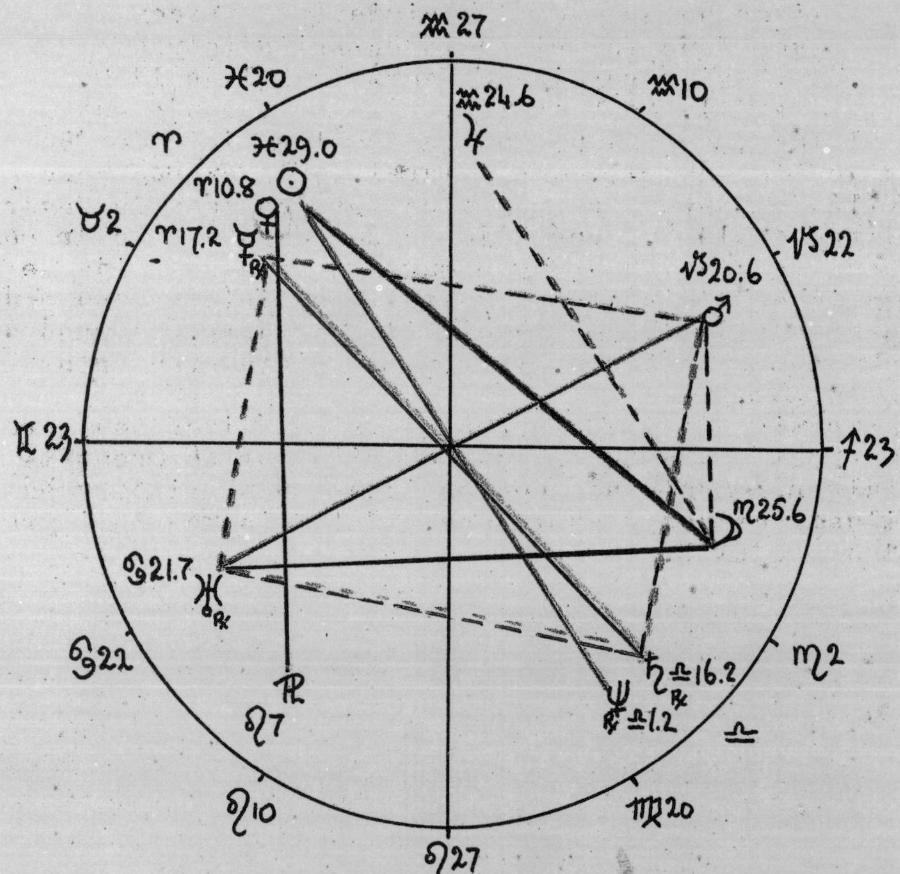

El Rey D. Fernando quinto de este nombre nació en Aragon a dias de Marzo del año del nacimento de Nuestro Redemptor de 1452 en una villa que llaman Sos, viernes nació a las diez oras del dia, estando su planeta e signo en muy alto triunfo de vienabenturanza, segun dijeron los astrólogos, es fijo del Rey D. Juan porque fué primeiro de Navarra que ovo aquel Reyno con su primera muger...

Historia de los Reyes Católicos D. Fernando y Dª. Isabel.
Crónica inédita del siglo xv, escrita por El Bachiller Andrés Bernaldez, Cura que fué de los Palacios.
Granada. Imprenta y libreria de D. José Maria Zamora. 1856.
Capitulo viii, p. 30.

En este año (de ....) en diez de março, o segun otros de mayo, nacio a don Iuan Rey de Nauarra en Sos, lugar pequeño de Aragõ, frontera de Nauarra, vn hijo, grande corona de los reynos de España, y aun del mundo, el qual, de nombre de don Fernando Infante de Castella y Rey de Aragon su abuelo, fue llamado Fernando.

Los Qvarenta Libros del Compendio Historial de las Chronicas y vniversal Historia de todos los Reynos de España. Compvestos por Estevan de Garibay y Camalloa, de nacion Cantabro, vezino de la villa de Mondragon de la Prouincia de Guipuzcoa, diuidido en quatro tomos. Año 1628. Con Licencia. Impresso en Barcelona, Por Sebastian de Cormellas. Y à su costa.
Lib. xvi. cap. xliv. p. 490 (Tomo 2)

Note at page 15 of the Pulgar chronicle: Es muy notable en esta Crónica el defecto de fechas... Aun es mas notable que el Cronista poniéndose á escriber de propósito la historia de los Reyes Católicos no apunte el nacimiento y descendencia de uno y otro. La Reyna Doña Isabel nació en Avila (otros dicen en Madrigal) en 19. de Noviembre dia de Santa Isabel de 1450. Fué hija del Rey Don Juan II. de Castilla, y de su segunda muger Doña Isabel hija del Infante Don Juan de Portugal y nieta de Don Enrique el Enfermo y de Don Juan II. de Portugal. El Rey Don Fernando nació en Sos, vila del Reyno de Aragon en los confines de Navarra á 10. dias de Marzo de 1452. Fué hijo de Don Juan II. de Aragon, y I. de Navarra y de su segunda muger Doña Juana hija de Don Fadrique Enriques Almirante de Castilla y nieto por su padre del Rey Don Fernando de Aragon el elegido en Caspe, hermano de Don Enrique III. abuelo de la Reyna. Por consiguinte eran estos Principes primos segundos.

Crónica de los Señores Reyes Católicos Don Fernando y Doña Isabel de Castilla y de Aragon, escrita por su Cronista Hernando del Pulgar. Contexada con antiquos manuscritos y aumentada de varias ilustraciones y enmiendas, Valencia: en la imprenta de Benito Monfort. Año MDCCLXXX.

GIROLAMO SAVONAROLA 1452.9.21

The famous reformer as an example of unreliability in so-called traditional nativities: Cardan's figure as republished by Origanus, compared with calculations from the same data done with Abraham Zacuto's <u>Almanach</u> <u>perpetuũ</u> (1515) and Schoch. Minor cusps from Campanus in either, to aid inspection.

Cardanus

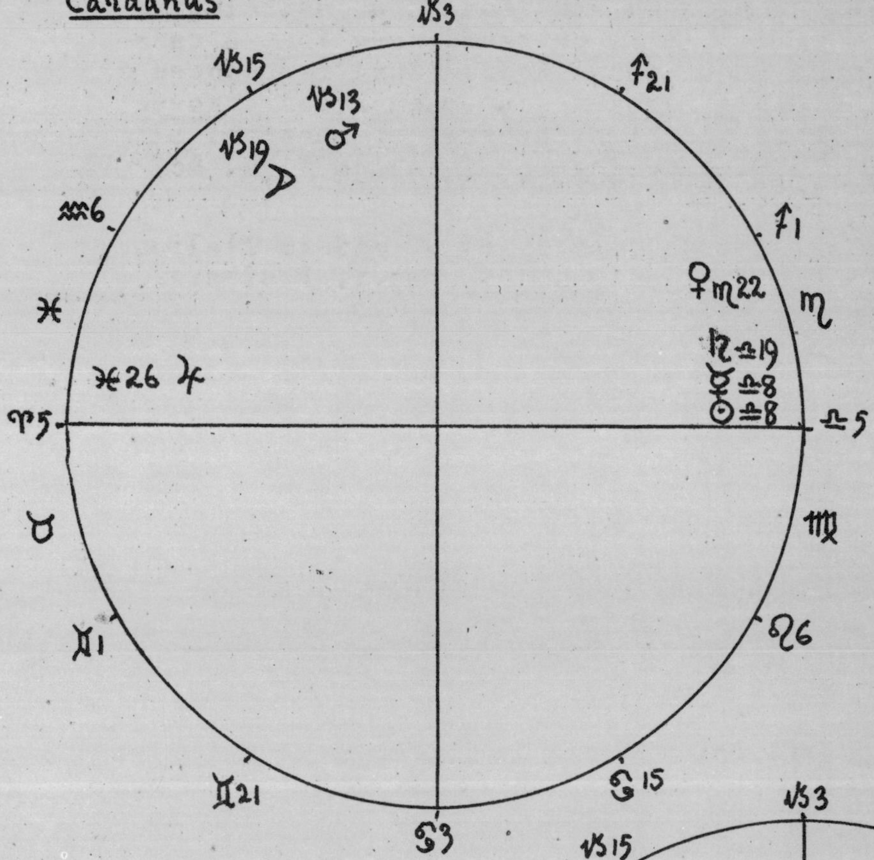

Zacuto

☉ ♎7°30′16″
* ☽ ♑17°11′
* ☿ ♎10°9′
♀ ♏21°14′
* ♂ ♈23°1′
♄ ♎19°26′
* ♃ ♒29°11′

* note particularly:
♂ ♃ ☽ ☿

Tropical zodiac
Campanus houses
VP: 12°48'
RA MC: 273°
☊: ♐29.5

Ferrara
21 Sep. 1452
5h.44m. p.m.

44N50
11E40

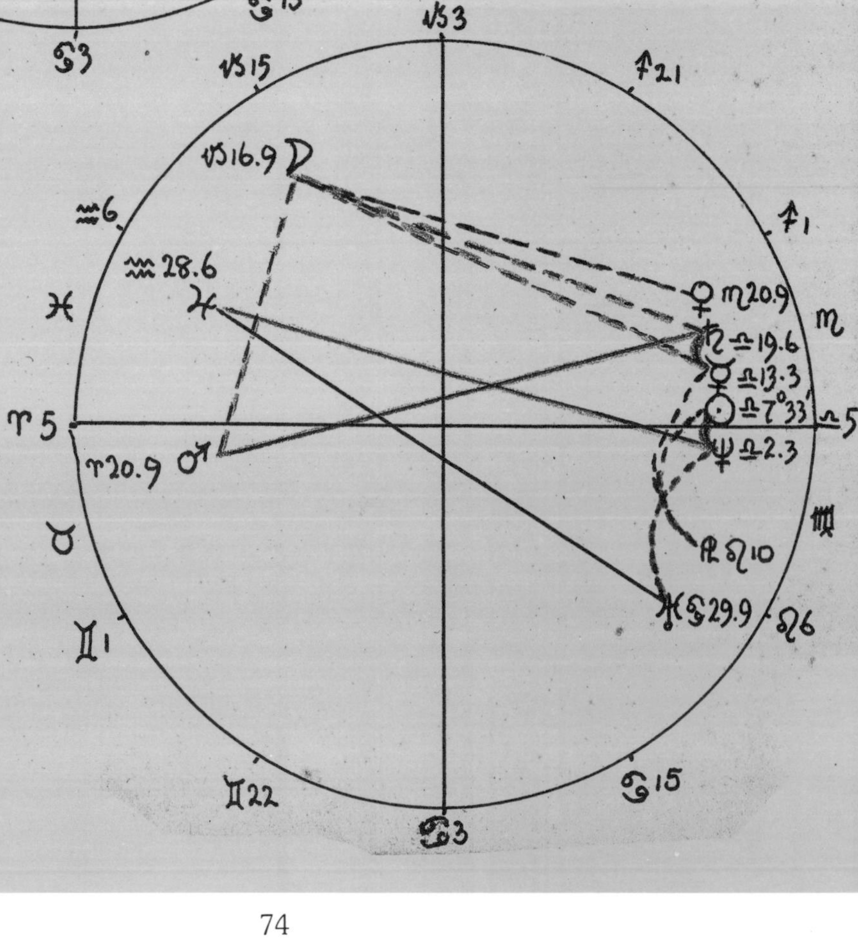

Schoch

Cardanus was born in 1501 and Savonarola was burned in 1448. He published the nativity in 1547 in *Libelli Quinque*, *de Supplemento Almanach*, *de Motuum Coelestium de Genituris*, *de Exemplis centum Geniturarum*, &c. Nuremburg. We do not know the authority for this figure (№64), but the fact that it is drawn for near sunset suggests that there may be some basis for its authenticity.

Despite the remarkable errors which emerge, this old figure has been constantly republished and studied by astrologers down to the present time. It is extraordinary that a careful mathematician such as Origanus should have reproduced it in the introduction to his magnificant ephemerides: *Novae Motuum Coelestium Ephemerides Brandenbvrgicae Annorvm. LX; incipientes ab Anno 1595, & desinentes in annum 1655*, &c. Frankfurt-on-Oder, 1609.

The place and date of birth are accepted by modern Italian historians, including his principal biographer, Professor Pasquale Villari.

D. MANUEL I DE PORTUGAL 1469.6.1

Son of Fernando, duque de Viseu, who was a brother of Afonso V, their father being the king D. Duarte. Manuel, surnamed the Fortunate, succeeded when D. João II died without issue. In 1497 he married D. Isabel of Castile, widow of the heir to the Portuguese throne, D. Afonso; in 1500 he married Isabel's sister Maria; and in 1518 her married D. Leonor of Castile. He died in 1521.

Calculated for Alcouchete, across the water from Lisbon, 38N42 9W0, Thursday 1 June 1469, 3h.0m. p.m. apparent time, from Schoch with the solar refinement of Hynes. Pluto from Foelsch.

The time is partly speculative, as birth is recorded as having taken place when the Corpus Christi procession was passing the house. The traditional time for this was at about three in the afternoon, and this coincides with Gil Vicente's statement that Jupiter was at his greatest strength and dominated the course of nature.

Tropical zodiac
VP: 12°33′
Campanus houses
RA MC: 123°26′
☊ : ♒ 6.6
℞ : ♍7

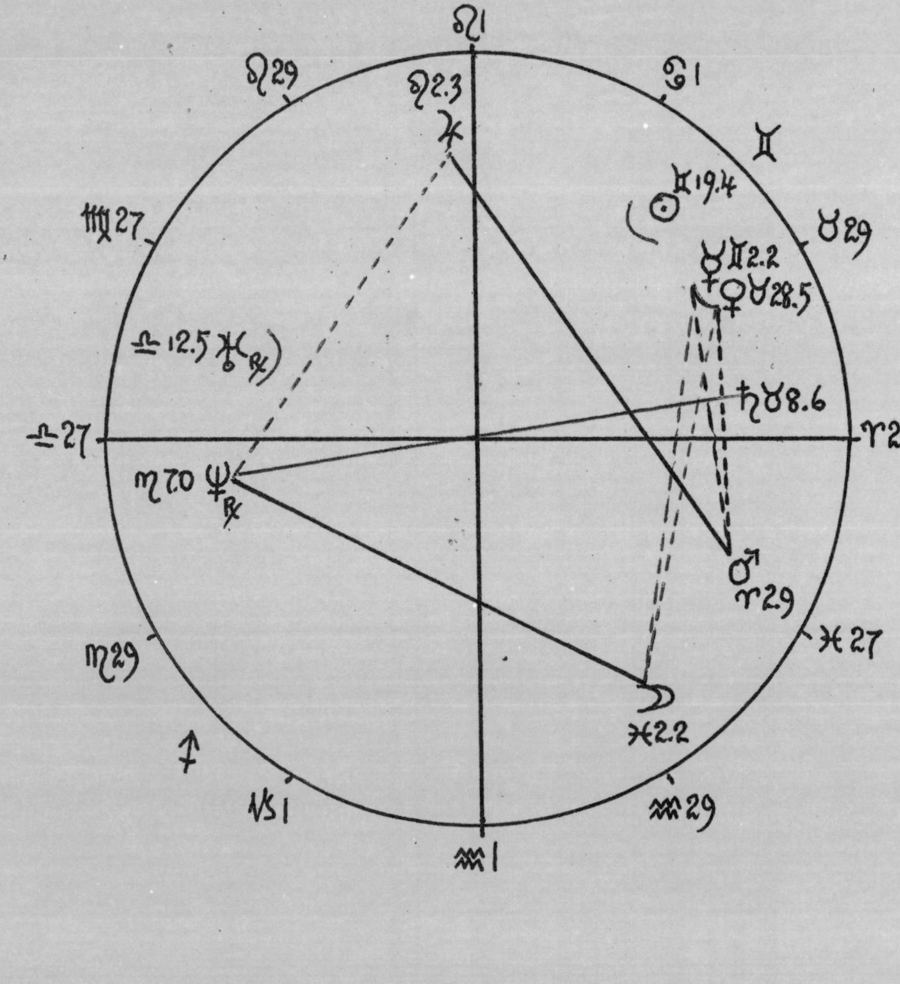

Elrei Dom Emanvel da gloriosa memoria naceo na villa Dalcouchete, em Riba Tejo, hũa quinta feira derradeiro dia de maio do anno do Senhor de mil, & quatrocẽtos, & sessenta, & noue annos, dia em que então cahio ha solẽne festa do Corpo de Deos. E parece que houue em seu nascimento mysterio, porq̃ hauia ja algũs que ha Ifante dõna Beatriz sua mai andaua com dores, sem poder parir, & quis nosso Senhor alumeala em ho sancto Sacramento, chegando à porta das suas casas, per onde passaua ha Procissão, & por ho dia em q̃ nasceo ser da inuocação do venerabile Sacramẽto, lhe poserão nome Emanuel, o qual nome he hũ dos grandes do Senhor Deos, cujo festa se celebraua naquelle dia, em q̃ lhe aprouue dar este Principe a vida deste mũdo, &c.

Chronica do felicissimo rey dom Emanvel da gloriosa memoria. Damião de Goes colegio, & compos de novo. Anno 1619. Lisboa. Antonio Aluarez Impressor.

Corpus Christi indicates a Thursday, and in 1469 fell on the first day of June, not the last day of May; but Damiam de Goes is well known for his inability to state dates precisely.

Gil Vicente's tragicomedia *Exortação da guerra*, was played before Dom Manuel in Lisbon in 1513. Therein, the nativities of the royal family are described rather vaguely, but appear from the known nativities to be factual, not mere inventions of the poet. The reference to Dom Manuel is this:

> Quando Jupiter estava
> em toda sua fortaleza,
> e seu gram poder reinava,
> e seu braço dominava
> os cursos da natureza; ...
> nesse dia, mes e era
> quando tudo isto era,
> nasceram Vossas Altezas.

This could be read as Jupiter at the Midheaven (3h.0m. p.m.) or (5h.30m. p.m.) for the beginning of the Archer rising; but the second time seems too late, and we may also remember that in the nativity of Dom Manuel's father-in-law, Don Fernando of Aragon & Castile (q.v. 1452), Jupiter was at the Midheaven: estando su planeta e signo en muy alto triunfo de vienabenturanza segun dijeron los astrólogos. We may remember also that Dom Manuel was surnamed The Fortunate.

SIR THOMAS MORE 1478.2.7

Chancellor of England, in succession to Cardinal Wolsey and after being Speaker of the House of Commons. As a humanist he was a close friend of Erasmus, and was famous throughout Europe. He was beheaded in 1535 for refusing to admit the lawfulness of Henry VIII's marriage with Anne Bullen. Sir Thomas was the second child and eldest son of John More and Agnes More née Grainger. He was canonized in 1925.

Calculated for London, Saturday 7 February 1477/8, 2h.30m. a.m. apparent time, from Hynes, Schoch, Foelsch.

Tropical zodiac
VP: 12°27'
Campanus houses
RA MC: 187°06'
☊: ♌18.7

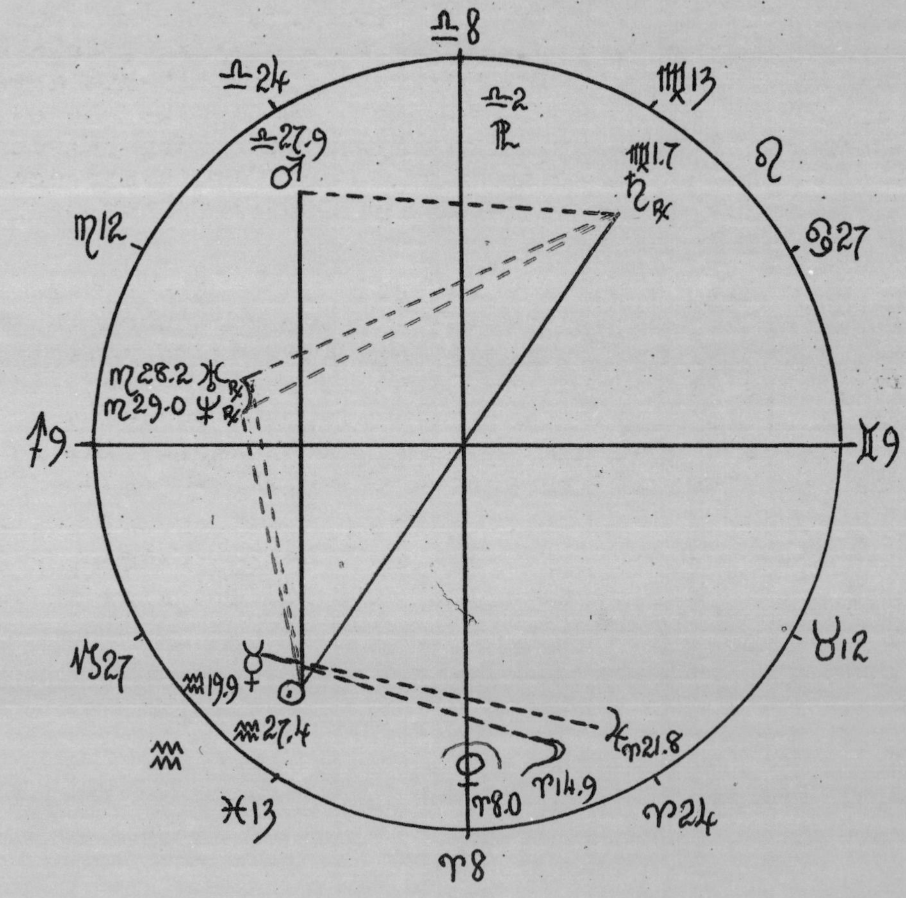

John More, gentleman, husband of Agnes More née Grainger, noted down his marriage and the births of six children on two leaves of a miscellaneous collection now in Trinity College, Cambridge (MS. Gale O.2.21). Every entry is dated with the regnal year, the day of the month, and the day of the week. The time of each birth is noted. In every case, excepting Thomas's, these data agree with each other. Thomas appears as follows:

> M[d] quod die veneris proximo post Festum purificacionis beate Marie virginis <u>videlicet septimo die Februarii</u> inter horam secundam et horam terciam in Mane natus fuit Thomas More filius Johannis More Gent. Anno Regni Regis Edwardi quarti post conquestum Anglie decimo septimo.

The words <u>underlined</u> were an addition. In a letter (24 July 1950) the Librarian informed me that 'the "emendation" referred to by you is written between the lines and from all appearances - hand and colour of ink - was written at the same time as the entry or immediately afterwards.'

John More's original entry thus showed Thomas born between two and three in the morning of Friday 6 February 1477/8 (17° Edward IV ran from 4 March 1476/7); but on second thoughts he added between the lines: 'that is to say the 7th day of February' which meant early on Saturday morning if the year was really 1477/8.

For Friday next after Candlemas to fall on 7 February, Thomas would have been born in the previous year—as he could have been, because his elder sister was two years his senior. But in registering marriage and the other five children, John More never went wrong in regnal years: they all tally with his days of the month and of the week, including Joan and Agatha who come on either side of Thomas, and like Thomas were born between the Circumcision and the Annunciation. Moreover, a man accustomed to dating documents in regnal years would hardly have made a mistake in the concluding months.

There is a simple and natural solution. Agnes More took to her bed on Friday 6 February 1477/8, but continued in labour until the early hours. When John sat down at last to note the happy arrival of his first son, no doubt it still seemed like Friday to him, and he noted it down accordingly: then suddenly realizing that Saturday was upon him, he altered his note, but forgot to change the weekday: it was only a private memorandum after all.

A transcription of this list of More's children was printed in NOTES & QUERIES, 4th series, vol.2, 17 October 1868, p.365. And further notes appear on pages 422 and 449 and also in vol.3 on page 266.

MARGARET TUDOR, Queen of Scotland 1489.11.28
Daughter of Henry VII of England & Elizabeth Plantagenet. She married James IV of Scotland in 1503, being then in her fourteenth year, and it is through her that the Stuarts traced their claim to the English throne.

Calculated for Westminster, Saturday 28 November 1489, 9h.15m. p.m. apparent time, from Schoch with the solar refinement of Hynes. Pluto from Foelsch.

Tropical zodiac
VP: 12°17′
Campanus houses
RA MC: 33°41′
☊: ♑0.3
♇: ♍1

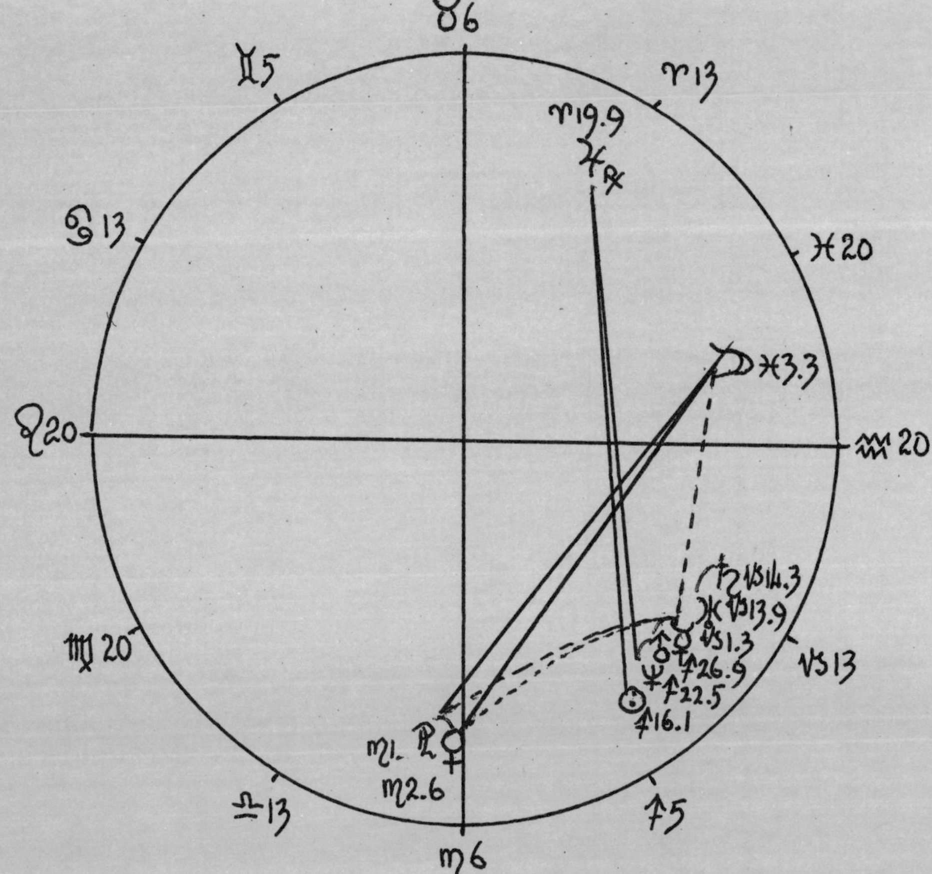

Francis Sandford and John Speed give her date as 29 November, into which error they have been followed by biographers. But the date is accurately recorded in a Book of Hours which belonged to her grandmother, Margaret Beaufort (q.v. 1443), preserved in the British Museum under MS. Royal 2.A. xviii.

> iiii Kal. Dec. This Sat'day was bore at Westm̃ at nyght aft' the IX^{t} hour a quarter my ladi m'garet the ij^{d} child to the king Harri the vij^{t} A^{o} do^{i} 1489.

Her life was stormy. She married thrice and wanted to take a fourth husband. The husbands were:

(1) James IV of Scotland (1503) when she was in her fourteenth year. By him she had five children, three of whom lived only a few days or weeks; two others never finished their second year; and only James (10 iv. 1512) lived to reach manhood and succeed his father: he died in his thirty-first year. James IV died at Flodden on 9 ix 1513.

(2) Archibald Douglas, 6th earl of Angus, she married in August 1514 when in her twenty-fifth year. By him, at Harbottle on 7/8 October 1515, she had the Lady Margaret Douglas—the mother of Henry Stewart, Lord Darnley, the second husband of Queen Mary of Scots. Eventually, Margaret divorced Angus and married:

(3) Henry Stewart, created Lord Methven, in March 1526, when she was in her thirty-seventh year; but circa 1537, when she was nearing fifty, she fell in love with John Stewart, of the Darnley Stewarts, without, however, gaining her son's assistance towards a divorce from Methven.

She died on 18 October 1541.

HENRY TUDOR 1491.6.28

Henricus Octavus Dei gratia Anglie Francie et Hibernie Rex Fidei Defensor et in terra Ecclesie Anglicane et Hibernice Supremum Caput

Calculated for Greenwich 51N29, Tuesday 28 June 1491 at 8h.45m a.m. apparent time, from Hynes, Schoch & Foelsch.

Tropical zodiac
VP: 12°15'
Campanus houses
RA MC: 57° 56°53'
☊: ♏29.7

Unlike his father, Henry VII, this Tudor had a legitimate claim to the throne through his mother, Elizabeth of York, eldest child and heir of Edward IV.

Harold Wigglesworth, after a protracted study, writes that significant directions are possible only with:-

MC ♊ 6°22'
AS ♍ 12° 3'

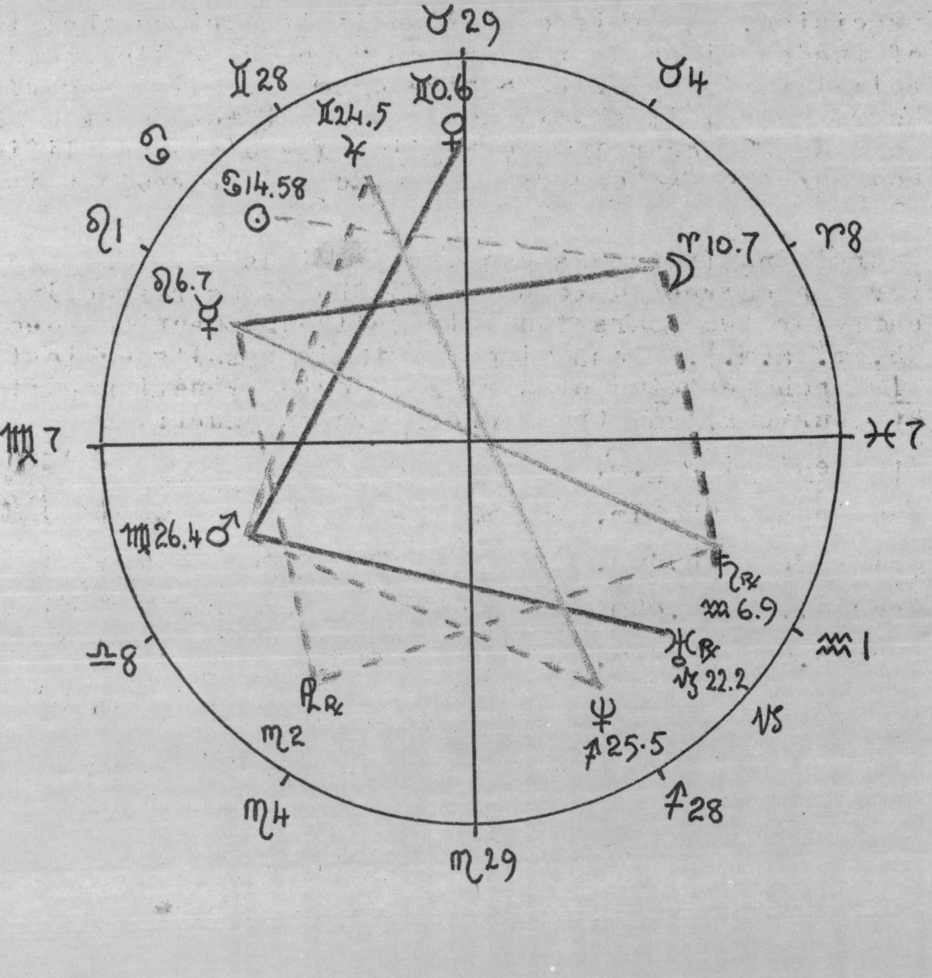

iiij kal. Jul. Sancti Leonis vigilia Apostolorum Petri et Pauli Hoc die in anno 1491 natus est Henricus secundus filius Henrici vij^mi qui postea creatus est princeps Wallie

<u>B.M. MS. Royal 2.A xviii</u>: <u>Horae B. Mariae Virginis</u>
Entry in the book of hours of Margaret Beaufort, his grandmother, for details of which see her nativity 1443.5.31. Henry was created Prince of Wales on 18 February 1502-3.

Die martis vicesimo octauo mensis Junij Anno millesimo quadragintesimo nonagesimo p^imo in vigilia scōꝑ Petri et Pauli hora q^asi nouena hoc est post octauū cu^9 dimidia et vltra ante mīdiem Illustrissima dnā Helizabeth Regina Anglie peꝑit filiū masculū in villa grenvici in manīo regꝫ qui filius in eadem villa in eccīia nom̄ fratrū de obzuancia fuit babtizat^9 solemniter et vocatus Henricus ꝑ Dmn̄ epz̄ exon̄ custodz̄ p^iuati sigilli et duo 9pathes fuernt scitz comes oxon̄ et epūs Wintoñ.

<u>College of Arms MS. M3 fol.28b</u>.
On vellum, ten and a half inches by fourteen and a half inches, and appears to have belonged originally to William Ballard, Herald of Henry, Duke of Exeter, in 1460, and March King of Arms under Henry IV, who died in 1490. Afterwards it belonged to John Write or Wriothesley, Garter King of Arms, who died in 1504; William Harvey, Clarenceux 1557-1567, and in 1583 it belonged to Robert Cooke, Clarenceux. It is perhaps the oldest known working book of an officer of Arms. (Letter from Chester Herald, 9.8.49)

These recordings are of great importance. Their authority could not be higher, and they fix the date and hour with considerable precision. In this connexion it is curious that the Great Chronicle of London gives Henry born on June 29, while Speed, Stow, and Fulwells Flower of Fame give June 22. With regard to the book of hours entry, it should be noted that the feast of Pope Leo II falls on June 28 according to English usage as exemplified in the Black Book of the Exchequer: in the Roman Martyrology it is on July 3.

Henry's nativity was cast by Gauricus (b.1476) and Cardanus (b.1501) for the correct date but with the times respectively two hours too early or two hours too late (although Gauricus declared his time as 9h.6m. a.m.). Comparison of their results against mine from the <u>Almanach perpetuū</u> of Abraham Zacuto (Venetian edition of 1515 edited by Gauricus) and from Schoch are as under:

<u>Apparent time a.m.</u>		☉	☽	☿	♀	♂	♃	♄
Gauricus	6h.51m.	♋14°26′	♈8°50′	♌2°36′	♊1°25′	♍25°26′	♊24°47′	♒6°45′
Cardanus	10h.40m.	14°40′	11°37′	2°56′	0°34′	25°38′	24°56′	6°49′
Zacuto..	8h.45m.	14°35′	10°33′	2°46′	1°35′	25°29′	24°40′	6°40 ℞
Schoch..	8h.45m.	14.58 .6	10.7	6.7	0.6	26.4	24.5	6.9 ℞

CARDINAL DOM HENRIQUE OF PORTUGAL 1512.1.31

Who ended the original Line of Kings

7th child & 5th son of D. Manoel I & his 2nd wife, D. Maria of Castile. Progress in the Church made Henrique a Prior in Coimbra at 14, Archbishop of Braga at 22, Archbishop of Evora at 28, Cardinal at 34, Inquisitor at 35 after long pressure on Paul III (urging that Henrique disliked Jews), to permit the Holy Office in Portugal. Henrique also set up religious foundations & a Jesuit University at Evora.

D. João III died in 1557 when D. Sebastião, his grandson, was three. The widow, Castilian D. Catarina, became Regent & urged union with Spain. She resigned in 1562. D. Henrique followed as Regent for 12 unbrilliant but honest years, then he handed the power to D. Sebastião in 1568 as a birthday present. Despite efforts, D. Henrique could never dampen this youth's fanatical & martial ambitions, which ended at Alcaçer Quibir in 1578 and handed Portugal on a plate to Philip II of Spain.

Efforts to obtain dispensation of Dom Henrique to marry had been foiled by Philip. He was now King, but the popular wish for his successor to be either the Duchess of Bragança or the bastard of Henrique's brother Dom Luiz never prevailed. Henrique hated this illegitimate nephew and could not make up his mind about the duchess. To settle the question he called Cortes at Almerim in January 1580, when the clergy & nobility opted for Philip II, and the commons declared they would rather die than obey the King of Castile. In the midst, Henrique died in the same month on his 68th birthday. Philip took over.

Calculated for Lisbon, 38N42 9W9, Saturday, 31 January 1512, 9h.30 p.m. (between 9 & 10 p.m.) apparent time, from Schoch & Foelsch with the solar refinement of Hymed.

Tropical zodiac
WP: 11º 58′
Campanus houses
RA MC: 105º 47′
☊: ♎ 21.5

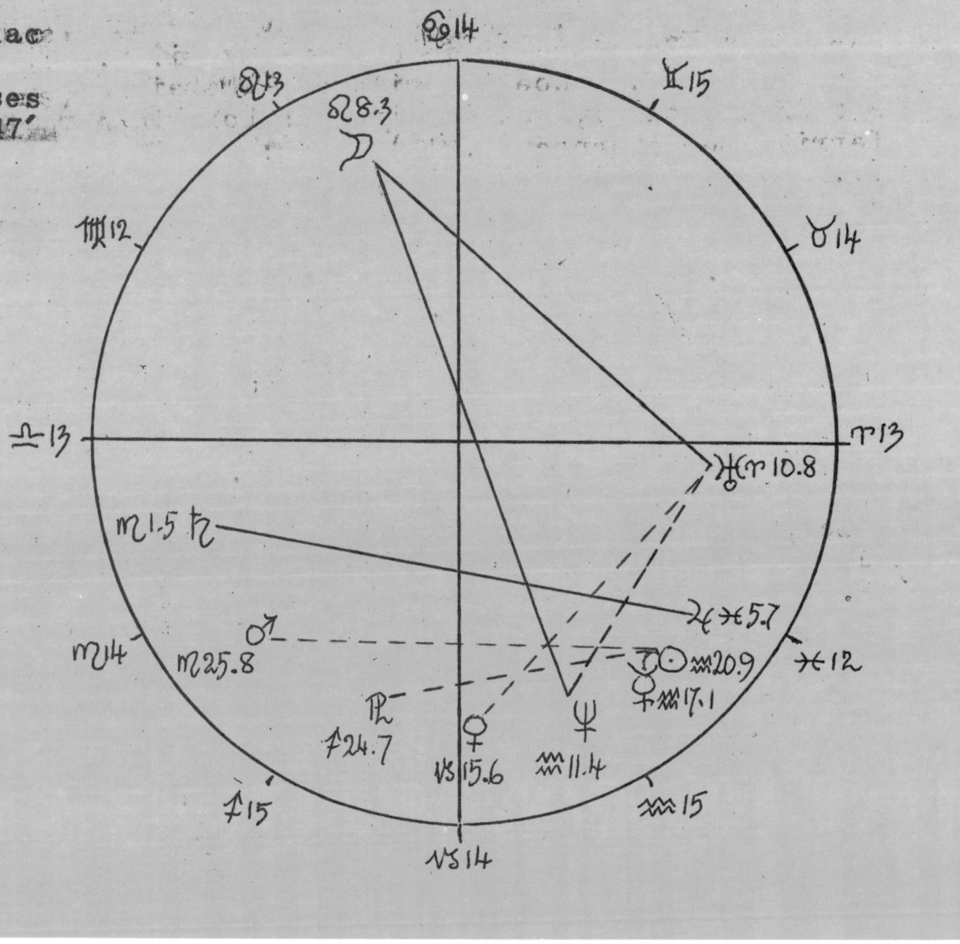

Damiam de Góes (1502-1574), in Chronica do Felicissimo Rei Dom Manoel, Vol.2. Parte III. Capitu. xxvii. pp. 99-107. (1926 Coimbra edition of the 1st edition: v. sources) has an article on Dom Henrique, beginning:

> Nasçeo ho infante dõ Hẽriq na çidade de Lisboa, o derradeiro dia de Ianeiro, no anno de M.D.XII: Em ho dia de seu nasçimento nevou muito, & por isto acontecer em Lisboa muito poucas vezes, pareçeo pronostico, de nosso Senhor lhe dar lume, & claridade pera has cousas de seu serviço.

Estevan de Garibay y Camalloa, writing in 1570 in Los Qvarenta Libros de Compendio Historial de las Chronicas, Tomo Qvatro, Lib. xxxv. Capitvlo xxx. confuses data for Henrique (p.214) & Fernando (p.215) as below:

> Otros quieren dar a entender, auer passado esto en el año siguiente, de mil y quinientos y siete, en el qual la Reyna doña Maria su muger pario en la mesma villa de Abrantes, al Infante don Henrique, cuya natiuidad fue en cinco del mes de Iunio, dia Sabado a las siete de la mañana. Este Infante segun queda notado, vino a ser Cardenal del titulo de los Santos quatro Coronados, y primer Arçobispo de Ebora, e Inquisidor general de los reynos de Portugal, el qual a la hora que esto escriue, viue solo de todos los Infantes, hijos varones del Rey don Manuel, siendo excellentissimo Principe, y tan Catholico y religioso prelado, quãto es clarissimo dechado y espejo de los prelados de su tiempo, y vnico fauorecedor y remunerador de los doctos varones, y grande causa, para que se ayan despertado sus excelentes habilidades e ingenios de la nacion Portuguesa, que assi agora florecen en todo genero de letras y ciencias.

Parts underlined, "born 1507 at Abrantes on Saturday 5 June at 7 a.m." relate to Fernando, the rest to Henrique. As noted above, Garibay wrote in 1570; D. João, penultimate brother to die, had departed in 1557; D. Henrique did not die until 1580. The previous refference to Henrique is in Capitvlo xxvii. p.208, part of a summarized list of D. Manoel's children, wherein he occupies Fernando's place in the order, and is given as born in Abrantes. The passage referring to Fernando (p.215) reads:

> .... como Catholico Principe, aun no contento con sus nueuas y cotidianas conquistas, y nauegaciones de la India, (D. Manoel) prosiguio las guerras de los Moros Africanos, enemigos de nuestra Santa Fe ... sucediendo por todos partes muy prospera mente sus negocios a este Principe. A quiẽ la Reyna doña Maria su muger pario al Infante dom Fernando, sucediendo su nacimiento notable, por auer sido en grandissima nieue, cosa que nunca los que a la sazõ viuiã, vieron en Lisboa, adonde fue su natiuidad en treynta y vno de Enero, entre las nueve y las diez antes de media noche del año de mil y quinientos y doze.

Except for Fernando's name, this whole passage refers to Henrique. In fact, Garibay recorded nothing in either passage above beyond the bare data of birth for Fernando; but these data agree with Damiam de Góes. Both Fernando & Henrique were born on Saturdays.

See Sources for a discussion of Garibay's chronology.

MARY I. OF ENGLAND 1516.2.18
"Bloody Mary"

Only child of Henry VIII & Queen Catherine, she succeeded her brother Edward VI on 10 July 1553 after an interval of 10 days during which Lady Jane Grey was Queen. She married Philip II of Spain in July 1554 at Winchester, he a widower of 27, she a virgin of 38, against the advice of friends & the people's wish. He left England in August 1555 and returned briefly in 1557. Mary loved him passionately. She died on 17 November 1558: 'a tiny, pain-twisted old woman at 42 with large distraught eyes and fevered red patches under her wrinkles.' As a girl she had been considered beautiful.

She adored her father all her life and in early years had been his darling. She absorbed an intensive education: Latin, Greek, Spanish, French, Italian, classical literature. She excelled in music. She liked to gamble and bet, loved dancing and fun, and was the favourite sister of her brother. She was always rigid in principle, fearless, straightforward, loyal, and kind, much loved by those about her.

With Anne Bullen, her sufferings began. When the mother she loved died in 1536, Mary had not been allowed to see her for four years. Anne Bullen did her utmost to have Mary killed and nearly succeeded. Henry died in 1547. If Mary had not married Philip, it is unlikely that she would have burned nearly 300 people, including protestants who supported her cause when Northumberland seized power.

Tropical zodiac
VP: 11.9
Campanus cusps
RA.MC: 219º56´
☊ ♌3.2

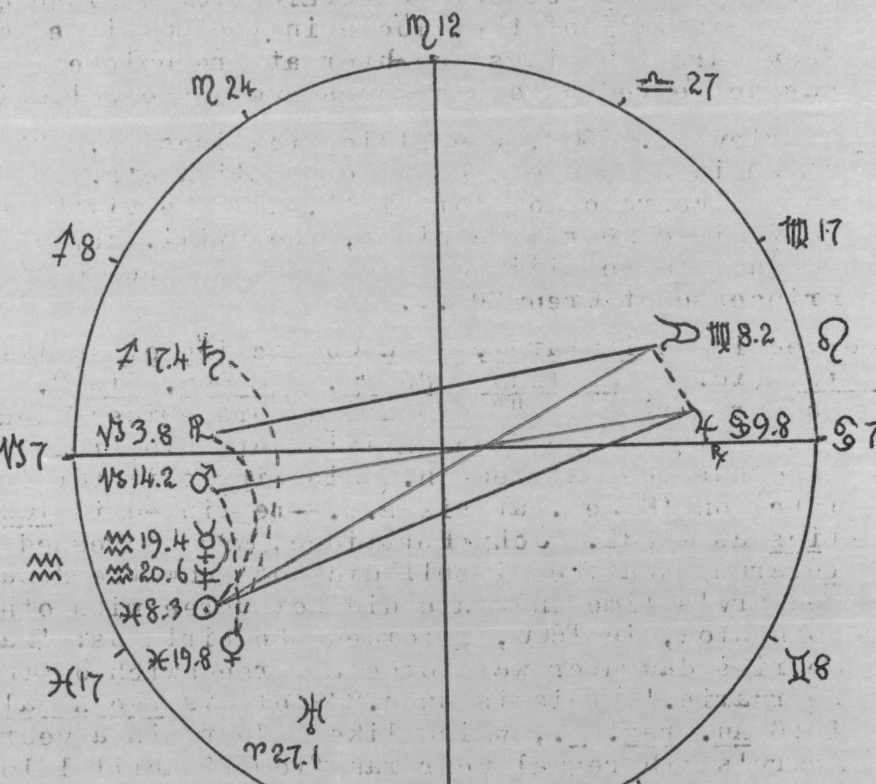

Erected for Greenwich 51N29, Monday, 18 February 1515/16, 4h.0m. a.m. apparent time, from Hynes, Schoch, Noesselt-Hoffmann.

Archaeologia, XXVII. 260: Notification of Queen Katharine to the Provost of Tournay of the birth of a Princess.

By the Quene (1515-16)

Trusty and welbeloved we grete you wele. And Where it hath pleased Almyghty God of his greate grace and infinite goodnes and as we veraily trust by the mediation and intercession of that blessed virgyne Marie his moder to send unto us at this tyme goode speede in the delivrance and bringing furthe of a princesse to the greate rejoising and comforte of my lorde us and all his loving soubgietts of this his realme for whiche singler grace we have especiall cause to geve high thanks lawde and praisinge unto o^r said maker and so we right hartely doo...

Yeven under o^r signet at my lords mano^r of Grenewiche the xviii^th daye of Ffebruary

Bodley MS. Ashm. 313. Ashmole's copy of ENGLANDS PROPHETICALL MERLINE by William Lilly, with Ashmole's notes, f.20, against the nativity of Mary Tudor:

By a MS: in the hands of Arthur Earle of Anglesea it apps that Q: Mary was born the 18 of Febr: being Munday about 4 a clock in the morning a^o 7.H.8.

BM Addit. MS. 6113 (Ceremonials Creations &c.) a collection of heraldic pieces written during Henry 8 to Elizabeth. f.115:

The Crystenninge of Princes Marie Doughter legittimate to our Souveraine lorde Kinge Henry the viij^th / In the yere of our lorde m^l v^c xv / And the xviij^th day of February beinge Mondaye the vij^th yere of our Souveraine lorde Kinge Henry the viij^th / aboute iiij of the clocke in the morninge / was borne the lady Mary the Kings doughter at grenewiche / whose crystennenge was defferred unto the Wenesdaye nexte Followinge.

BM Harley MS. 3504. (heraldic Treatises) f. 232 a record of Mary's baptism in a hand of the time of Elizabeth.

In the yeare of o^r lord 1515. and the vij^te year of o^r Sovereigne Lord Kinge Henry the eight, the xviii. day of February beinge Monday aboute iiij^o of the clock in the morninge was borne the Princesse at Grenw^ch ...

Collectio Geniturarum, or a Collection of Nativities in CL. Genitures (&c.) By John Gadbury. London. 1662.

Gadbury writes: "There are divers eminent Reasons in Astrologie that this is the true Nativity of this great Queen", and he expounds them at length. His figure is for 1516/17 (a year too late) on 18 Feb. at six a.m.—reprinted in 1001 Notable Nativities as №532. John Partridge, who confessed (in Defectio Geniturarum) that he himself did not know the data, and showed that Gadbury's time and date did not agree with others. Indeed, even John Stow, in 1600, recorded the birth as: 'Ladie Marie king Henries daughter was borne at Greenewich on the II.(eleventh) of Februarie.' This is on p.847 of his The Annales of England sub 1516 An. reg. 8., which like Gadbury is a year too late, because Henry's 8th regnal year ran from 22 April 1516 to 21 April 1517.

HENRI II DE FRANCE 1519.3.31

4th child & 2nd son of François I & Claude de Valois. His queen was Catherine de Medici.

Calculated for S. Germain-en-Laye 48N50 2E5 on Thursday March 31 1518/9 (Easter being on April 24 1519 English style) at 6h. on the sundial in the morning, from the tables of Hynes, Schoch and Foelsch.

Despite eminent witnesses, this birth time is doubtful. It would be tempting to accept the grandmother's recording of around seven o'clock, but it is suspect by being astrological and far distant from Gauricus and Junctinus who worked for his wife. This figure is therefore in accordance with the contemporary record of a citizen of Paris. The grandmother's time would give an MC of Aquarius 1° and Gemini 1° rising, RA MC 302°43'. Le P. Anselme, Histoire Genealogique, also has "sur les sept heures du soir (sic)".

Tropical zodiac
Campanus houses
VP: 11°52'
RA MC: 287°41'
☊ : ♊ 3°0.

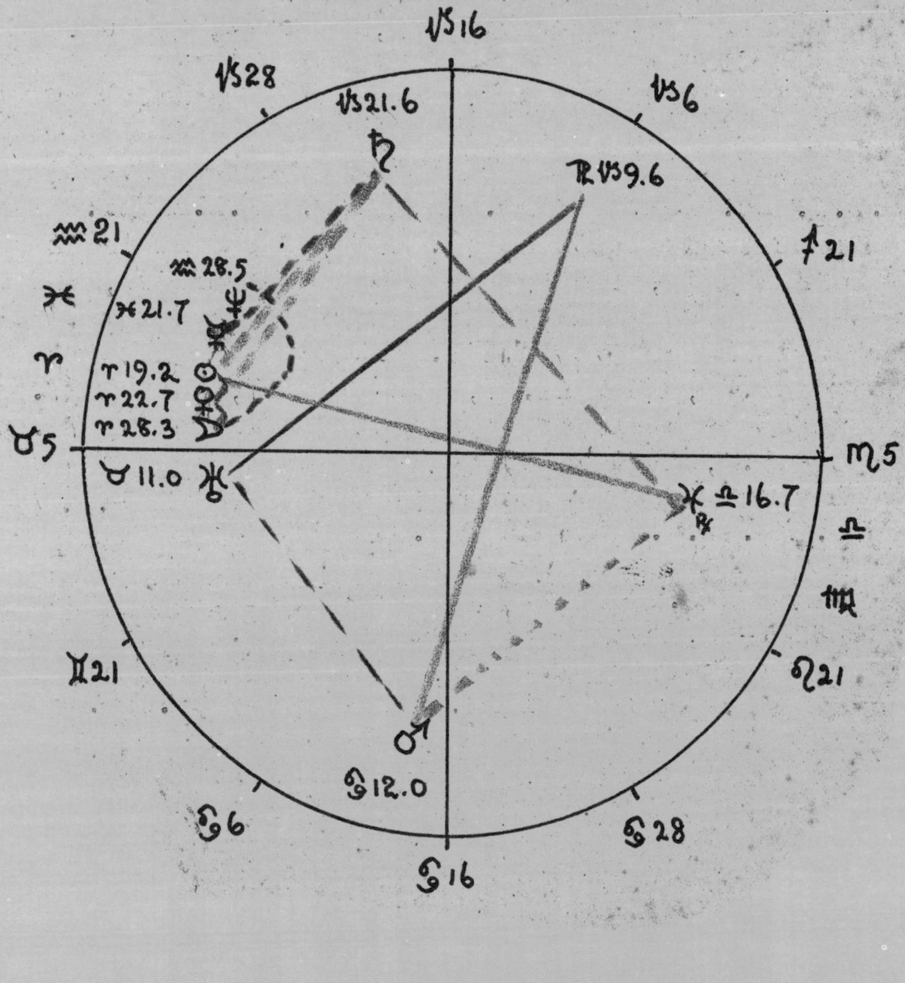

JOVRNAL DE LOVYSE DE SAVOYE DVCHESSE D'ANGOULESME &c. in Histoire Genealogique de la Royale Maison de Savoye, &c. par Samuel Guichenon. Lyon: M.DC.LX. Livre VI. 457-464.

Henry second Filz de mon Filz fut le iour de la my-Caresme nay à S.Germain en Laye à 7. heures 6. minutes auant midy l'an 1519. & selon la costume de France l'an 1518. le dernier iour de Mars ayant à cause dudit iour quelque similitude auec François son Frere qui fut né le dernier iour de Feurier. [b. 1476 : d. 1531]

JOURNAL D'UN BOURGEOIS DE PARIS SOUS LE RÈGNE DE FRANÇOIS PREMIER (1515-1536) publié pour la Société de l'histoire de France. Editor: Ludovic Lalanne. 1854. page 79.

Au dict an 1518, jeudy trente-uniesme et dernier jour de mars, accouche la royne Claude de son deuxiesme filz, à Sainct-Germaine-en-laye, près Paris, environ six heures de matin; lequel fut intitulé duc d'Orleans.

OPERUM LUCAE GAURICI &c TOMUS II. Basileae. ciↄ.iↄ.lxxv. Mense Marte. page 1612.

Lucas Gauricus (b. 1476) was a Neapolitan astrologer in whom Catherine de Medici placed great trust. He gives the time of birth as 5 a.m. on the morning of Thursday March 31 1519 with a RA MC of 272°55', MC ♑ 2°39, AS ♈ 6°9, Sun ♈ 19°25, Moon ♈ 27°35. There is this Note:

A Gaurico observata quinquennio ante ipsius genitura, monuerat eum per literas, ut circiter unum & quadragesimum aetatis annum uitaret duellum astra minari uulnus in capite, quod vel coecitatem, uel mortem continuò afferret.

SPECVLVM ASTROLOGIAE &c Autore Francisco Ivnctino Florentino S.D.T. &c. Tomvs Prior. Lvgdvni. M.D.LXXXI. page 169

Franciscus Junctinus (b. 1522) was a Florentine almoner to François, the youngest son of Henri II, and was one of the most famous of astrologers of that time. He gives Henri II born at 5h.24m. "post mediam noctem" with an MC of ♑ 8.30, AS ♈ 19.27, Sun ♈ 19.27, Moon ♈ 27.51. But at page 915 we have another figure for 7h.9m. a.m. MC ♒ 3.0, AS ♊ 2.13; and says that other nativities exist (including one by the Religiosus Mechlinensis) cast for 7h.23m. a.m. with AS ♊ 8.0.

BM Sloane MS.1009 contains an astrological section in French at ff 81-98, author and date unknown. This contains a number of XVI century nativities, almost all of them similar to Junctinus. But Henri II. is given as 6h.40m. a.m.

In the circumstances, despite the special opportunities of Louise of Savoy (the grandmother) and Gauricus and Junctinus, I have preferred the only non-astrological source - which also falls more or less in the middle of times ranging from 5 a.m. to 7.30 a.m. Easter in 1519, English style, was on April 24.

CATHERINE DE MEDICI 1519.4.13

Daughter of Lorenzo duke of Urbino & Madeleine de la Tour, married Henri duc d'Orleans on 28 October 1533, & became Queen of France when her husband came to the throne in 1547.

Calculated for Florence 43N47 11E20, Wednesday 13 April 1519, 5h.0m. apparent time, a.m. from Schoch with the solar refinement of Hynes. Pluto from Foelsch.

Tropical zodiac
VP: 12°52′
Campanus houses
RA.MC.: 284°32′
☊: ♊ 2.2
℞: ♏ 19

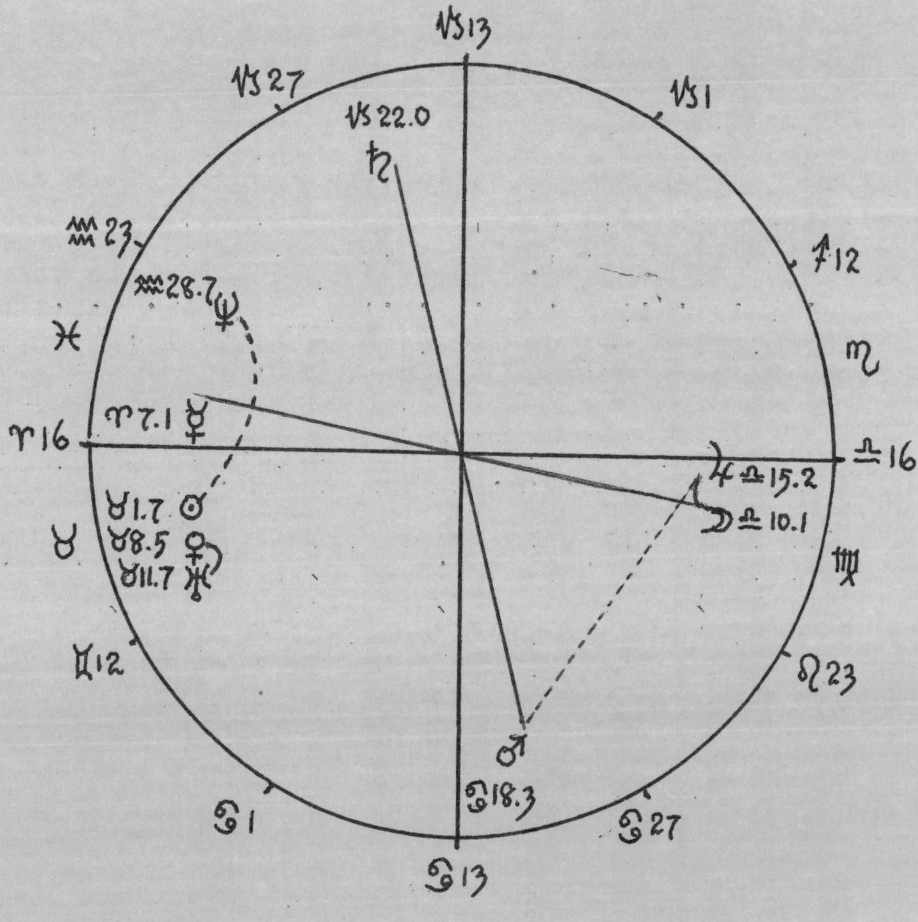

No historical evidence has been found for the time of birth. My time is a compromise between the 4h.38m. a.m. of Lucas Gauricus (born 1476) and reproduced by Hieronymus Cardanus (born 1501), and the 5h.23m. a.m. of Francesco Giuntini (born 1522): the employment of minutes shows that neither of these times is from a recorded time of birth.

Lucas Gauricus, Bishop of Civitate, was a Neapolitan astrologer in whom Catherine is said to have placed great confidence. Francesco Giuntini of Florence, a Doctor of Theology and likewise famous for his astrological work, was the Almoner of Catherine's youngest son François de Valois. One may therefore presume that both had access to a reliable 'estimate time' of birth.

Opervm Lvcae Gavrici (&c), Tomvs II., Basileae. 1575.

p.1612. Catharina vxor Henrici Regis Francorum. Anno 1519 Aprili ☿ D 13 H 9 M 50 hor. D 12 H 16 M 38 P.M. The former is in the Italian style of reckoning the day in 24 equal hours from the previous sunset; the second is in the normal astronomical style from the previous noon. RA MC 279°19′.

MC	♑ 8 34		☉	♉ 2 3
	♑ 27 3		☽	♎ 16 50
	♒ 6 31		☿	♈ 9 7
AS	♈ 16 54		♀	♉ 9 13
	♉ 8 37		♂	♋ 16 54
	♊ 21 36		♃	♎ 13 24
☊	♊ 2 11		♄	♑ 21 59

For an indirect commentary on this author's methods, one may turn to pages 1608 and 1609 in the same work and find three different figures for the Emperor Charles V., the first two labelled 'Schema' and the third 'Caroli V. Imperatoris Figvra coelestis'. The birth times in them are respectively: 3h.49m. a.m., 3h.39m. a.m., and 3h.18m. a.m. As the middle one is described as Aestimativvm Schema, we may assume that that is the more approximate one.

Specvlvm Astrologiae (&c) Autore Francisco Ivnctino Florentino S.T.D. & Tomvs Prior. Lvgdvni, M.D.LXXXI.

p.155 and p.205 she appears as Catherine Regine Galliae Natiuitas 1519. Die 12. Aprilis hor. 17. m. 23. post meridiem. The RA MC is 290°9′ with a MC of ♑18°35′, an AS. of ♉ 5°9′, ☉ in ♉ 1°41′ and ☽ in ♎ 11°12′. It will be noticed that his mathematical work is better than that of Gauricus, probably through improved tables.

MICHEL D'AYQUEM Sieur de Montaigne 1533.2.28
Son of Pierre d'Ayquem, Sieur de Montaigne, and his wife, née Lopez, who was of Spanish or Portuguese-Jew descent. Author of the celebrated 'Les Essais de messire Michel, seigneur de Montaigne.'

Calculated for St Michel de Montaigne near Bordeaux 44N48 0W48, Friday February 28 1532/3, at 11h.15m. a.m. apparent time, from Schoch with the solar refinement of Hynes. Pluto from Foelsch.

Tropical zodiac
VP: 11°40′
Campanus houses
RA MC: 339°4′
☊: ♍3.7
♇: ♒4

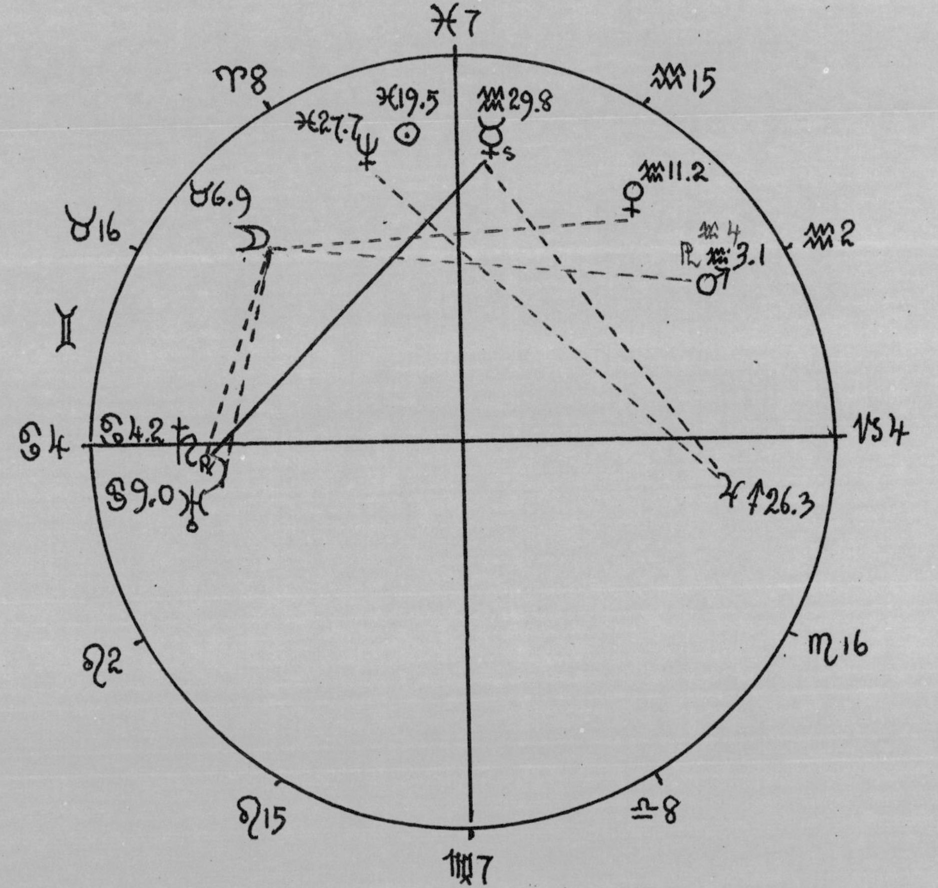

It may haply be, as the common saying is, the time we live, is worth the mony we pay for it. I was borne between eleven of the clocke and noone, the last of Februarie 1533, according to our computation, the yeare beginning the first of Januarie. It is but a fortnight since I was 39. yeares old. I want at least as much more.

The Essays on Morall, Politike, and Millitarie Discourses of Lo. Michaell de Montaigne. First written by him in French, and now done into English by John Florio.
Third edition: 1632: first book, chapter xix.

Maurice Wemyss states in his *Famous Nativities* (London, 1938) that in a notebook kept by Montaigne's father the birth is recorded as about 11 a.m. on 28 February 1533, on the confines of Bordelais and Perigord. Taking this in conjunction with Montaigne's own statement, I have cast my figure for 11h.15m.

This nativity is of considerable personal interest to me, as there is much in it similar to my own: ♋ rises, the MC and Sun are in ♓, ♆ is in the place of my ♂♃, ♀ is almost in the place of my ☿, and ☽ in ♉ 7 as compared with my ♉10. Finally, his ♄ and ♃ are respectively in the places of my ♆ and ♅.

ELIZABETH I OF ENGLAND 1533.9.7
The Virgin Queen

Her fame is such that only the accession, 17 Nov. 1558, and her death, 24 March 1602/3, need mention here. She gave strength & unity to England: perhaps independence. Less is known of her mother, Anne Bullen.

Anne's pedigree was good. Her great grandfather married well & was Lord Mayor of London. Richard III honoured her grandfather at his coronation & his wife was wealthy Margaret Butler, co-heiress of the last earl of Ormond. Her mother was Elizabeth Howard, daughter of the earl of Surrey, later duke of Norfolk: her father became Viscount Rochford, later earl of Wiltshire.

Born not later than 1500, Anne went to France in 1514 as 4th Maid of Honour to Mary Tudor, queen of Lewis XII: she had been carefully educated & spoke French well. She remained in France under the next queen until 1522.

Back in England, she fell in love with the Lord Percy, soon to be earl of Northumberland; but the King made Percy marry elsewhere and sent Anne from Court. Renewing his attentions two years later (1523), Henry was repulsed: yet they were lovers before 1527 and married secretly at Westminster before dawn on 25 Jan. 1532/3.

After Elizabeth's birth, Anne miscarried in 1534, 1535, and again on 29 Jan. 1535/6 after finding Jane Seymour in Henry's arms and 5 days after he had fallen dangerously from his horse. She was arrested on 2 May and beheaded seventeen days later. Anne was famous for good taste and many accomplishments. The Venetian ambassador described her as of middling stature, dark, with a long neck, wide mouth, black and beautiful eyes.

Tropical zodiac
VP: 11.7
Campanus
RA MC: 219°35′
☊: ♈23.5

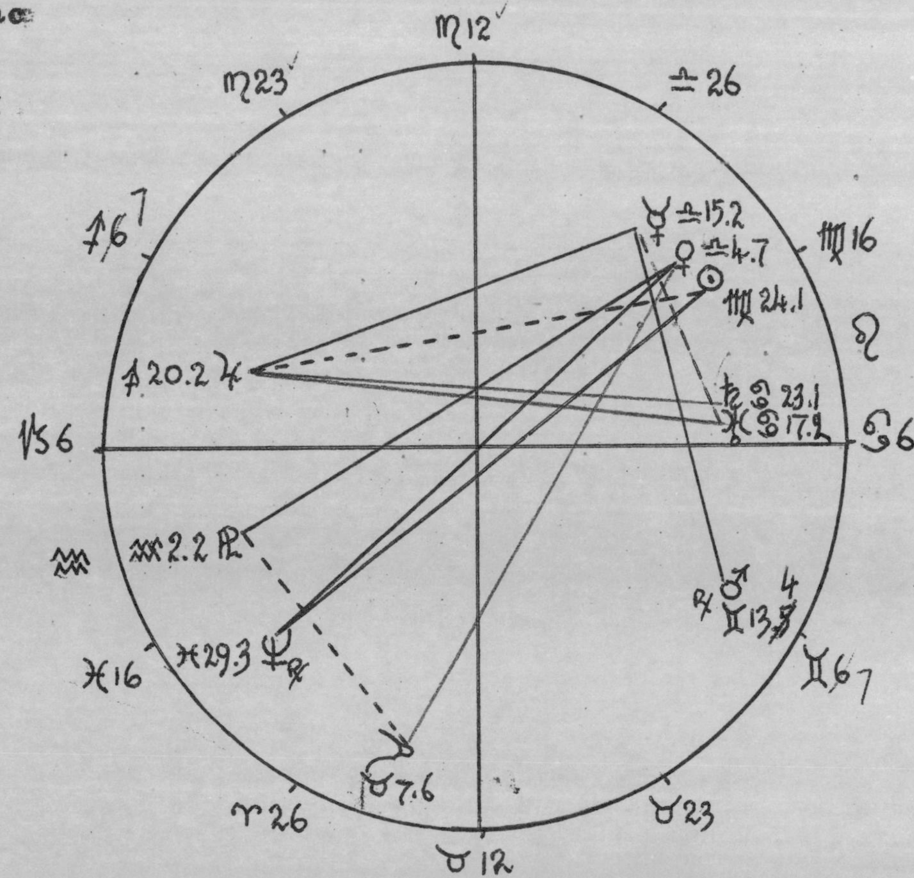

Calculated for Greenwich, 51N29, Sunday 7 September 1533 at 3h. p.m. apparent time, from Hynes, Schoch, Foelsch. Edward Hall (1495-1547) the chronicler, whose work was published in 1542, reported birth between 3 & 4 in the afternoon, in which he was followed by his continuator Richard Grafton (1548) & Raphael Holinshed (1577); but Hall's report relied no doubt on hearsay, whereas the Windsor Herald and the Imperial Ambassador writing to his master three days after the event were official witnesses.

This figure therefore corrects my article "The Natus of Elizabeth Tudor" published by C.E.O. Carter in Astrology / The Astrologers' Quarterly, Vol.22, Nº2, June 1948, wherein the figure is drawn to 3h.10m. p.m. in deference to the chroniclers.

Birth at Greenwich: proven by a Notarial Attestation by Richard Watkins of the baptism of princess Elizabeth at Greenwich in the church of the Friars Minors of the Order of St Francis, on 10 September 1533, in MS. (miscel. G.381) of Corpus Christi College, Cambridge, noted in C.S.P. Henry VIII, Foreign & Domestic, 1533, Vol.VI, page 465.

Eustace Chapuys, Imperial Ambassador, to Charles V. from London on 10 September 1533. C.S.P. Henry VIII, Foreign & Domestic, 1533, Vol.VI, p.465, Art. 1112. Transcribed from the Vienna Archives, original in French.

> Will not write at length, having only been informed of this courier at the moment of his departure; besides there is nothing of importance since his last. Has only to mention that on Sunday last, the eve of Our Lady, about 3 p.m. the King's mistress was delivered of a daughter, to the great reproach of the physicians, astrologers, sorcerers, and sorceresses, who affirmed that it would be a male child. But the people are doubly glad that it is a daughter rather then a son, and delight to mock those who put faith in such divinations, and to see them so full of shame...

Charles Wriothesley, Windsor Herald: A chronicle of England during the Reigns of the Tudors from A.D. 1485 to 1559. Camden Society, 1875.

> Memorandum, the viith daie of September, 1533, being Sonndaie, Queene Anne was brought to bedd of a faire daughter at three of the clocke in the after noune.

John Strype, M.A., in "Annals of the Reformation" (&c.), Oxford, 1824, vol.2, part 2, appendix 4. transcribes from the Cecil and Burghley MSS, at Hatfield House (without ref.) "An astrological calculation concerning the queen's marriage. Written by secretary Cecil, propria manu." (Latin). In his judgment, Burghley shows complete mastery of the techniques of his time, but none of his predictions worked out. Internal evidence implies a Nativity, not a Question, similar to the one here, consulted some time before 1564; but what interests one most is that William Cecil (q.v.) should use astrology to assist his statesmanship.

1533.09.07

Elizabeth Tudor (Queen of England)

Annals of the Reformation and Establishment of Religion and other various occurrences in the Church of England during Queen Elizabeth's happy reign, by John Strype, M.A., vol.2, part 2, appendix 4. Clarendon Press, Oxford, 1824.

"An astrological calculation concerning the queen's marriage. Written by secretary Cecil, propria manu."

De significationibus 7mae domus, et de conjugio.

Significatores conjugii sunt quinque; Sol et Mars, Cancer signum, Luna et Saturnus.

Sol et Mars reperiuntur in signis negantibus conjugium. Igitur negant affectionem moventem ad conjugium.

Sed domus septimae Cancer, et ejus domina Luna conjugium promittunt optimum.

Saturnus verò loci sui ratione, conjugium promittit aetate consistente: et ex dispositione significatorum, principaliter ex Saturno in angulo occidentali, expectatur tarditas conjugii; et quòd post maturam aetatem habebit juvenem virum, qui antea non duxit uxorem, circa annum suae aetatis 31 labentem.

Uni tantum viro socia dabitur. Colligitur ab eo, quod uni tantum planetae matutinali, videlicet Saturno, applicata. Idem etiam testatur constitutio solius Mercurii inter medium coeli et Venerem.

De qualitati viri sui

Cum extraneo contractum matriomonium indicat pars conjugii in nona domo. Similiter peregrinatio Saturni principalis significatoris conjugii, virum extraneum promittit.

Abhorrere et non multùm delectare videtur in conjugio, praecipue in medietate vitae, indicant Mars et Venus in signis masculinis, et Saturno in septima.

Viro obediet, reveretur, et in magna aestimatione habebit eum, indicat utrumque luminare in signo foemineo.

Perveniet ad matrimonium prosperum, sed tarde et post multa consilia, et vulgarem ubique gentium rumorem. Et de ejus matrimonio erit ubique locorum maxima disputatio et altercatio per multos annos, universis personis, priusquam ad matrimonium perveniet. Et tamen sponsa fiet sine ullo impedimento. Haec colliguntur ex trino aspectu Martis, Veneris et Mercurii, et ex sextili aspectu Saturni et Solis.

Vir praemorietur, et tamen diu vivet cum marito; et possidebit muta (multa) bona viri. Id Saturnus in septima affirmat.

De liberis

Nullus planetarum reperitur in locis prolium, excepto Marte, que parcos liberos promittit; nisi trinus Veneris aspectus ad cuspidem domus filiorum ipsius Martis judicium annullaverit.

Verum Venus est in domo propria, conjuncta Mercurio, domino filiorum. Et idcirco spes maxima datur de filio uno robusto, claro et felici in aetate sua matura. Luna in Tauro unam filiam designat.

MSS Ceciliana et Burghlian.

MARY STUART 1542.12.7

3rd child & only daughter of James V. of Scots and his second wife Marie de Guise Lorraine: her reign began seven days after her birth.

Calculated for Linlithgow 55N58 3W36: Thursday December 7 1542 at 1h.15m. p.m. on the sundial, from the tables of Hynes, Schoch and Foelsch.

Tropical zodiac
VP: 11°32′
Campanus houses
RA MC: 283°26′
☊: ♒ 24.6

<u>Junctinus</u>

☉	☽	☿	♀	♂	♃	♄
♐25°18′	♑4°34′	♑14°30′	♐2°38′	♒22°34′	♎24°5′	♏16°24′

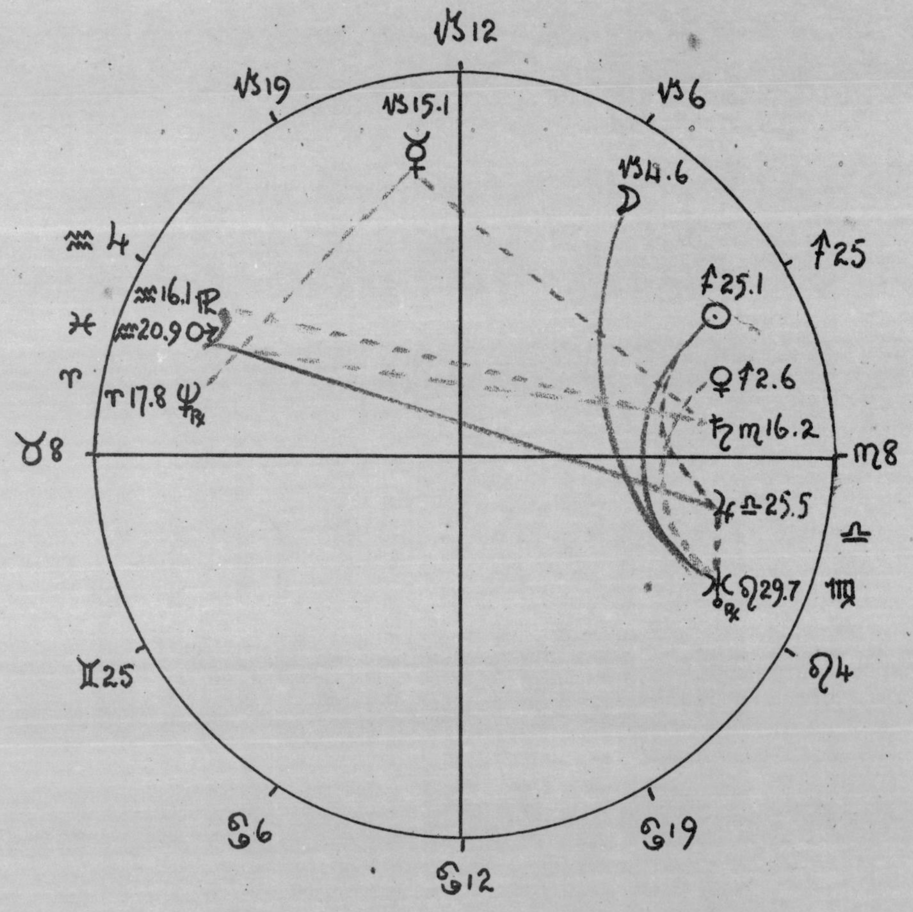

THE LIFE OF MARY, QUEEN OF SCOTS; DRAWN FROM THE STATE PAPERS. By George Chalmers, F.R.S.S.A., London 1818. Vol.1. page 2.

She (the Queen) had the consolation, however, of bringing her husband, while he was dying of an afflicted spirit, a daughter, on the 7th of December 1542, in the palace of Linlithgow. James V. died, on the 14th of the same month, in the palace of Faukland...

Note by Chalmers

Register of the Official of Lothian. Lesley is the only historian who is accurate in both these dates; the birth of Mary, and the King's demise: Buchanan is wrong in both; and Robertson followed Know into his error, in the first date.

THE HISTORY OF THE REFORMATION OF RELIGION WITHIN THE REALM OF SCOTLAND. &c. By the Reverend Mr. John Knox, some time Minister of God's Word in Edinburgh. Glasgow. 1759. page 74.

In this mean time was the queen upon the point of her delivery in Linlithgow, who was delivered the 8th of November, in the year of God 1542 years, of Mary who then was born, and now doth reign for a scourge to the realm, as the progress of her whole life has to this day declared.

SPECVLVM ASTROLOGIAE &c. AVTORE FRANCISCO IVNCTINO FLORENTINO S.T.D. AC ELEEMOSYNARIO ORDINARIO SERENISSIMI PRINCIPIS FRANCISCI VALESII, CHRISTIANISS. FRANCORUM, AC POLONIAE REGIS FRATRIS VNCI, ANDEGAUENSIS DUCIS, &c. TOMVS PRIOR. LVGDVNI, M.D.LXXXI. p.494.

Mariae Reginae Scotiae Natiuitas.
1542. Die 7. Decemb. ho. 1. m. 15. 2. 36. post meridiem.
pol. 59. grad.

In view of the position of Junctinus at the French court and his general reliability when he had a personal opportunity to gather birth data, his geniture may be taken as authentic.

FRANÇOIS II DE FRANCE 1544.1.19

Firstborn of Henri II & Catherine de Medici. Married Mary Stuart in 1558, king in 1559, died 1560.

Calculated for Fontainebleau 48N24 2E42 on Saturday January 19 1543/44 (Easter fell on April 13 1544 English style) at 4h.8m. p.m. on the sundial, from the tables of Hynes, Schoch, Foelsch.

Tropical zodiac
Campanus houses
VP: 11°31'
RA MC: 21°13'
☊ : ♒ 3°

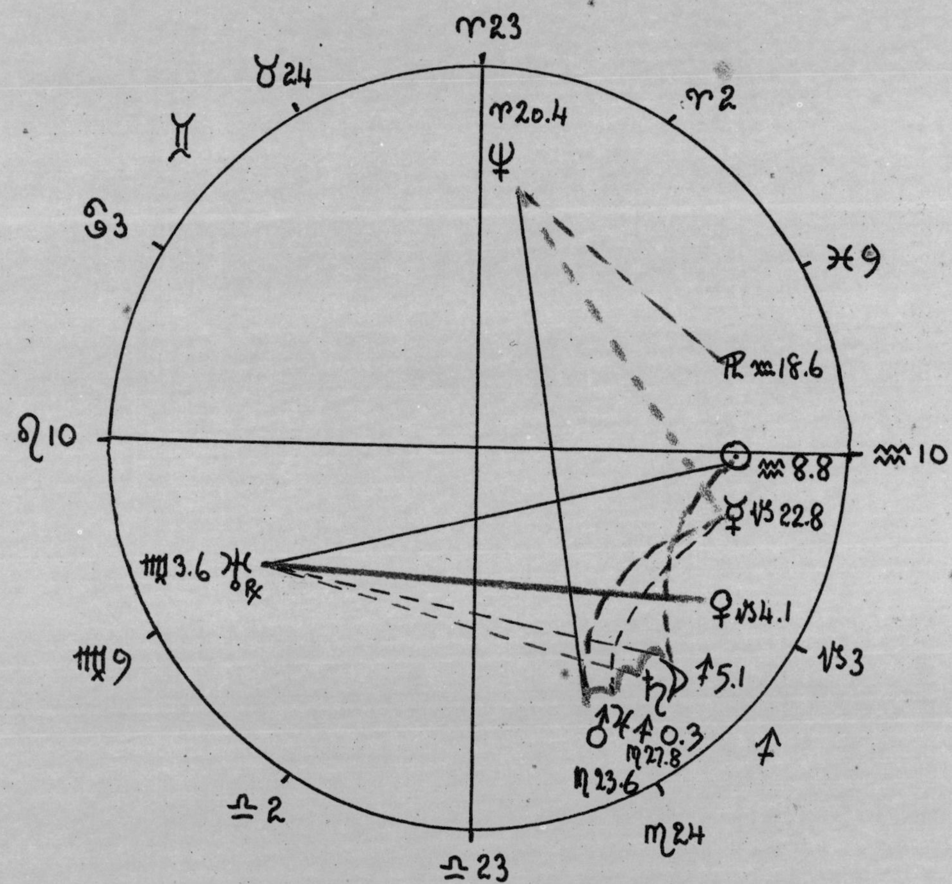

OPERVM LVCAE GAVRICI &c. TOMVS II.
Basileae. cIↄ.iↄ.lxxv. Mense Martio. page 1612

(Catherine) nupsit Henrico Frãcorum Regi, ex quo suscepit duos liberos mares, quorum primus maior nato uenit in lucem anno 1544. Ianuarij ♄ 19. die occasu solis, horoscopãte 10. parte Leonis, Sole in cardine occiduo partiliter supputato. Luna in quinto coeli templo sub Sagittario.

SPECVLVM ASTROLOGIAE &c. Autore Francisco Ivnctino Florentino S.T.D. &c. Tomvs Prior. Lvgdvni, M.D.LXXXI. page 285.

Francisci 2. Regis Gallorum natiuitas. 1544. Die 19. Ianuarij hor.4. min.45. post meridiem. RA.MC. 22°18'. MC Leo 24°6'
AS Leo 10°31. Sun Aquarius 8°27'; Moon Sagit. 5°0'.
These calculations are not entirely exact.

HISTOIRE GENEALOGIQUE ET CHRONOLOGIQUE DE LA MAISON ROYALE DE FRANCE, &c. Par le P. Anselme, Augustin Déchaussé, continuée par M. du Fourny. Paris: François Didot. M.DCC.XXVI. Troisieme Edition. Tome I. page 137.

Francois II. du nom, roy de France & d'Escosse, né à Fontainebleau le Samedi 19. janvier 1543. entre 4. & 5. heures du soir.

Very probably the information of Lucas Gauricus came from the mother herself, and Junctinus seems to have taken this for his basis but in doing so made some mathematical slips. Both agree with le P. Anselme - if they were not the source of his information.

My □ notebook has note by Junctinus confirming this as sunset ♌10 rising

HENRI III DE FRANCE 1551.9.19

The last Valois

6th child & 4th son of Henri II & Catherine de Medici, known as Henri d'Anjou. When the Constable, Anne de Montmorency, died at the battle of St.-Denis in 1567, Catherine abolished that office and substituted it with Anjou as Lieutenant-General of the Realm. He held titular command at Jarnac in 1569, when the Hugenot army was slaughtered and Condé lost his life. In 1573, he was elected to the Crown of Poland and made himself popular there; but when his brother Charles died in the following year he fled to France secretly, taking the Polish crown jewels with him. Henri was crowned at Rheims in February 1575, marrying next day and unexpectedly Louise de Vaudement, a pious, fair-haired girl of the Lorraine family, cousin to the Cardinal. Henri is said to have been the most incapable of French kings, as well as dissolute and corrupt; yet his mother adored and guided him until, in August 1589, nearing his 38th birthday, he was assassinated by a fanatical monk.

Calculated for Fontainebleau, 48N24 2E42, Saturday, 19 September 1551, at a quarter to one a.m., apparent time, from Schoch & Foelsch, with the solar refinement of James Hynes.

Tropical zodiac
VP: 11º25'
Campanus houses
RA.MC: 15º45'
☊: ♍ 4.8

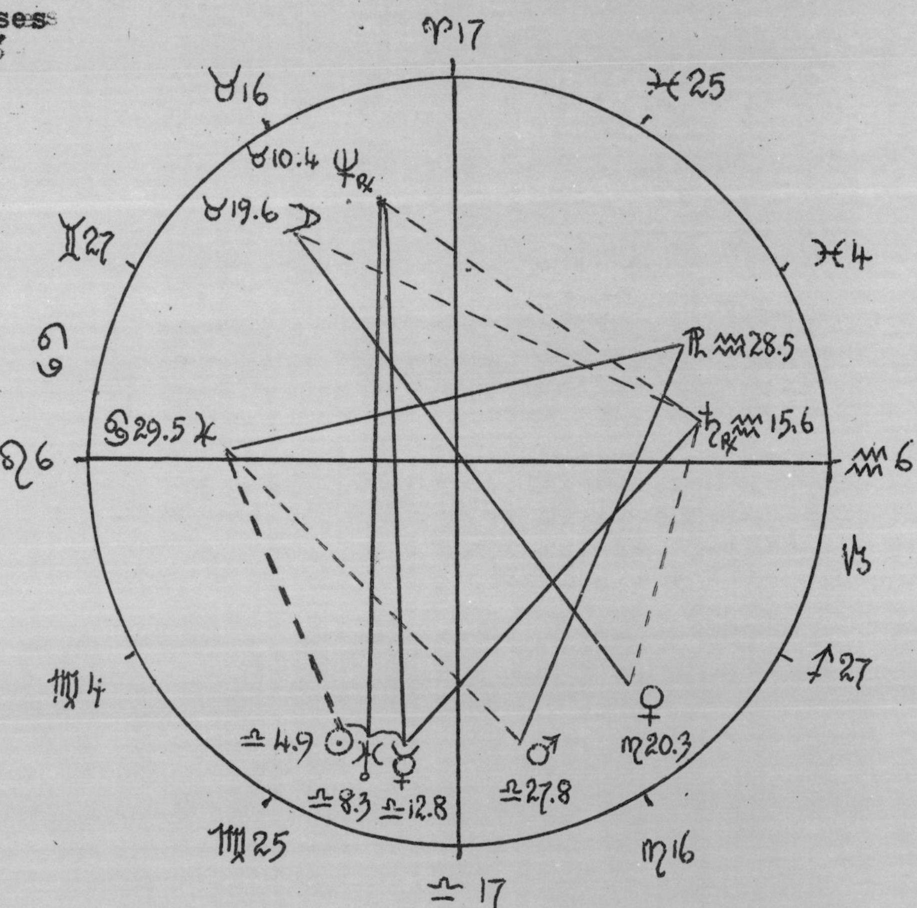

Henry III. du nom, roy de France & de Pologne, naquit à Fontainebleau le samedi 19. Septembre 1551, à minuit trois quarts, & fut baptisé au même lieu le samedi 5. decembre suivant. Il fût nommé Alexandre-Edouard, la reine sa mere lui fut changer ses noms, & prendre celui d'Henry, en memoire du roy son pere.

<u>Histoire Genealogique et Chronique de la Maison Royale de France</u>, &c. Par le P. Anselme (q.v.), Paris, 1726. Tome I. p.134 & note at p.139: "Belleforest dit le 20. la Poppelimiere le 21. & P. Mathieu le 23."

Henrici III. Regis Gallorum & Poloniae Natiuitas. 1551. Die 18. Septẽbris, Ho. 12 mi. 40 post meridiem.

<u>Specvlvm Astrologiae, &c. Autore Francisco Ivnctino Florentino</u> (&c.) Tomvs Prior. Lvgdvni, M.D.LXXXI. p.683.

Sallow, above middle-height, more slender than well-proportioned, Henri was toothless & his hair had turned white before his 36th birthday. Yet his only drink was water and he did not wear himself out in fits of agitation as Charles did. Exercises such as hunting & riding (except female) were thought too exhausting for him, though at need he could walk long distances and took to his bed only after emotional crises, including copulation. The interference of his mother and sycophantic medical advice led him to a self-indulgence that numbed the mental powers received at his birth: even when he came to the throne aged 23 no springs were left to refresh his nature. His mental outlets were reduced to interest in Latin grammar, Machiavelli, frequenting alchemists, and the keeping of engineers to delight him with ingenious works and machines. On a lower level, he studied magic, kept dwarfs & parrots, played at dice & cards, and made excursions by night. His favourite companions, extravagantly dressed, with frizzed hair & painted faces, known as "Mignons", enjoyed considerable power.

Though seemingly haughty at first sight, Henri could be easy and courteous when approached. Increasing melancholy and aloofness from affairs, lent him an air of mystery & charm that impressed those about him, and was not lessened by an ostensible fervour for religion and asceticism. Like Charles, he was eloquent. One should add that the three Valois brothers detested each other.

As regards his lack of children, as early as January 1579 a report was printed that Henri went to Olinville to perform rites of purification, his wife doing the same in Paris, and thence to Chartres where he made vows to our Lady and brought away two consecrated shirts, one for himself, the other for the Queen. "Il revint à Paris coucher avec elle, en espérance de luy faire un enfant, dont il estoit incapable, pour la verole (the pox) qui le mangeoit et les lascivetés qui l'avaient énervé."

DR. SIMON FORMAN 1552.12.31

Astrologer & conjuror

Calculated for Quidhampton 51N5 1W52 on Saturday December 31 1552 at 9h.45m. p.m. sundial time, from the tables of Hynes, Schoch & Foelsch.

Hypsomatic zodiac
VP: 11°24′

Tropical zodiac
Campanus houses

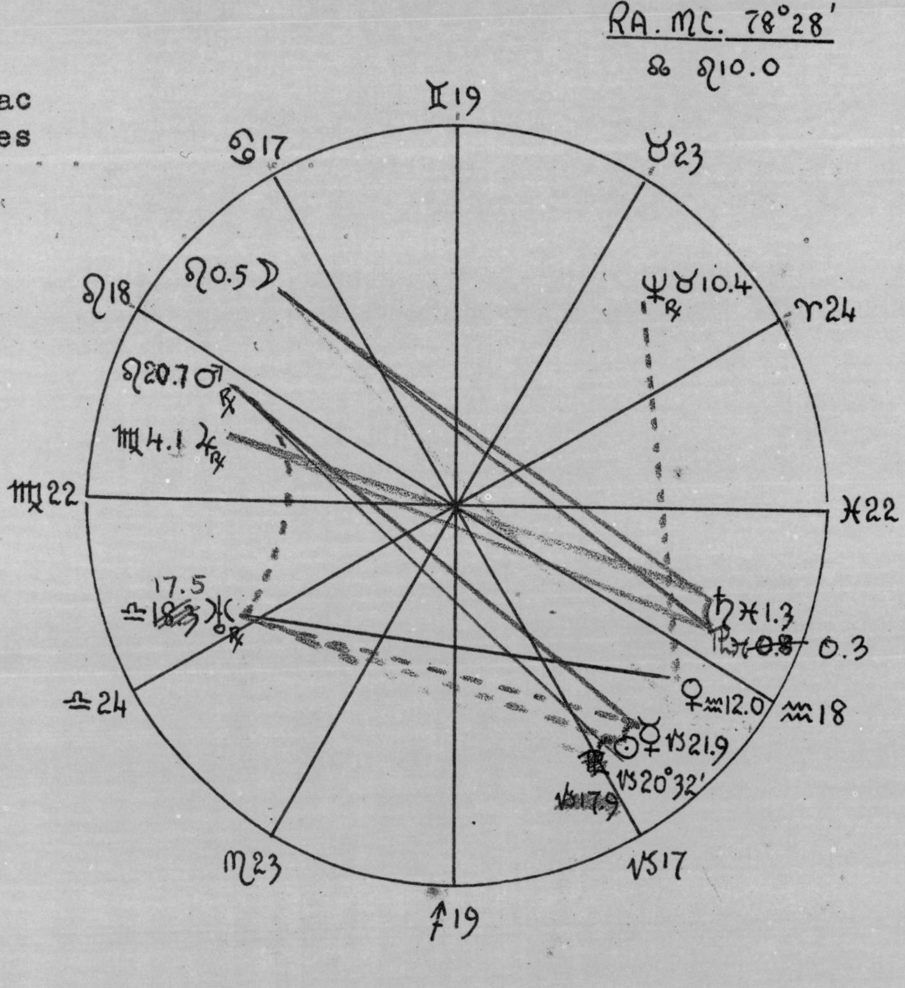

William Lilly in his History of his Life and Times tells us:
All his (Forman's) rarities, secret manuscripts, of what quality soever, Dr. Napper of Lindford in Buckinghamshire had, who had been a long time his scholar; and of whom Forman was used to say he would be a dunce: yet in continuance of time he proved a singular astrologer and physician. Sir Richard now living, I believe, has all those rarities in possession, which were Forman's , being kinsman and heir unto Dr. Napper. (His son Thomas Napper, Esq.; most generously gave most of these manuscripts to Elias Ashmole, Esq.;)

Bodleian MS. Ashm. 206. fol.218. has Forman's nativity by himself:
Simon Forman the Sonn of Maria and Willm. borne 1552. ♄ post merid at 45 mite post 9. sub latitud. 51.30.31 31 decẽbr.
("31 decemb." is repeated)
Lilly says "He was a chandler's son in the city of Westminster."

The positions given by Forman for himself are these:

☉	♑ 20.53.34	MC	♊ 20	
☽	♌ 0.40		♋ 29.18	
♄	♓ 1.46		♌ 29	
♃	♍ 2.51	AS	♍ 22	
♂	♌ 18.32		♎ 13	
♀	♒ 12.34		♏ 12	
☿	♑ 22.42			

The last day of December 1552 was a Saturday as stated.

Ashm. 206 is a folio volume of 436 pp. once the property of Forman.

The Autobiography & Personal Diary of Dr. Simon Forman, the celebrated Astrologer, from A.D. 1552 to A.D. 1602, From the unpublished manuscript in the Ashmolean Museum, Oxford.
Ed. James Orchard Halliwell. London. 1849.
Born: 1552, the 30th of December, being Saturday and New Year's Eve, at 45 minutes after 9 of the clock at night, in the village of Quidhampton, in the County of Wilts, Parish of Fugglestone.

"Simon Forman / Sex and Society in Shakespeare's Age"
A. L. Rowse
Weidenfeld and Nicholson / London
1974.

HENRI IV. OF FRANCE 1553.12.14

Son of Jeanne d'Albret, Queen of Navarre, and Antoine de Bourbon. He succeeded Henri III, the last Valois, and became the first Bourbon king of France in 1589, having married Marguerite de Valois (3rd daughter of Henri II of France & Catherine de Médicis) in 1572. Henri divorced Marguerite in 1599 and married Marie de Médicis in the following year. His youngest daughter by Marie was the Queen of Charles I of Great Britain, Henriette Marie. Henri IV was assassinated in 1610.

Calculated for Pau, 43N19 OW23, Thursday, 14 December 1553, 1h.30m. a.m. apparent time, from Schoch & Foelsch with the solar refinement of James Hynes.

Tropical zodiac
VP: 11º24′
Campanus houses
RA MC: 114º45′
☊: ♋21.6

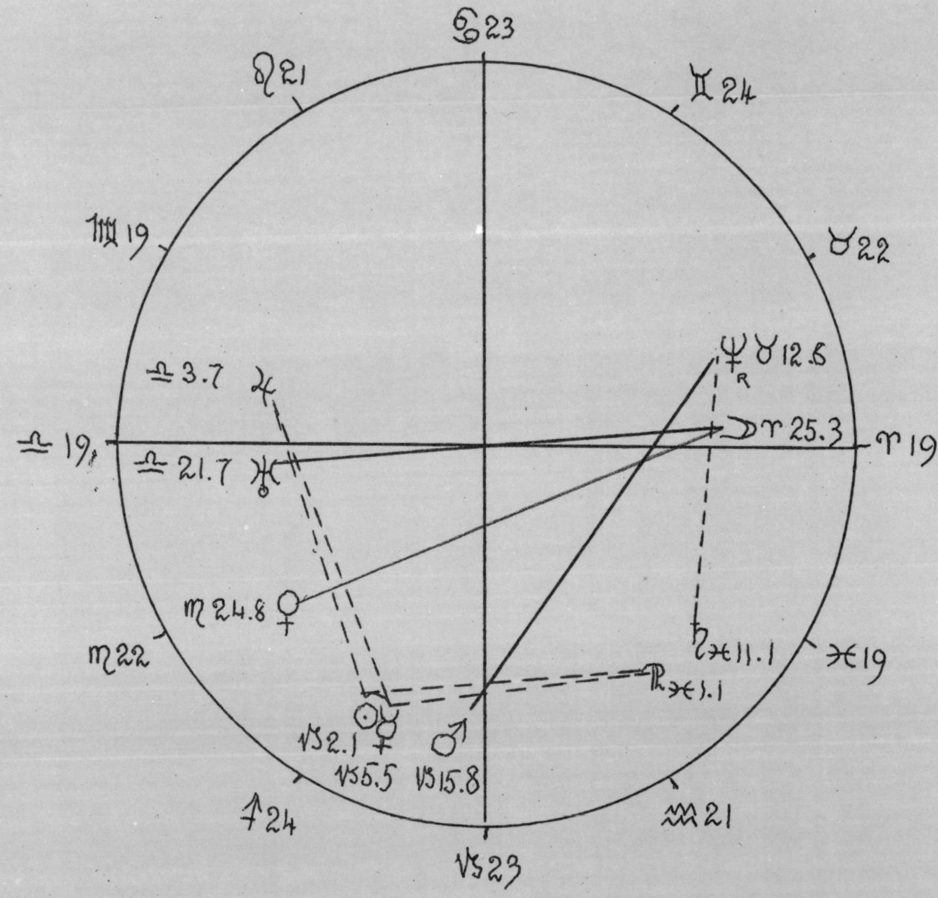

Henri IV, de Bourbon, roi de France et de Navarre, fils d'Antoine de Bourbon et de Jeanne d'Albret, né à Pau, le 14 décembre 1553, entre une et deux heures du matin (§) et assassiné à Paris, le 14 mai 1610.

Nouvelle Biographie Générale &c. publiée par MM. Firmin Didot Frères sous la direction de M. le Dr. Hoefer. Paris: 1858. Vol. 24.

§ La date de la naissance d'Henri IV, fixée jusque ici au 13 décembre, a été rectifiée par M. Bascle de Lagrèze, dans son 'Histoire du Château de Pau', d'apres le Journal des naissances et morts des princes de Béarn.

MARIA DE'MEDICI 1575.4.26
2nd queen of Henri IV. of France

Calculated for Florence 43N47 11E16 on Tuesday April 26 1575 at 11h.30m. a.m. sundial time from the tables of Hynes, Schoch &Foelsch.

Hypsomatic zodiac
VP: 11°5′

Bodley MS. Ashm. 243 f.167
from Mr Lilly [L's hand] Maria de Medices Gallorū Regina, uxor magni Henrici 4ti Nata Florentia 1575 25 ap: 23H. 29′. p.m. Lat. 42.56
i.e. 1575 ap. 26; 11h. 29m. p.m.

		☉	☽	☿	♀	♂	♃	♄
mc	♉6							
AS	♌16	♉14.49	♐0.53	♉26.18	♉28.54	♊6.29	?	♐19.33 ℞

25 Ap: 1600 proclaimed Queene of France at Florence
9 Dec: she & the King met & first lay together
Aug: 1642. dyed at Collen.

RA. MC. 35°5′
☊ ♉28.3

Tropical zodiac
Campanus houses

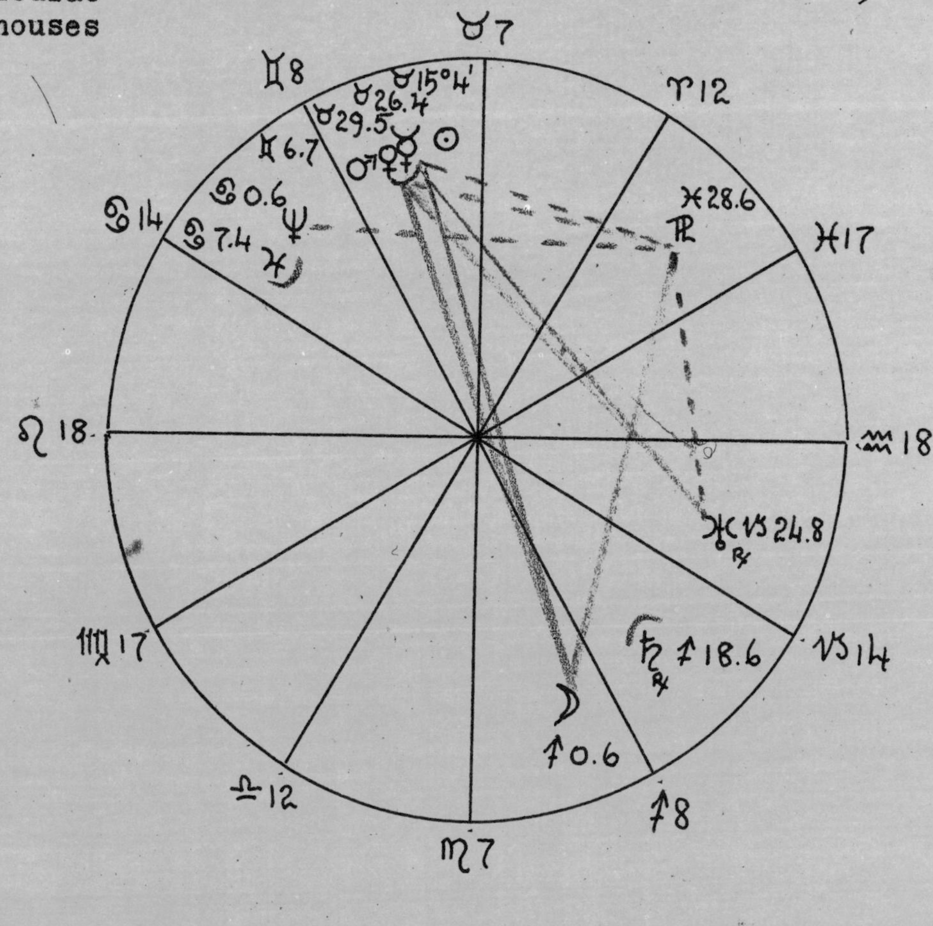

BM MS. Sloane 1709: fol.159.

Nasc. Maria Medica^{9}a Sereniss. Galliarum Regis Ludovici 13 Mater. Anno Chri 1575 M. April. D. 25. H.23'29 Florentin^{9} L.L. 42°56′
~~MC: H. 23 '29 Florentin°~~ MC ♉7.41 AS ♌17.28 ☉♉15.32 ☽♐1.34

Bodleian MS. Ashm.332. 10.v.

Queen Mother of France Maria de Medicis.
Together with data of Henrietta Maria, Lewis XIII, Philip IV of Spain, Charles Lewis Elector Palatine, of reliable nature.
The places are the noon positions taken direct from Stadius.

Maria de'Medici was the daughter of Francesco de'Medici & Jeanne of Austria.

BM MS. Sloane 1707: fol.10.v. Dr F. Bernard Schemes of Nativities

Katherina Degli Madrid Ap:26: St: V: 1575 XI 20 AM
$43^{y}10$ obiit 1642 July 3 Stylo Nov: As. ♌16 MC ♉5
(These are the birth data and date of death of Marie de'Medici)

Note that Gadbury in CG made MC ♊24 and AS ♍25: doubtless in accordance with his curious ideas of "rectification".

THOMAS HOBBES MALMESBURIENSIS 1588.4.5
English philosopher

Calculated for Malmesbury 51N34 2W4, Good Friday, April 5, 1588 at 5 a.m. sundial time from the solar tables of James Hynes, and the tables of Schoch and Foelsch.

Hypsomatic zodiac
VP: 10°54'

1500 12° 8'
88 - 1° 13' -33"

Tropical zodiac
Campanus houses

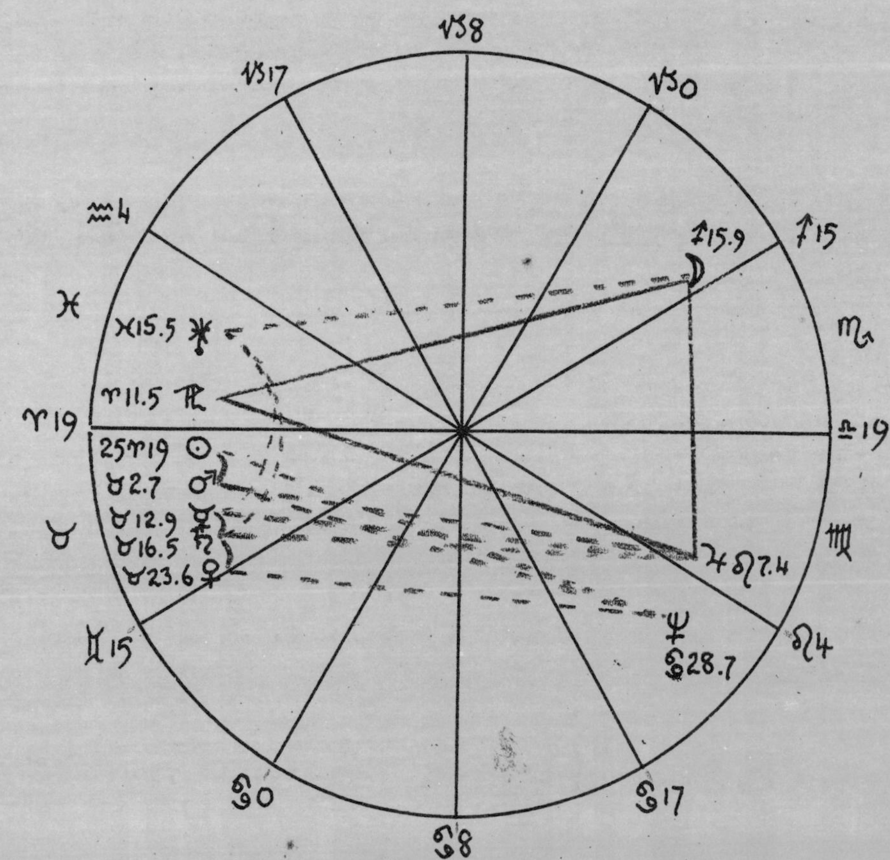

"Thomas Hobbes, Malmesburiensis, Philosophus, was borne at his father's house in Westport, being that extreme howse that pointes into, or faces, the Horse-fayre; the farthest howse on the left hand as you goe to Tedbury, leaving the church on your right. To prevent mistakes, and that hereafter may rise no doubt what house was famous for this famous man's birth; I doe here testifie that in April, 1659, his brother Edmond went with me into this house, and into the chamber where he was borne... It is a firme house, stone-built and tiled, of one roome (besides a buttery, or the like, within) below, and two chambers above. 'Twas in the innermost where he first drew breath. The day of his birth was April the fifth, Anno Domini 1588, on a Fryday morning, which that yeare was Good Fryday. His mother fell in labour with him upon the fright of the invasion of the Spaniards - he told me himself between the houres of four and six: but by rectification his nativity is found to be at ... (See my collection of genitures, where I have more exact from his owne mouth, viz. 5h.2′mane)... His horoscope is Taurus, having in it a satellitium of 5 of the 7 planets. It is a maxime in astrologie - vide Ptol. Centil. - that a native that hath a satellitium in his ascendent becomes more eminent in his life then ordinary, e.g. divers which see in Origanus, etc., and Oliver Cromwell had so, etc."

MS. Aubr. 9, fol. 32, 33

"Mr. Thomas Hobbes of Malmesbury borne at Westport juxta Malmesbury 1588, April 5, being Good Fryday, 5h2′mane, horâ solis, I had the yeare, and day, and houre from his owne mouth."

MS. Aubr.23, fol. 52v.

"Dr. Bernard, physitian, will write a discourse on his nativity. Mr. John Gadbury hath calculated this nativity from my time given, and will print it. Why should not I insert the scheme and give a summary of his judgement? It would be gratefull to those that love that art."

MS. Aubr. 9, fol. 32v.

"T. Hobbes - Quaere Dr. Bernard pro his nativity: vide my Collection of Genitures ubi from his owne mouth more correct then formerly, viz. 5h2′ mane."

MS. Aubr. 8, fol. 8.

"This scheme was erected according to the aestimate time by Mr. Henry Coley, astrologer. - Thomas Hobbes, Malmesburiensis, borne at Westport juxta Malmesbury, 1588, April 5, being Good Fryday, 5h 2′mane, hora solis. I had the yeare and day and houre from his owne mouth."

MS. Aubr. 9, fol 1v. pasted on.

There is a copy of the horoscope, but I do not know if it is the same as that done by Coley, in MS. Aubr. 8, fol. 82.

MC ♑8 As ♈20

	☉	☽	☿	♀	♂	♃	♄	
	25♈20	20♐14	16♉57	24♉22	3♉8	6♌39	18♉32	} v. poor work: ☽ Stadius 15♐43
Schoch	25♈19	15♐54	12♉54	23♉36	2♉42	7♌24	16♉30	}

WILLIAM BACKHOUSE 1593.1.18

Alchemist & Teacher of Elias Ashmole & referred to by the latter as Father Backhouse.

Calculated for Swallowfield in Berkshire 51N20 0W58 on Thursday January 18 1592/3 at one o'clock in the morning by sundial time, from the tables of Hynes, Schoch & Foelsch.

Tropical zodiac
VP: 10°50′
Campanus houses
RA MC: 146°37′
☊ ♊15.3

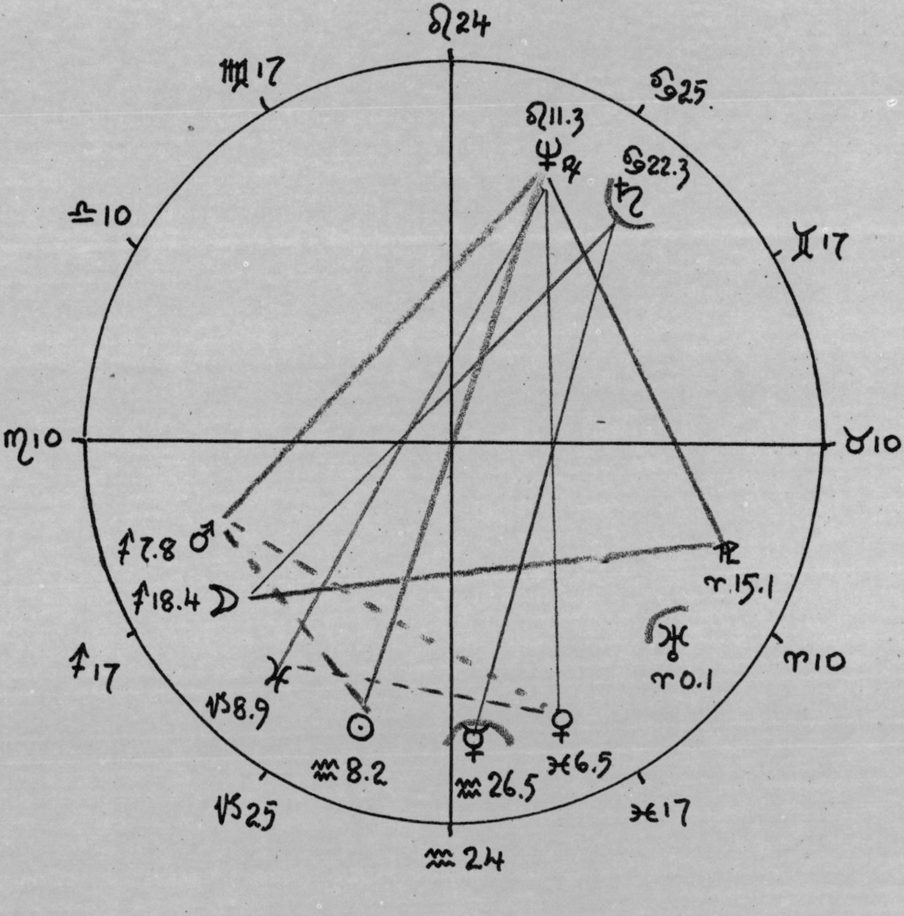

BODLEY MS. ASHM. 332

This contains a nativity in Ashmole's own hand:

William Backhouse of Swallowfield in Com~Berks Esq~

☿ 17 Jan: 1593. 13. P.M. Lat: 51.21

☉	☽	☿	♀	♂	♃	♄	☊
♒7	♐19	♒25	♓6	♐7	♑9	♋22	♊15

Regiomontanus minor cusps:	♍27	♎19	♐4	♑10	my figure:
Campanus:	♍17	♎10	♐17	♑25	
Placidus:	♍27	♎21	♐8	♑15	

OLIVER CROMWELL 1599.04.25

"The Nativity of that Famous Usurper Oliver Protector of "England", according to the label on William Lilly's figure in Ashm. MS. 436 f.109, and echoed in a note (crossed out) against his baptism in the church of St. John the Baptist in Huntingdon as "Englands plague for 5 years".

Calculated for Huntingdon 52N20 OW11, Wednesday, 25 April 1599, at 3 a.m. apparent time, from Schoch & Foelsch with the solar refinement of James Hynes.

Tropical zodiac
VP: 10º44′
Campanus houses
RA MC: 267º9′
☊

Cromwell. Robt. Walker

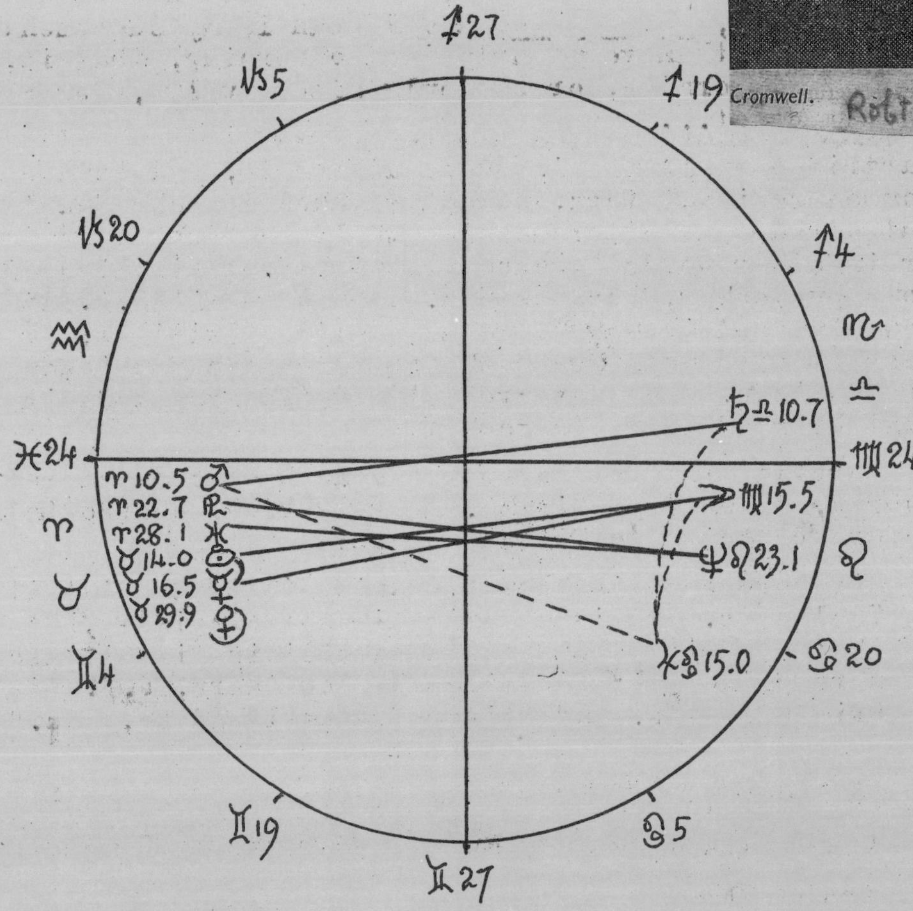

John Booker (born 1601) wrote in his astrological practice-book (2.1.1654/5 - 31.12.1656) that Oliver Cromwell, Lord Protector, was born at Huntingdon on 25 April 1599 at about 3 a.m. (Ashm. MS. 183 f.373).* His friend William Lilly also used this time in Ashm. MS. 436 f.109 mentioned overleaf, and I have no doubt that this was the basis for John Gadbury's modest aberration with the "true time" of 3h.46m.49s. in "Collectio Geniturarum"(1662) and "Cardines Coeli" (1684).

Oliver Cromwell's birth and Baptism is recorded in the Parish Register of the church of St. John the Baptist, Huntingdon in an illuminating way:-

Anno Dñi

~~Englands plague for 5 years~~

> Oliverus filius Robti Cromwell gener~et Elizabeth ux eius Natus vicessimo quinto die Aprilis et Baptisatus vicesimo nono eiusdem mensis.

Whether Oliver Cromwell gave his birth-time to Booker we can never know, but John Partridge, who insisted on given-times of birth, said in his "Opus Reformatum" (1693) that:-

> "The time of this Great Man's birth, according as he gave it himself, was on St. Mark's day in the year 1599, Summo Mane, at Huntington, whose Latitude is 52 deg. and a few minutes; and this is the estimate time given.
>
> Now the main point is, how we must understand this short Sentence, Summo Mane; and it can in my Judgement have no other meaning than very early in the Morning, that is, in the very top of the Morning, or suddenly after Twelve, for so the word seems to import..."

Partridge explains his guess at length, but "summo mane" was a common medieval term, nowadays taken to mean "early in the morning"; but perhaps a better meaning would be "the beginning of the morning" or in other words "the end of night". This also fits the time set down by Booker, because 3 a.m. on 25 April O.S. at Huntingdon is roughly what is now known as Nautical Twilight, or the end of darkness (though not true darkness) when the Sun is depressed 12º below the horizon. Perhaps Cromwell quoted from a family Bible and gave what he read there to Booker.

Here it will not be out of place to repeat a remark by John Aubrey, taken from his MS. Aubr. 9. fol. 33 (Bodleian Library); the reference being to Thomas Hobbes:-

> His horoscope is Taurus, having in it a satellitium of 5 of the 7 planets. It is a maxime in astrologie - vide Ptol. Centil. - that a native that hath a satellitium in his ascendent becomes more eminent in his life then ordinary, e.g. divers which see in Origanus, ets. and Oliver Cromwell had so, ets."

* MS. Ashm. 183 (John Booker's note book)
"Oliver Cromwell, Lord Protector, 25 Apr. 1599, about 3 a.m. at "Huntington".

JOHN BOOKER 1601.3.24

noted astrologian: friend of Asmole & Lilly
Appointed in 1643 Licenser of mathematical works

His year perplexes. The 1822 ed. of Lilly's *Life & Times* has an engraved portrait (R. Cooper) "From a rare Print by Hollar" showing Booker's personal sigil encircled by "Mancunii: Anno Domini 1601 Martii 23 Hor. 20 Min. 10. P.M." Booker must have asked Hollar to to include this. Aubrey has "natus Manchester, March 23, 1601. 20^h 10′ P.M." in MS. Aubr. 23. f.121, presumably from Booker or Hollar. Lilly (op. cit.) wrote: "John Booker was born in Manchester, of good parentage, in the year 1601; was in his youth well instructed in the Latin tongue, which he understood very well."

As the English Calendar then went, 1601 normally meant 1601/2 at that time of year; indeed, Aubrey's editor Andrew Clark took it for this, and Aubrey habitually used Annunciation years without double notation—except here & there. Lilly's use is uncertain.

Gadbury put Booker into his *Collectio Geniturarum* (1662), using the Sigil data worked for 1600/1, unchallenged by his enemy Partridge in *Defectio Geniturarum* (1697) and with unusual approval of the time: "The Estimate Time that was given him (i.e Booker), he was used to say was about 8 of the Clock in the Morning; which does not differ much from that of our Author."

But though Partridge knew the Estimate, the Natus itself seems new to him: "Our Author hath given us no Directions nor Accidents for this Nativity; nor had I taken notice of it, but that I have the time of his Death, which was April the 8th 1667...and by the Figure following (ex Gadbury) we shall be put to it to find a Direction that may be regularly allowed for his Death, and the time of it."

One accepts 1600/1, but with reservations.

Calculated for Manchester, 53N30 2W15, Monday , 24 March / 3 April, 1600/1, 8h. a.m. apparent time, from Hynes, Schoch, Foelsch.

Tropical zodiac
VP: 10°42′
Campanus
RA MC: 312°31′
☊: ♑ 7.2

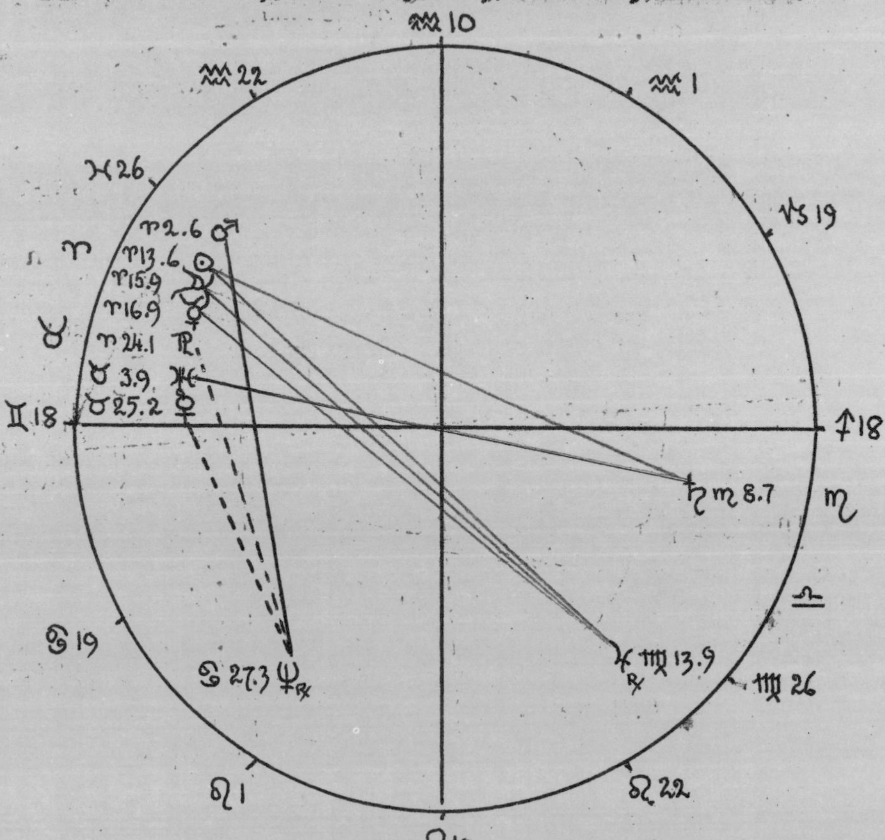

Lilly (op.cit.) says Booker came to London "at fitting years", becoming in turn haberdasher's apprentice; schoolmaster at Hadley, M'sex; clerk to one City Alderman, then to another, through whom he grew "well respected of the most eminent citizens of London, even to his dying day." He wrote a good hand in two styles.

Booker studied astrology from childhood, gained proficiency, & achieved fame in 1632 & 1633 for a prediction based on a solar eclipse in Aries 18º—"the King of Bohemia, and Gustavus King of Sweden, dying during the effects of that eclipse." He specialized in predictions. "He was a very honest man" said Lilly, "abhorred any deceit in the art he studied; had a curious fancy in the judging of thefts, and as successful in resolving love-questions. He was no mean proficient in astronomy; he understood much of physick; was a great admirer of the antimonial cup; not unlearned in chymistry, which he loved well, but did not practise."

Parliament in 1643 appointed Booker Licenser of books on "Mathematicks, Almanacks, and prognostications", which in 1644 brought about his first meeting with Lilly—then putting out Merlinvs Anglicvs Junior: The English Merlin revived; or a Mathematicall prediction upon the Affairs of the English Common-Wealth, and of all or most Kingdoms of Christendom this present yeer, 1644. Booker "made many impertinent obliterations, frames many objections, swore it was not possible to distinguish betwixt King and Parliament; at last licensed it according to his own fancy." Lilly complained to Parliament and was permitted to reprint the original MS. "I found (him) but moderately versed in astrology."

But in 1647, when Booker received a copy of Lilly's Christian Astrology, he exclaimed "I wish there was never another but this in England" and Lilly confessed: "After that time we were very great friends to his dying day." Shortly afterwards, Lilly & Booker were driven in a coach & four to the Army at Windsor, where General Fairfax received them graciously & hoped their art was lawful and agreeable to God's word. They were passed on to "the minister" Hugh Peters, with whom they had "much conference...not to be divulged". They were sent for again in 1648 to attend the seige of Colchester, "where we encouraged the soldiers, assuring them the town would very shortly be surrendered, as indeed it was (on 28 August)."

Ashmole met Booker in 1646—thereafter Mrs. Ashmole would ask him horary questions; Elias signed letters "Your reall freind" inviting him to select parties at the Mermaid; and a few months before Booker died in April 1667, "afflicted with a dysentery, which at last consumed him to nothing", Ashmole received his Telescopium Uranicum for 1667, dedicated to "the true Mecaenas of all good Arts and Sciences (&c)". Elias gave his widow £140 for his library, which Lilly said "came short of the world's approbation", & Ashmole "generously gave her more money than they were worth."

"He left in writing very little but his annual prognostications; he wrote Bellum Hibernicale in the time of the long parliament, a very sober and judicious book...(and) lately a small treatise on Easter-Day, a very learned thing, wherein he showed much learning and reading." Booker left two sons and two daughters.

These notes are from Lilly's Life & Times, addressed to Ashmole; & from the monumental Elias Ashmole by C. H. Josten, M.A., D.Litt., 5 vols, Oxford, 1966. The title of Merlinvs Anglicanvs is from my own copy.

LEWIS XIII OF FRANCE 1601.9.17
Le Juste

Firstborn of Henri IV of France & Marie de Medici, brother-in-law of Charles I of Great Britain. In 1615 he married Anna of Austria, daughter of Philip III of Spain and Margaret of Austria—five days older than himself. They were not happy and the only children, the future Lewis XIV and Philippe, Duc d'Anjou, were not born until 1638 and 1640. Lewis XIII died in 1643, Anna in 1666. This was the era of Cardinal Richelieu (1585-1642), who was at the head of affairs from 1624 until his death one year before Lewis's.

Calculated for Fontainebleau, 48N24 2E42, Thursday, 17/27 September 1601 at 10h.37m. p.m. by the watch of Dr. Jean Héroard (selon ma montre faite à Abbeville par M. Plantard) set to apparent time, from Schoch & Foelsch, with the solar refinement of James Hynes.

Tropical zodiac
VP: 10°42′
Campanus Houses
RA MC: 343°35′
☊: ♐ 27.9

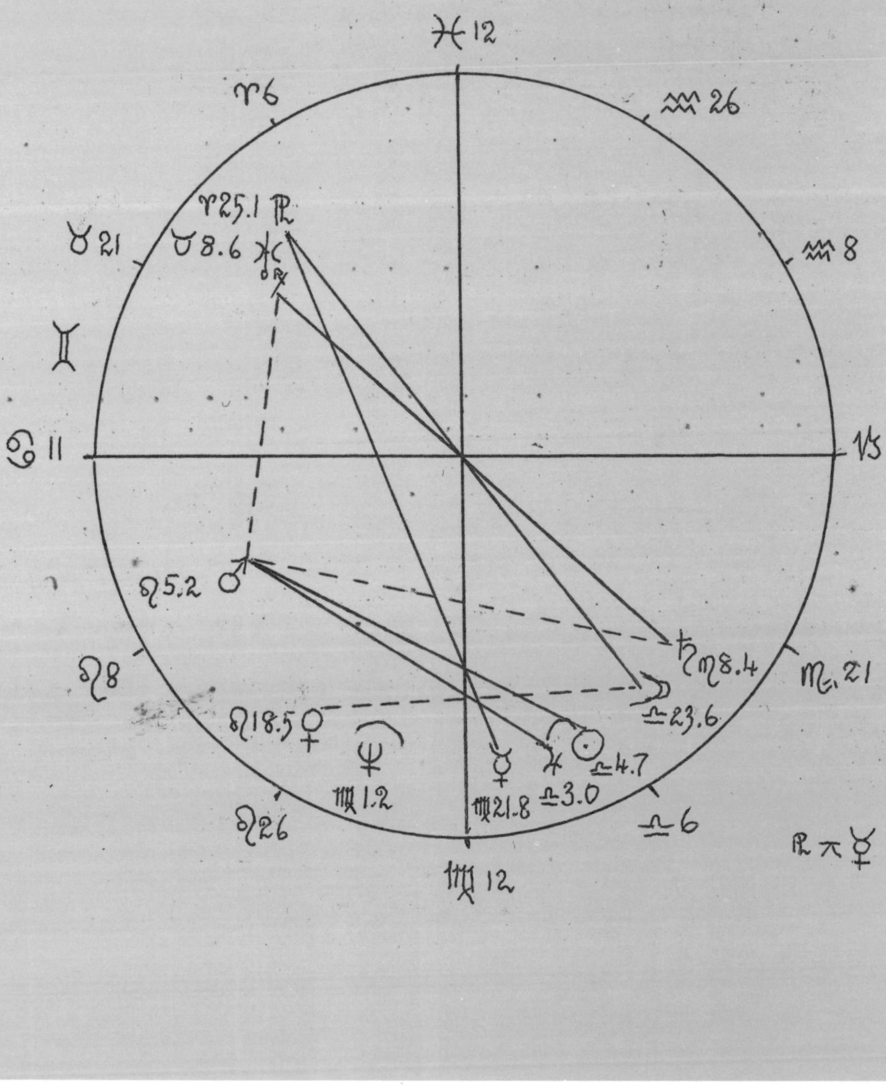

En L'année 1601, le 26e jour de septembre, Marie de Médicis, reine de France et de Navarre, se trouvant à Fontainebleau sur la fin du neuvième mois de sa grossesse, environ les onze heures du soir, commença de sentir quelques douleurs que l'on jugea pouvoir être d'enfantemant. Toute la nuit elles durent lentes, la reprenant de loin à loin sans point de violence; continuement en la même façon jusques sur les deux heures après midi du jour suivant qu'il lui survint une colique venteuse qui la traita bien fort cruellement l'espace de deux heures et enfin s'apaisa par l'aide des remèdes qui furent faits, et fut après cela une bonne heure sans douleur aucune. Les premières la reprirent comme devant, mais aussi avec plus de rigueur et moins de repos, passa jusques à huit heures en cette sorte. Alors on la leva de son lit, ou elle avoit été toujours couchée, pour la mettre sur une chaise faite exprès pour accoucher, estimant qu'elle y pourroit être plus aisément délivrée. Au même temps les douleurs la saisirent si vives et si pressantes que, sans aucun ou port peu de relâche, elles continuerent jusques à l'entier accouchement, qui fut d'un Dauphin, le 27e du mois susdit, quatorze heures dans la lune nouvelle, à dix heures et demie et demi quart, selon ma montre faite à Abbeville par M. Plantard.

    <u>Journal de Jean Héroard sur l'enfance et la jeunesse de Louis XIII (1601-1628)</u>. Edited by MM. Eud. Soulié et Ed. de Barthélemy. Firmin Didot Frères, Fils et Cie. Paris, 1868.

(Henry IV.) did me the honour to give me notice of the birth of his son in a billet, which, at ten o'clock at night, he sent from Fontainebleau to Paris, where I then was; it contained only these few words: "The queen is just delivered of a son; I send you the news, that you may rejoice with me."

    <u>Memoirs of Maximilian de Bethune, Duke of Sully, Prime Minister to Henry the Great (&c.)</u> Translated from the French (by Charlotte Lennox). Dublin. Vol.III. page 98.

Lewis the 13. French King ♃ 27. Sep. 1601 stilo novo 10.30. p.m. Lat: 48.

    <u>Bodley MS. Ashm. 332.</u> f.8. 12º leather bound book of found printed horoscope blanks. Nativities cast by Ashmole.

Nasc. Lodovicus XIII Galliae & Navarrae Rex Henric. IV. F. Anno 1601 M. Setembri D. 27. H. 10 46 P.M. S.LL. 48º.

    <u>B.M. MS. Sloane 1709</u>. fol.169. Dr. Francis Bernard.

<u>Argol</u> tells us, <u>Lewis</u> XIII. King of <u>France</u> was born the 27th of <u>September</u>, at half an hour past 10 at Night, 1601. under the Pole 48. and he makes 9 of <u>Cancer</u> Ascend; it is the same Figure that is printed in the <u>Collect</u>. <u>Genitur</u> by J(ohn) G(adbury).

    <u>Defectio Genitvrarvm</u>. (&C.) By John Partridge. London. 1697.

Héroard cannot be wrong: he is exact. Oddly, the astrologers are for once not far out; and it is interesting to note that Sully is 37 minutes too early on the authority of King himself.

WILLIAM LILLY 1602.5.1

Merlinus Anglicus Junior, Student in Astrology:
Elias Ashmole, Esquire was his friend and patron

Calculated for Diseworth near Derby 52N30 1W30, Saturday 1 May 1602 at 2h. 8m. a.m. apparent time, from Hynes, Schoch & Foelsch. ✗ N-H, no diff

Tropical zodiac
VP: 10º42'
Campanus houses
RA MC: 259º33'
☊: ♐ 15.8

MS. Ashm. 394. fol. 108. v.
In Ashmole's hand

☉	♉ 20. 4. 4.		♉	20.0
☽	♑ 15. 33. 45.		♑	15.0
☿	♉ 4. 19. 36.		♉	4.0
♀	♉ 19. 13. 27.		♉	19.2
♂	♍ 7. 28. 33.		♍	6.9
♃	♎ 13. 26. 6	℞	♎	13.3
♄	♏ 18. 40. 38	℞	♏	18.7

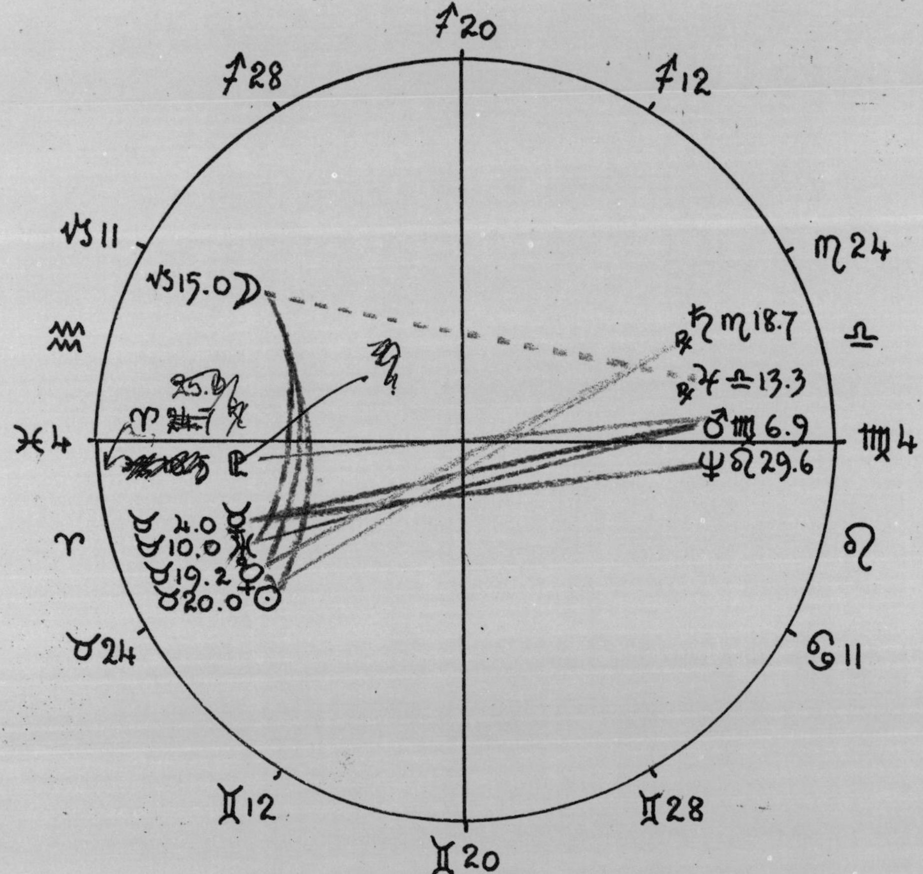

William Lilly's History of his Life and Times, from the year 1602 to 1681. Written by Himself in the sixty-sixth year of his age, to his worthy friend, Elias Ashmole, Esq. Published from the original MS. London, 1715. Re-printed for Charles Baldwyn, Newgate Street, London. M.DCCC.XXII.

> I was born in the county of Leicester, in an obscure town, in the north-west borders thereof, called Diseworth, seven miles south of the town of Derby, one mile from Castle-Donnington... In this town, but in the parish of Lockington, was I born, the first day of May 1602.

No time of birth is given, and I found none in Ashmole's MSS. But in MS. Ashm. 394 there is a good deal about him in Ashmole's hand, apparently transcriptions from his papers, and at f.108v there is a copy of his nativity labelled "Lat: 53.° Natus Astrologus 1602. Elizabetha regnante." No estimate time or true time is shown, and the R.A. M.C. does not agree with the ecliptic degree at the Midheaven. Possibly Lilly did not know the exact time of his birth, but took it to be at around two o'clock in the morning. Evidently he was content with what he had, for in the "History" mentioned above there are references to direction from it on pages 135, 153, 210 and 213.

<u>Astrological</u> <u>Schemes</u> <u>C</u>. <u>Bernard</u>, a tall thin book of 77 ff. which once belonged to Charles Bernard (b.1652) the son of Dr. Francis Bernard. He appears to have known Ashmole, Lilly, Gadbury, and other astrologers. This is Sloane MS. 1684 in the British Museum.

f.58: "Mr Lilly Astrol. Apr. 30. 1602. H. 14.8' PM Lat 52.38"

The MC and AS are given respectively as ♓4.36 (AS) and ♐20.26 (MC)

In my own figure I have tried to reconcile these data as much as possible. In the circumstances, exactitude does not seem to be a burning question.

ELIZABETH DE FRANCE 1602.11.22

Queen of Philip IV. of Spain

2nd child & eldest daughter of Henri IV. of France & Marie de Medici, married in 1615 to Philip (1605 q.v.), son of Philip III. of Spain & Margaret of Austria. "Consummation" of the marriage was in November 1620, she being 18 & he 15, and the King died four months later. Though monarch in name, Philip IV. remained for years obedient to the powerful Conde-Duque de Olivares who had had charge of him since he was ten, had always stimulated Philip's innate love of pleasure, but done nothing to inculcate a sense of duty & devotion to business.

Under Olivares, Spain drifted into fatal decline, & it was not until Elizabeth herself confronted her husband one day in his cabinet with a dramatic appeal, that the Conde-Duque was dismissed.

One of Elizabeth's biographers wrote: "Dio otras muchas pruebas del amor que sentia por su pais de adopcion y contribuyó á la formacion de un ejercito de 50,000 hombres que habia de pelear contra su propria patria." She bore six children, but none endured long except D. Maria Teresa who married Lewis XIV. of France in 1660, aged 22, and died in 1683 near her 45th birthday. Elizabeth died in 1644, just before her 42nd birthday.

Calculated for Fontainebleau, 48N24 2E42, Friday, 22 November 1602 at 9h. a.m. apparent time, from Schoch & Foelsch with the solar refinement of James Hynes.

Tropical zodiac
VP: 10°41′
Campanus houses
RA MC: 192°43′
☊: ♐5.5

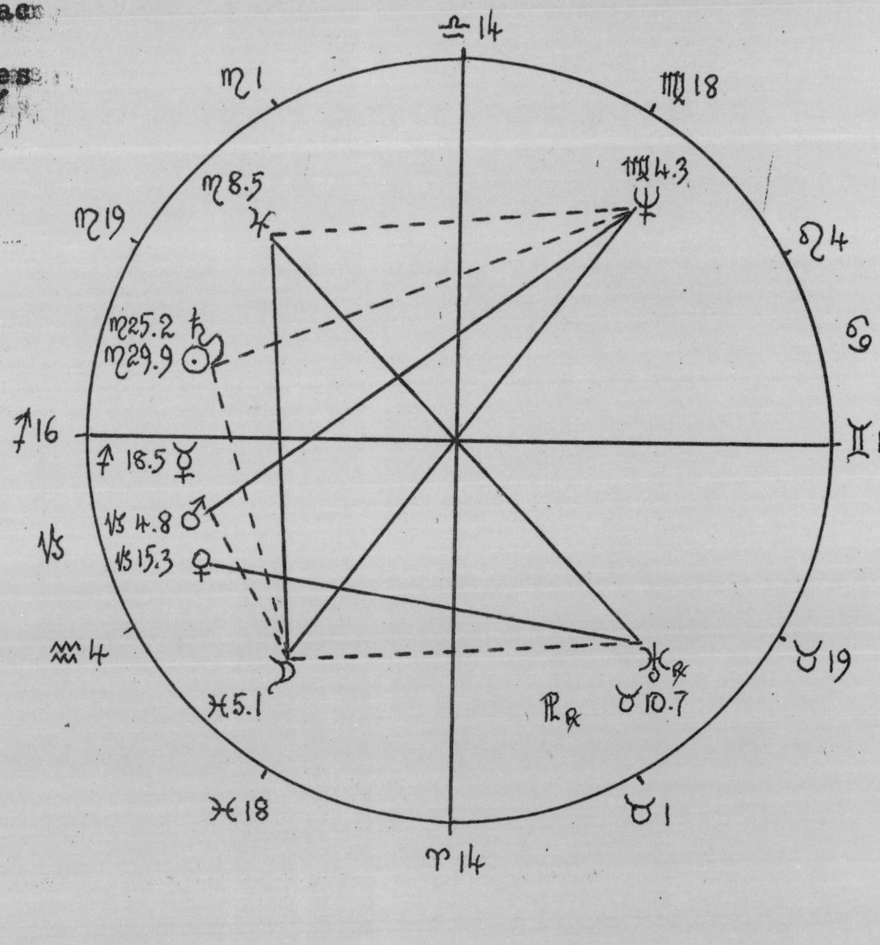

Journal de Jean Héroard sur l'enfance et la jeunesse de Louis XIII (1601-1628): Ed. by MM. Eud. Soulié et Ed. de Barthélemy. Firmin Didot Frères, Fils et Cie. Paris, 1868.

1602 Novembre. Le 22, vendredi. - Naissance de Madame, à Fontainebleau, environ les neuf heures du matin.
Le 23, samedi. - Nouvelles de la naissance de Madame, le jour précédent, sur les neuf heures du matin.

Berger de Xivrey: "Lettres missives", VIII. 647.
Letter of Henri, to Madame de Montglat

Ma femme accoucha hier, sur les neuf heures du matin, de ce qu'il a plu à Dieu. De quoi elle est plus fâchée que moi, qui l'en console. Bonjour, madame de Montglat.
Ce xxiiie novembre, à Fontainebleau.
Henry.

Bodley MS. Ashm. 243 f.164 has "Queene of Spaine Nata 22 Nov: 1602. 9H. 30'. A.M. ♀ stilo novo."

Here is an example of an apparently reliable hour of birth, since it looks like an ordinary approximate time; yet Henri IV. has 9 o'clock in the morning, confirmed by the reliable Jean Héroard in two entries in his diary. If one did not have these incontrovertible French sources, Ashmole's note might well be accepted without mush question.

SIR KENELM DIGBY 1603.7.11

Who epitomized the 17th century

"Open almost any scientific book of his period and you are likely to come on a reference to the learned Sir Kenelm Digby. He was a man who did everything and achieved nothing. But his strangeness, his love, his spirit of curiosity, his vanity, his journeyings on political missions, his faithfulness to the ideal of his starry Venetia, his love of learning, his dalliance with Canterbury and his reconciliation with Rome, and his great personal presence, he may be taken as an epitome of the troubled and poetical seventeenth century": E. W. Bligh in <u>Sir Kenelm Digby and his Venetia</u>. According to John Aubrey, who knew him, "he was such a goodly handsome persone, gigantique and great voice, and had so gracefull elocution and noble addresse, etc. that had he drop't out of the clowdes in any part of the world, he would have made himselfe respected. He was envoyé from Henrietta Maria (then Queen-mother) to Pope Innocent X where at first he was mightily admired; but after some time he grew high, and hectored with his holiness, and gave him the lye. The pope sayd he was mad. He was well versed in all kinds of learning... He was a person of very extraordinary strength... He was of undaunted courage, yet not apt in the least to give offence. His conversation was both ingeniose and innocent." Sir Kenelm died in London on 11 June 1665.

Calculated for Gayhurst, Buckinghamshire, 52N6 0W45, on Monday 11 July 1603, at 5h.30m. a.m. apparent time, from Schoch and Foelsch, with the solar refinement of James Hynes.

Tropical zodiac
VP: 10º23′
RA MC: 22º 23′
☊: ♍ 22.8

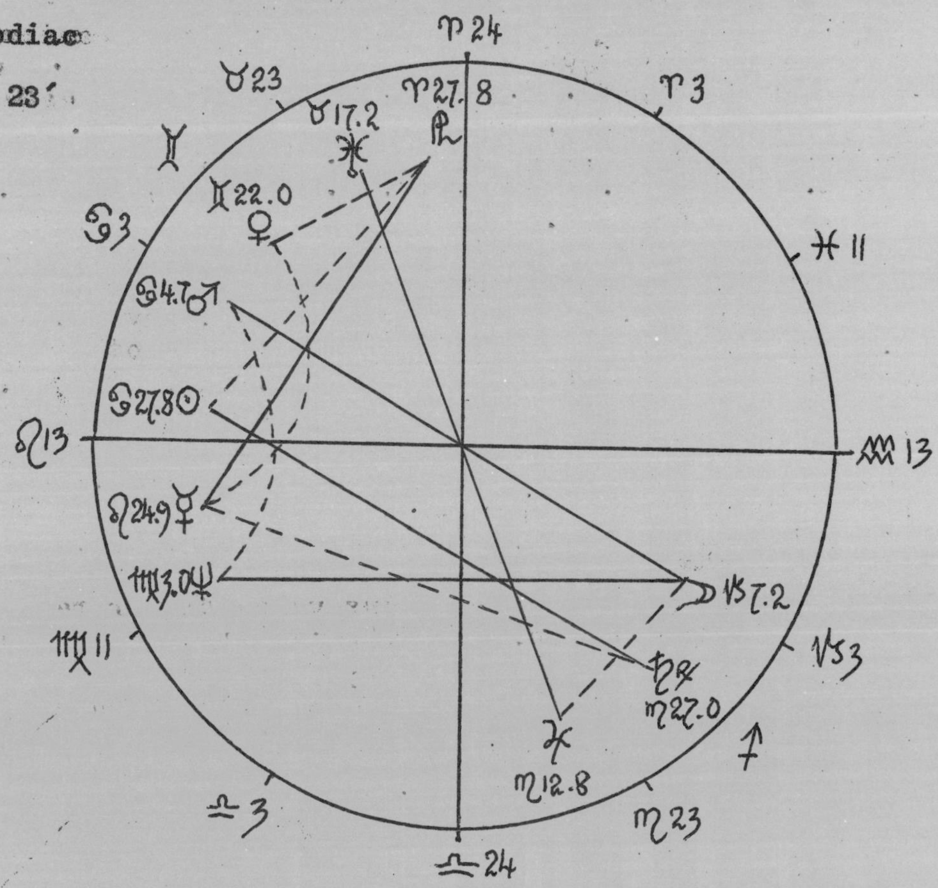

1603. Julij iuxta computū in vet. Anglic. D.10. H.17. M.30. 4". Post Merid. Prae e. ☌ Lum. in par. 15.49: ♋. Altitudo Poli gr. 52. Longitudo gr. 22.30′.

Bodley MS. Ashm. 174. Papers of Ashmole, Lilly, Booker, Digby, Foreman, the Napiers. (p.75) The label of a nativity of Sir Kenelm Digby drawn by himself and followed by:-

This figure was erected, not by the Ephemerides but by Maginus his tables for one borne as aforesaid 1603. according to the English account the 11. of July betweene 5. and 6. of the clocke in the morning, wch is the 10th day of that moneth, and 17. houres and a halfe after noone, according to the reformed Calend^r^ it is so many houres after the 20th day.

(p.76) is blank. (p.77) continues in Sir Kenelm's hand with:- Accidentes, observed for the correction of the natiuitie, if the time should not be rightly noted.

About the age of 2. yeares and a halfe, he had a great and dangerour sicknesse. About the same time, being about 20. dayes more than 2. yeares, 6. monethes old, his father was putt to death for treason. About 8. yeares old, he had a great sicknesse. At the age of 11. yeares, 7. monethes, and 14. dayes, he was in the height of a desperate and mortall sicknesse, w^h^ began some time before, and continued a prettie while after. Being 14. yeares and one moneth old, he began a long iourney into forreine nations and returned after 7. or 8. monethes. Being aged 16. yeares and 9. monethes, he began an other long iourney.

(p.78) When he was 17. yeares and 11. monethes old, being a feast, a Captaine quarrelled wth him, and wth his sword strucke him dangerously on the head, but (wth admiration of all) receiued no wound. Being 18. yeares 2. monethes and 19. dayes old, the small pockes broke out vppon him in great abundance, and held him a long time dangerously sicke. Att the age of 19. yeares, 2. monethes, and 22. dayes by a mischance he receiued a wound in his right hand. Being 19. yeares old, and 7. monethes, wth 4. dayes, he had a wound on the same hand in a verie dangerous fray, being many vpon him. (p.79) Att the age of 20. yeares, 2 monethes, and about 25. dayes, he returned home into England by sea. Being 20. yeares, wth 3. monethes, and 17. dayes old, he was knighted by the King. / The places of the planets were collected out of the Ephemerides of Origanus; who in the first Columne on the left hand setting downe the dayes of the moneth according to the Gregorian reformed account, they are thus the 20th day wth the odde houres; to wch correspondeth on the right hand of the other page, the 10th day according to the Julian old Kalendar. (p.80) 1603. 11. July — Lat. 52.

Digby says first that his figure is from the Tables of Maginus, then that he used the Ephemerides of Origanus (vol.2, 1595-1655). Tables by Maginus are unknown to me and I do not find them in his Ephemerides Coelestivm (1608-1630), Francofurti, M.DC.VIII, based on Venice. But Digby certainly used Origanus, because I get from thence identical results, except for Moon & Venus which differ respectively by only 4 and 6 minutes of arc. Digby's positions were these:-

	☉	☽	☿	♀	♂	♃	♄℞
Digby in degrees & minutes:	27♋42	6♑59	24♌25	21♊16	4♋43	12♏53	27♏24
Schoch's decimals in minutes:	27♋48	7♑12	24♌54	22♊0	4♋42	12♏48	27♏0

Digby found his MC in ~~♌12°35~~′ ♈24°01′ (R.A 22°13′) and AS in ♌12°35′.

CHRÉTIENNE DE FRANCE — 1606.2.10
Madame Royale

3rd child & 2nd daughter of Henri IV. of France & Marie de Medici. Aged three they promised her to Victor Amadeus of Savoy, whom she married on 11 February 1619, the morrow of her thirteenth birthday; but he did not become Duke of Savoy until 1630.

Seven years later, left a widow with 2 sons & 4 daughters, she met difficulties with Spain & hostility from her brothers-in-law Prince Thomas & Cardinal Maurice. Yet, though only 31, Christine maintained her regency with great courage & political acumen—& with French sympathy. Almost at once (1638), the elder boy died; but she carried on for the younger boy, aged 4, Charles Emmanuel II., against active opposition from the brothers-in-law: they took Turin in June 1638 & she fled to France, where she met her brother Lewis XIII. at Grenoble in September. He restored order in Savoy & the brother-in-law made peace.

Charles Emmanuel II. was declared of age on 20 June 1648, but his mother continued to govern for some time & remained powerful until she died in Turin on 27 December 1663. It is said: "Sa conduite privée mérita souvent des reproches, mais Christine montra parfois l'habileté et de fermeté." The traveller Keysler reported also that the house & garden of her villa near Turin, "La Vigne de Madame Royale", were often the scenes of riot & debauchery. But she married her daughter Adelaide to the Prince of Bavaria. Her greatest disappointment was in failing to marry Marguerite to Lewis CIV in 1658.

Calculated for Paris, 48N50 2E21, Friday, 10 February 1606 N.S. at 12h.30m. in the afternoon, apparent time, from Schoch & Foelsch with the solar refinement of James Hynes.

Tropical zodiac
VP: 10°39′
Campanus houses
RA MC: 331°36′
☊: ♎ 3.4

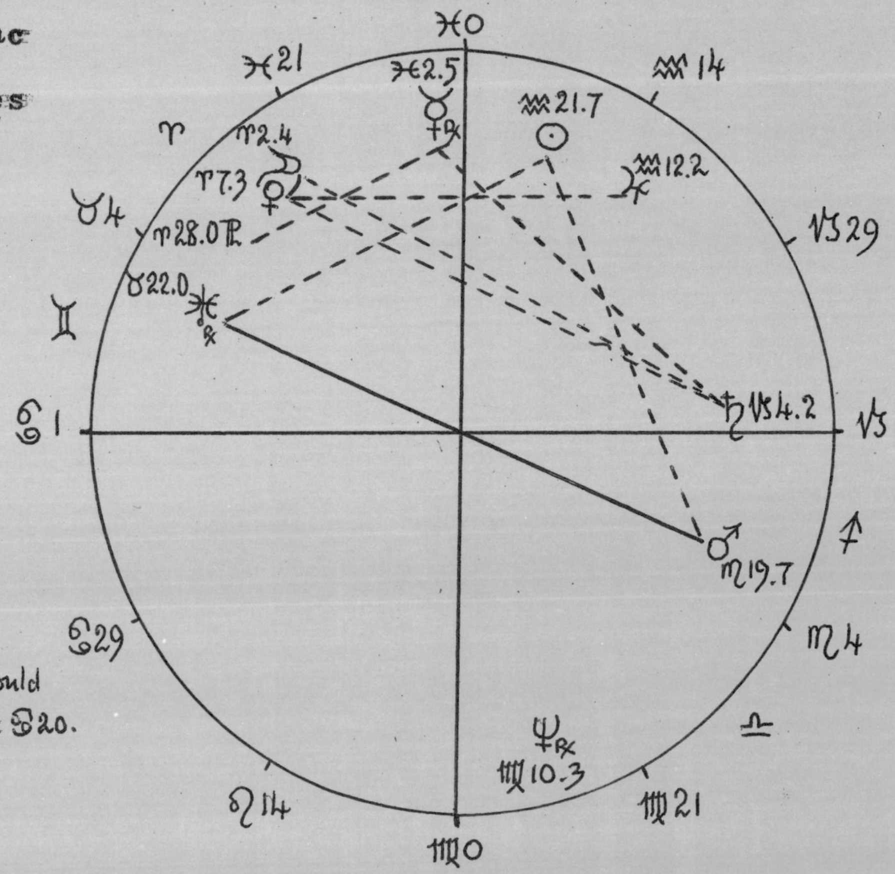

Birth at 2 p.m. would give MC: ♓24, AS: ♋20.

Journal de Jean Héroard sur l'enfance et la jeunesse de Louis XIII (1601-1628). Ed. MM. Eud. Soulié et Ed. de Barthélemy. Firmin Didot Frères, Fils et Cie. Paris, 1868.

> 1606 Février. Le 10 février, vendredi, à Saint-Germain - Mme de Montglat part a onze heures et demie pour aller au travail de la Reine, laquelle accoucha entre midi et une heure de Madame. NB: née au Louvre.

Dr. Francis Bernard, in his <u>Nativities of Eminent Persons</u>, has at f.89 (Sloane MS. 1683): "Christiana Ducissa Savoiae Nat. Feb X StN 1606 2^{H} PM. Parisiis"

> This is added by way of comment, for the evidence of Jean Héroard can hardly be in doubt.

The House of Savoy, one of the oldest royal Houses in Eruope, eventually passed to the throne of Italy through a cadet branch. Meanwhile, Christine's grandson, Victor Amadeus II. received from the Treaty of Utrecht (1713) a part of the Duchy of Milan, & also becoma King of Sicily—which in 1720 he gave up in exchange for Sardinia, which along with Savoy & Piedmont & other dominions, became the Kingdom of Sardinia.

MONSIEUR, DUC D'ORLÉANS 1607.4.16

Who never had a Christian name
& is an example of muddled reports

4th child & 2nd son of Henri IV. of France & his queen Marie de' Medici, known as MONSIEUR during his brief life: this being the mode of address peculiar to the second son in the Royal Family.

The reports of birth (overleaf) show how difficult it is to feel certain of an hour of birth in the 17th century, even one as exalted as this. Dr. Jean Héroard, the man most qualified to know, gives 10h.30m. p.m., which we can take as relatively exact. But Maximilien de Béthune, duc de Sully, the Prime Minister, who was waiting to fire cannon in Paris & received two urgent notes from the King, has 11h. p.m. In England, Elias Ashmole received 2h.30m. p.m. and Dr. Francis Bernard put down 6h. p.m., perhaps "six" for "dix".

That meticulous Englishmen might go wrong about a French royal birth is curious, but not suprising for those days; yet the same cannot be said of a Prime Minister in direct contact with the King in this very matter, who registers a time thirty minutes later than that noted by an eyewitness who had a watch.

Calculated for Fontainebleau, 48N24 2E42, Monday, 6/16 April 1607 at 10h.30m. p.m. from Schoch & Foelsch, with the solar refinement of James Hynes.

Tropical zodiac
VP: 10°38′
Campanus houses
RA MC: 181°58′
☊: ♍ 10°5′

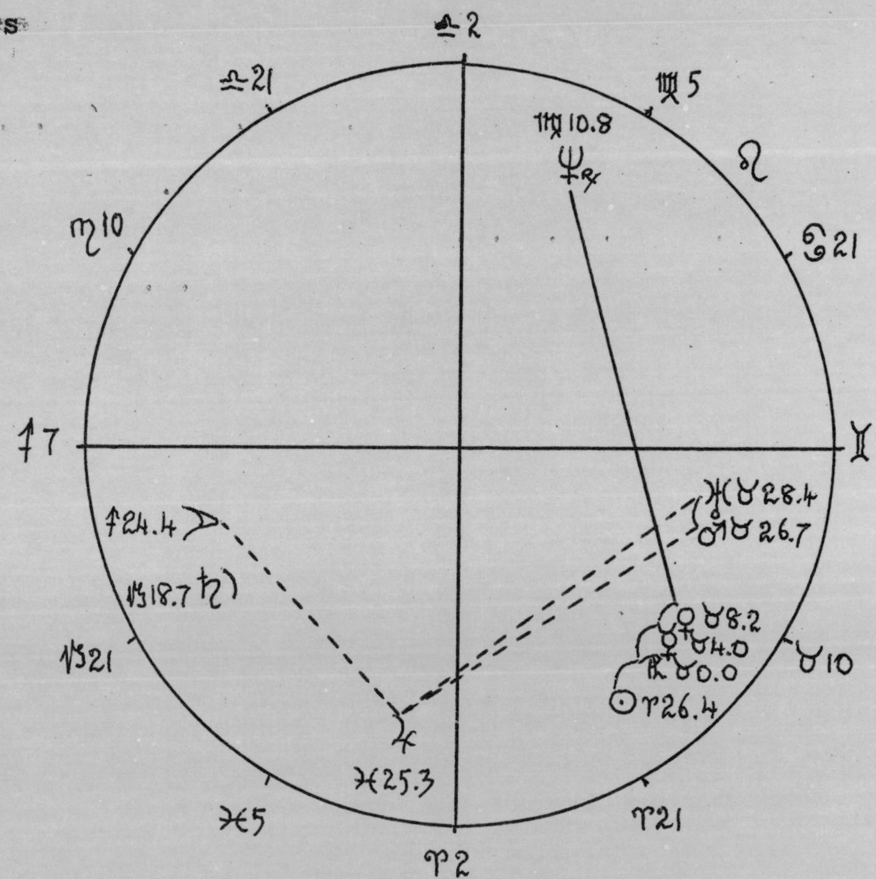

Journal de Jean Héroard sur l'enfance et la jeunesse de Louis XIII (1601-1628). Ed. MM. Eud. Soulié et Ed. de Barthélemy. Libraire de Firmin Didot Frères, Fils & Cie. Paris, 1868.

Avril 1607. Le 16, lundi. - La Reine va en la grande galerie ayant quelques petites douleurs la pressant, elle retourne en sa chambre, où, ne faisant que d'entrer, les douleurs lui redoublent et les eaux se percent. En ce couchant le Dauphin disoit que si la Reine faisoit un petit frère il feroit tirer son canon! La Reine accoucha de Monsieur, duc d'Orléans a dix heures et demie du soir, fort heureusement, le vingtième jour de la lune de mars. En le voulant remuer on lui vit la quelle droite, ferme, je l'ai maniée. (The new moon in March was on the 27th)

Memoirs of Maximilian de Bethune, Duke of Sully, Prime Minister to Henry the Great. (&c.) Translated from the French (by Charlotte Lennox). Dublin. 1781. Vol.V. p.3.

(1607) He (the King) likewise informed me that the dauphin had come a league to meet him; that he found him very handsome, as likewise his other children; that the queen, who was then with child, was very well in health; and that they expected to be very soon at Fontainebleau... The queen was delivered on the 16th of April, at eleven o'clock at night, of her second son, who was afterwards called the duke of Orleans. Montmartin brought me the news of it immediately in a billet from his majesty; and almost in the same moment I received a second letter from him, in which he commanded me to cause the cannon to be fired.

Bodleian Library: Ashmole's MSS.

Ashm. MS. 243. f.162

Dux Orleance Natus ♄. 16. Ap. 1607. 2^{H}. 30′ p.m.

British Museum: Schemes of Nativities, Dr. Francis Bernard.

Sloane MS. 1707. f.14.v.

Dux Aureliensis Aprill 6 1607 Hora 6 P.M. Parisiis.

GASTON JEAN-BAPTISTE DE FRANCE 1608.4.25
Duke of Orleans
Monsieur

5th child & 3rd son of Henri IV. & his queen Marie de Medici. V. Sackville-West (Daughter of France, 1959) wrote of the father of her heroine: "Gaston d'Orléans comes down into history as a weak, treacherous figure, ready to enter into intrigues and equally ready to betray his accomplices whenever it suited him to do so." The first of these tragic affairs occurred not long before his marriage in August 1626 to Marie de Bourbon-Montpensier (1605 - 1627) who died giving birth to La Grande Mademoiselle (1627 q.v.). Secondly, in 1632, he married Marguerite de Lorraine (1613-1672), by whom he had three daughters & a short-lived son.

Monsieur had feline charm & created an atmosphere of frivolity about himself; gay in more ways than one, he haunted low places in disguise. He told the King his brother that he always made some mental reservation when taking an oath: "never was there anyone so eel-like & undependable" says Miss Sackville-West. His second wife said he laboured more in coming to a decision than she did in giving birth; for he always tried to escape responsibility, & his losses of temper were usually those of a weak and scared man, forced by circumstances of his rank to take part. He died of a stroke on 2 February 1660.

Calculated for Fontainebleau, 48N24 2E42, Friday 15/25 April 1608 at 9h.30m. a.m. apparent time, from Schoch & Foelsch with the solar refinement of James Hynes.

Tropical zodiac
VP: 10°37′
Campanus houses
RA MC: 335°34′
☊: ♌20.7

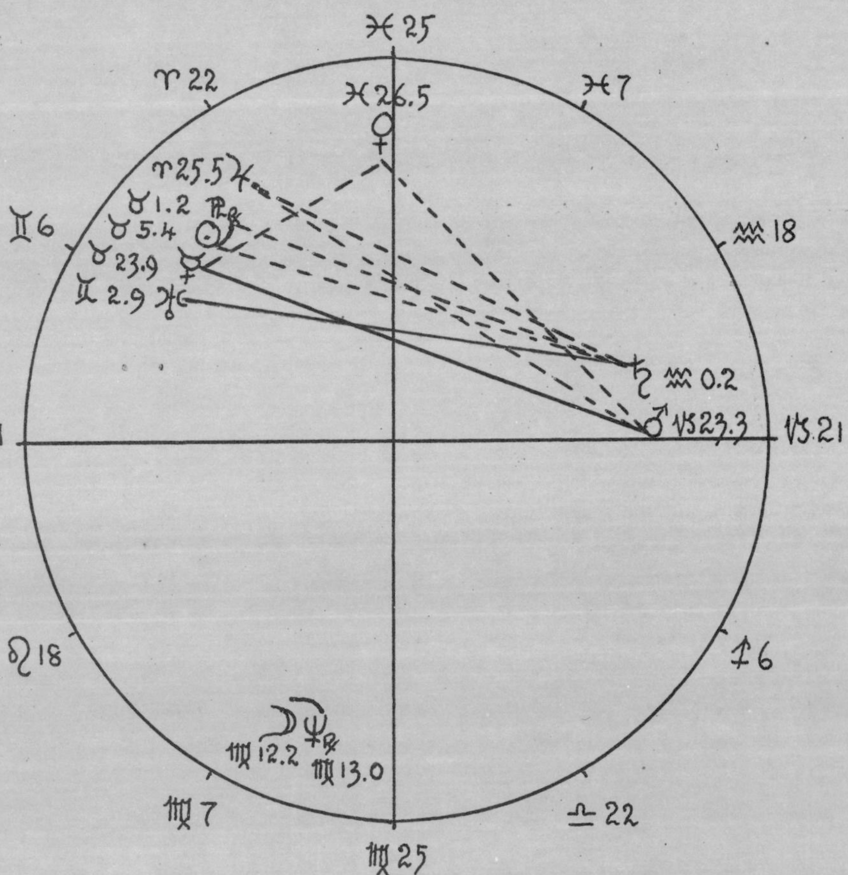

Journal de Jean Héroard sur l'enfance et la jeunesse de Louis XIII (1601-1628). Ed. MM. Eud. Soulié et Ed. de Barthélemy. Libraire de Firmin Didot Frères, Fils & Cie. Paris, 1868.

1608 Avril. Le 25, vendredi. - A sept heures trois quarts, la Reine commença à sentir les douleurs pour accoucher; j'en revenois et lui demandai (au Dauphin): "Monsieur, voilà maman qui est en travail pour accoucher, qu'aimeriez-vous mieux, ou un frère, ou une soeur?" - Un frère - "Monsieur, pourquoi?" - Parce que ce sera un autre serviteur pour papa, et puis on fera tant tirer le canon. A neuf heures et demie la Reine accouche de Mgr le duc d'Anjou, et fort heureusement, n'ayant eu qu'une seule tranchée de fort, et l'enfant grand, fort et bien nourri et ayant la voix fort grosse.

Memoirs of Maximilian de Bethune, Duke of Sully, Prime Minister to Henry the Great... Translated from the French (by Charlotte Lennox). Dublin. 1781. Vol. V. p.85.

One of his (the King's) longest intervals of quiet was, during the queen's lying-in. She had followed the king, who went in the beginning of March to Fontainebleau... While she was in this condition, he often writ to me from Fontainebleau, and in every letter gave me account of the queen's health. "I thought," said he in one of these letters, "to have sent you the news of my wife's being brought to bed; but I believe it will not be this night." ... The queen was delivered of her third son on the 26th of April.

Unless a printing error occurred, Sully got the day wrong.

Bodleian Library: Ashmole's MSS.

Ashm. MS. 243. f.164

Dux Anjou Nat: ♀. 1608 St. Novo Marks day 25 Ap. 9^{H}. 30'. A.M.

British Museum: Nativities of Eminent Persons, Dr. Francis Bernard

Sloane MS. 1683. f.5

Monsieur Gaston Fois Duc d'Orleans Natus Aprill 7. 1608 Hora 9:30 A.M. Parisiis. Gallobelgicus dixit Ap: 6 H:6 P.M. 1608.

Here there is apparent confusion between Gaston & the short-lived Monsieur born in 1607, also in April, q.v.

With regard to Monsieur & his elder brother, Lewis XIII (1601 q.v) the French historian Henri Martin (1810-1883) wrote: "The great nobles disliked the king as much as his minister, looking with contempt and aversion on this stammering, morose, sickly, and ungenerous monarch; they hoped that his career would not be a long one; they surrounded his young brother, who had a far more lively and cultivated mind, more agreeable manners, and who already possessed vices both pleasant and profitable to the courtiers. Louis XIII. had nothing of his father but his courage, Gaston nothing but his licentiousness: this was all that the two brothers inherited from Henri IV."

HENRIETTE MARIE DE FRANCE 1609.11.15

La reine malheureuse

6th child & 3rd daughter of Henri IV of France and his queen Marie de Medici. She married Charles I of Great Britain on 11 May 1625 and met him on 23 June 1625, the marriage being completed two days later at Canterbury. She did not attend his coronation on 2 February 1625/6. Her first child (q.v.) was born on 13 May 1629, dying immediately. Her second, the future Charles II, came one year later on 29 May 1630 after stormy years troublesome to her husband, provoked by religion and the French influence. Later, she made up for this in remarkable devotion to her husband and his cause—though some of his worst mistakes were due to her untimely influence. She died in France on 10 September 1669 in her 60th year.

Calculated for Paris, 48N50 2E21, Wednesday, 15/25 November 1609 at 10h. precisely, p.m. apparent time, from Hynes, Schoch, and Foelsch. All reliable sources agree on the time of birth, but the date may have been one day later. I am persuaded that this date is correct; but the principal differences are inconsiderable, for they amount only to Uranus opposition to Moon on 26 November, with Mercury no longer in square to Neptune.

Tropical zodiac
VP: 10.6
Campanus
RA MC: 31°48′
☊: ♋20.0

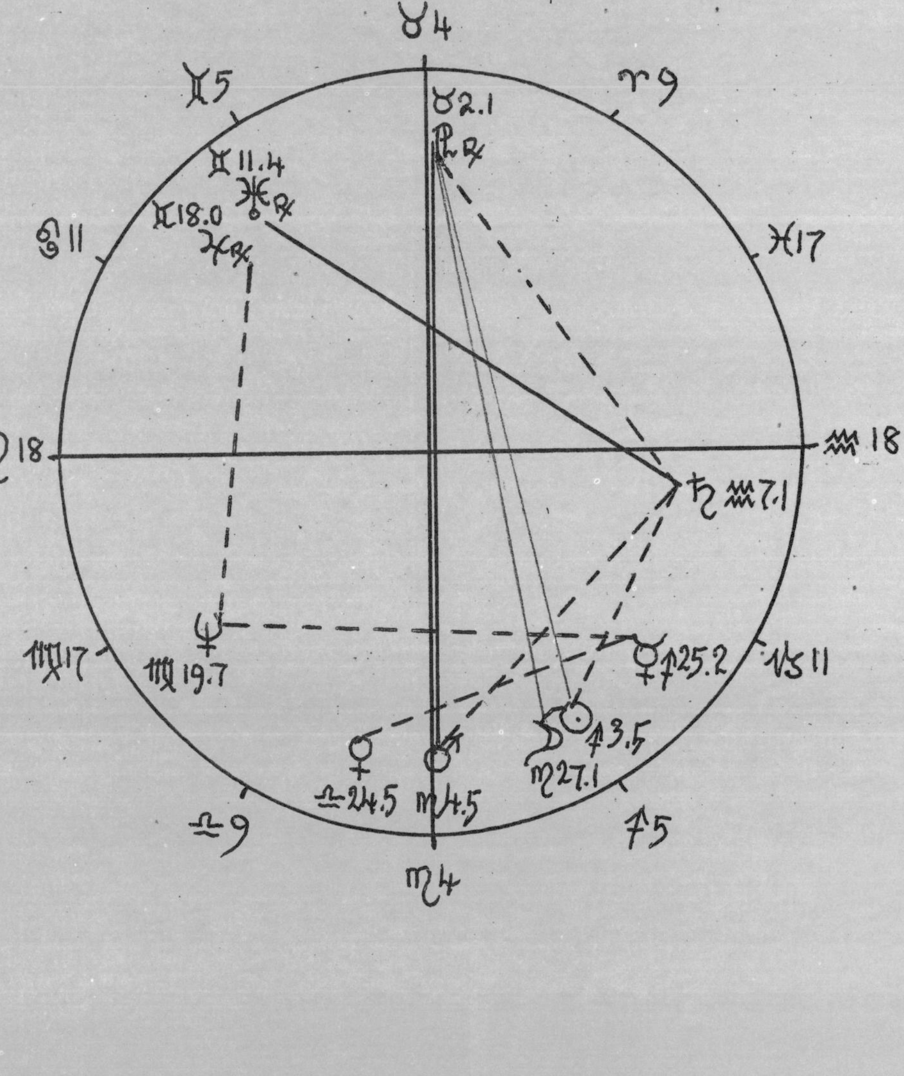

Journal de Jean Héroard sur l'enfance et la jeunesse de Louise XIII (1601-1628). Ed. MM. Eus. Soulié et Ed. de Barthélemy. Firmin Didot Frères, Fils et Cie., Paris, 1868.

> 1609 Novembre, Le 26, jeudi, au Louvre. - Mené en carrosse à l'Arsenal, ramené à cinqu heures chez la Reine. Sur les sept heures la Reine commença à sentir des douleurs pour accoucher; il y va, se tient en la chambre. La Reine étoit pour accoucher dans son grand cabinet, il demande au Roi: mon père, vous plaît-il que j'entre au cabinet de la Reine ma mère? "Non pas encore, attendez ici." - Mon frère de Vendôme y est bien. Il ne lui fut pas permis. Ce fut un peu devant l'accouchement, les douleurs ne furent pas grandes ne fréquentes. Justement comme dix heures eurent sonné, sa tranchée la print dont elle accoucha aussitôt de Madame, sixieme enfant de sa Majesté.

Dr Héroard used the new calendar & 26 November was a Thursday as stated. Unfortunately he left 25 November blank, which could mean that his entry was made on the following day and he forgot to say so. On the other hand, he recorded the births of the Dauphin and the short-lived duc d'Orléans in detail on the correct dates, though they were born at 10h.37m. p.m. & 10h.30m. p.m. respectively.

Le Mercvre François, ov, Suitte de L'Histoire de la Paix. (&c.) A Paris, chez Iean Richer (&c.) M.DC.XIII. M.D.C.XI. Auec Priuilege du Roy... Vol.1. page 357b.

Le Mercure François is a collection of news items collected by Jean Richer over many years, and although he gives no sources he is much esteemed. Vol.1 has 534 ff. and covers 1605-1610; his privilege was granted in November 1610 and the "dernier edition" came out in 1618.

> 1609 Le 25. Nouembre la Royne accoucha au Louure de Madame troisiesme fille de France, & son sixiesme enfant, tous viuans; que Dieu par sa grace les guarantisse de tous mauuais accidents, & les face croistre en toutes vertus pour estre les bien-heureux & cherissables appuis de la France.

Biographers and historians appear to accept this date, though none seen by me quote it as a source.

Histoire chronologique et généalogique de la Maison Royale de France, le Père Anselme. Tome I. Paris, 1726. p.149. says that she was born on 25 November 1609 and affirms: "le P. Buffier s'est mépris en disant le 16." This was le Père Claude Buffier who published Histoire chronologique du dernier siècle (&c.) at Paris in 1715.

As for later dates, William Becher, British Ambassador, to the Earl of Salisbury, gives 17/27 November at 10h. p.m. (P.R.O. S.P. 78/55, f.237). William Lilly & Elias Ashmole, followed by their friend Dr. Charles Bernard, had 16/26 November at 10h.30m. p.m. (Bodley MS. Ashm. 332. f.7 and Brit. Museum MS. Sloane 1684. f.35v.)

The only serious variant is Journal de ma vie: Mémoires du Maréchal de Bassompierre: Société de l'histoire de France, 1870, Vol.I. p.255. "La reine accoucha de madame Henriette Marie, sa derniere fille, le "26e de novembre."

For Henri IV's official notifications, see attached notes from my Paris researcher, who dismisses them and opts for 15/25 November 1609.

HENRIETTE MARIE DE FRANCE 1609.11.15/25
la malheureuse reine

After the first misunderstandings of their married life, when, a bride of fifteen years old, she had made her mistakes and he had made his and it had taken some years before their very different temperaments could become adjusted, she and her husband had achieved a true union of love, and it was with anguish that she now (1644) left him to the dangers she could no longer share.

V. Sackville West in "Daughter of France / The Life of Anne Marie Louise d'Orleans, duchesse de Montpensier / La Grande Mademoiselle." London. 1959.

The king's affection to the queen was of a very extraordinary alloy; a composition of conscience, and love, and generosity, and gratitude, and all those noble affections which raise the passion to the greatest height; insomuch as he saw with her eyes, and determined by her judgment; and did not only pay her this adoration, but desired that all men should know that he was swayed by her: which was not good for either of them. The queen was a lady of great beauty, excellent wit and humour, and made him a just return of noblest affections; so that they were the true idea of conjugal affection, in the age in which they lived. When she was admitted to the knowledge and participation of the most secret affairs, (from which she had been carefully restrained by the duke of Buckingham whilst he lived,) she took delight in the examining and discussing them, and from thence in making judgment of them; in which her passions were always strong.

She had felt so much pain in knowing nothing and meddling with nothing, during the time of that great favourite, that now she took pleasure in nothing but knowing all things, and disposing all things; and thought it but just that she should dispose of all favours and preferments, as he had done; at least, that nothing of that kind might be done without her privity; not considering that the universal prejudice that great men had undergone, was not with reference to his person, but his power; and that the same power would be equally obnoxious to murmur and complaint, if it resided in any other person that the king himself. And she so far concurred with the king's inclination, that she did not more desire to be possessed of this unlimited power, than that all the world should take notice that she was the entire mistress of it: which in truth (what other unhappy circumstances soever concurred in the mischief) was the foundation upon which the first and the utmost prejudices to the king and his government were raised and prosecuted. And it was her majesty's and the kingdom's misfortune, that she had not any person about her, who had either ability or affection, to inform and advise her of the temper of the kingdom, or humour of the people; or who thought either worth the caring for.

When the disturbances grew so rude as to interrupt this harmony, ... that her absence should not be attended with any such inconvenience (yielding to unreasonable conditions), his majesty made a solemn promise to her at parting, that he would receive no person into any favour or trust, who had disserved him, without

her privity and consent; and that, as she had undergone so many reproaches and calumnies at the entrance into the war, so he would never make any peace, but by her interposition and mediation, that the kingdom might receive that blessing only from her.

Selections from Clarendon, ed. G. Huehns
World's Classics Nº544, Oxford, 1968. pp. 100-101

The queen was a woman of great vivacity in conversation, and loved all her life long to be in intrigues of all sorts, but was never so secret in them as such times and such affairs required. She was a woman of no manner of judgment: she was bad at contrivance, but much worse in the execution: but by the livelinesss of her discourse she made always a great impression on the king; and to her little practices, as well as to the king's own temper, the sequel of all his misfortunes was owing. I know it was a maxim infused into his sons, which I have often heard from king James, that he was undone by his concessions.

Burnet's History of my own time, ed. Osmund Airy, M.A., Oxford, 1897, Vol.I. pp48-49

It was never a happy Court. Charles's cold, stubborn manner, allied to his independability, did nothing to rally the waverers as the rift with Parliament deepened. In 1642 he and his Queen rode out of Whitehall for the last time, threatened by a huge crowd waving placards with the word 'Liberty". Henrietta, intriguing furiously, supported her husband to the end. On her various crossings of the North Sea she suffered daunting ordeals. Out from Holland, her ship was tossed for 14 days in a series of great storms, but the Queen bore herself with scornful dignity as her courtiers, fearing imminent death, shouted out their sins to seasick and uncaring Capuchins. When, on a later crossing, her ship was chased by a parliamentary cruiser, she ordered the captain to blow up his vessel rather than allow it to be taken. This, too, created a great wailing among ladies of lesser fortitude, with less to lose.

The Court of St. James's / E.S. Turner
Michael Joseph. London. 1959. p. 146.

"Ben Jonson": The Complete Poems. Ed. George Parfitt
Penguin English Poets / 1975
p. 208. LXVII

Up public joy, remember
this sixteenth of November,
some brave uncommon way:
and though the parish steeple
be silent, to the people
ring thou it holiday.

In celebration of Her Majesty's Birthday.

JOHN PELL, D.D. 1611.3.1

The brilliant linguist & mathematician

John Aubrey's "brief lives" include few as long as that of John Pell—revised in part by the Doctor himself. He came of an old & armigerous Lincolnshire family, his mother a Holland of Kent; the father, a non-conformist clergyman, died when John was five, leaving him a fine library in which he read assiduously; he was also fortunate in a good schoolmaster at Steyning in Sussex. In his 14th year he went to Trinity, Cambridge, already acquainted with Latin, Greek, Hebrew, to which, as the years went by, he added Arabic, Italian, Spanish, French, High & Low Dutch. Pell was, according to Aubrey, "very handsome, and of a very strong and excellent habit of body, melancholic, sanguine, darke browne haire with an excellent moist curle."

Throughout a long life (1611-1685) he became famous at home & abroad, yet received little practical recognition or money: in 1680 he was actually imprisoned for debt. Further notes can be found overleaf. Pell's nativity is interesting because it does not seem to fit. Admittedly the hour is uncertain, but even the planetary aspects, to say nothing of an isolated Mercury, are not in keeping with such a man. His sister was equally brilliant in languages: see Elizabeth Stuart (1635) & Henry Stuart (1640).

Calculated for Southwick, Sussex, 50N49 0W8, 1 March 1611, at noon apparent time, from Schoch & Foelsch, with the solar refinement of James Hynes.

Tropical zodiac
VP: 10°35′
Campanus houses
RA MC: 351°19′
☊: ♊ 25.1

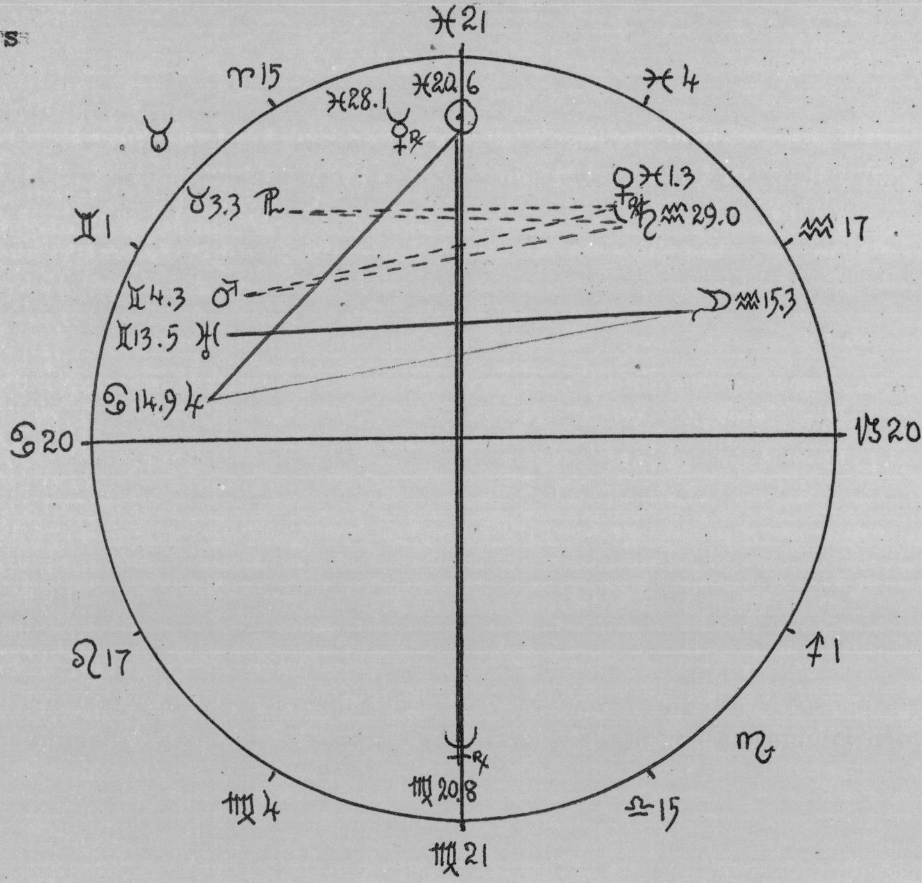

John Pell, D.D., was borne at Southwick in Sussex on St. David's day, anno Domini 1611; his youngest uncle ghesses about noon.
<u>John Aubrey</u>: ed. Andrew Clark, 1898, Vol. II. p.131.

He married Ithamara Reginalds of London in <u>1632</u>: she gave him 8 children. In <u>1638</u> he kept a school in Sussex & continued his studies; but was known in London for "extraordinarie parts in all kinds of learning, especially the mathematics." Theodore Haake, an influential friend of Aubrey, persuaded him to meet a former Lord Keeper of England, Bishop of Lincoln, & the prelate was so impressed, that he offered his help in the Church; but Pell felt he had no vocation, "having made the Mathematics his main studie, for the great publick need and usefullness therof." "His lordship requested Mr. Pell to befriend him with his visits as often as he could spare time, promising him always a very hearty welcome. Yet Mr. Pell who was no courtier came there no more."

In <u>1643</u>, Haake used his influence for Pell's nomination as assistant professor of mathematics in Amsterdam, which Pell accepted, & two years later became professor of philosophy & mathematics at the new <u>Schola Illustris</u> at Breda. He became famous. Unhappily, on false promises he returned to England in <u>1652</u> to no good purpose; but in <u>1654</u>, Oliver Cromwell appointed him Resident in the protestant cantons of Switzerland, where he stayed until just before the Protector's death. The new Protector, Richard Cromwell, left his pay in arrears.

In <u>1661</u>, Pell was at last persuaded to take Holy Orders, though "he was not adroit for preaching"; but the Bishop of London gave him only a poor living in Essex (Fobbing with Basildon & Laindon) so unhealthy that it was known as "kill-priest": "in sixteen years, six of those who had been his curates at Laindon are dead; besides those that went away from both places; and the death of his wife, servants and grandchildren". The Archbishop of Canterbury named him "one of his Cambridge chapeleines" —no more than an empty title.

Aubrey writes that anyone might have expected "this great, learned man, famous both at home and abroad" to have become a Dean at least, yet his income (in 1680) was less than £80 p.a. & he lived in "an obscure lodging, three stories high, in Jermyn Street, without any of his books & papers." In September he lay in the King's Bench prison for debt. "The Doctor was a most shiftless man as to worldly affaires, and his tenants and relations cousin'd him of the profits and kept him so indigent that he wanted necessarys, even paper and inke." "He could not cringe and sneake for preferment though otherwise no man more humble nor more communicative."

One of Pell's brothers, a surgeon & physician, had an estate eight miles broad in New York; he died & left it to Pell's son John who went there, became a J.P. & lived well. The Doctor thought of following him, but did not, & died on 12 December 1685 without 6d. in his pocket, being buried by the charity of Dr. Busby of Westminster School & the Vicar of St. Giles-in-the-Fields. "He loved good cheer and good liquor", says Aubrey, and "he did believe that he solved some questions <u>non sine divino auxilio</u>."

"His youngest uncle ghesses (i.e. thinks) he was borne about noon." If that could mean 13 minutes to 11 a.m., ♀♄ would come to the Midheaven, with ♋ 5 rising: a figure not unlike him.

JOHN AUBREY, ESQUIRE, F.R.S. 1626.3.12
The Antiquary who collected Brief Lives.

His editor, Andrew Clark, called him "one of those eminently good-natured men, who are very slothful in their own affairs, but spare no pains to work for a friend." Aubrey himself wrote:

> His life is more remarqueable in an astrologicall respect then for any advancement of learning, having from his birth (till of late yeares) been labouring under a crowd of ill directions: for his escapes of many dangers, in journeys both by land and water, 40 years.

And as an important element in his work:

> The way to make it [astrology] perfect is to gett a suppellex of true genitures; in order whereunto I have with much care collected these ensuing, which the astrologers may rely on, for I have sett doune none on randome, or doubtfull, information, but __from their owne mouthes__: quod N.B.

And again in that same year, 1680:

> I here lay-downe to you... the naked and plaine trueth, which is here exposed so bare that the very pudenda are not hid, and affords many passages that would raise a blush in a young virgin's cheeke.

He was intimate with others in my collection: Ashmole, Lilly, Coley, the Bernards, Gadbury, to mention only the more important students of astrology and nothing of other friends of his.

Calculated for Kington St. Michael, Wilts, 51N0 2W6, Sunday, 12 March 1625/6, 5h.15m. a.m. apparent time, from Schoch & Foelsch, with the solar refinement of James Hynes.

Tropical zodiac
VP: 10°22'
__Regiomontanus__ houses
RA MC: 260°10'
☊: ♍ 4.2

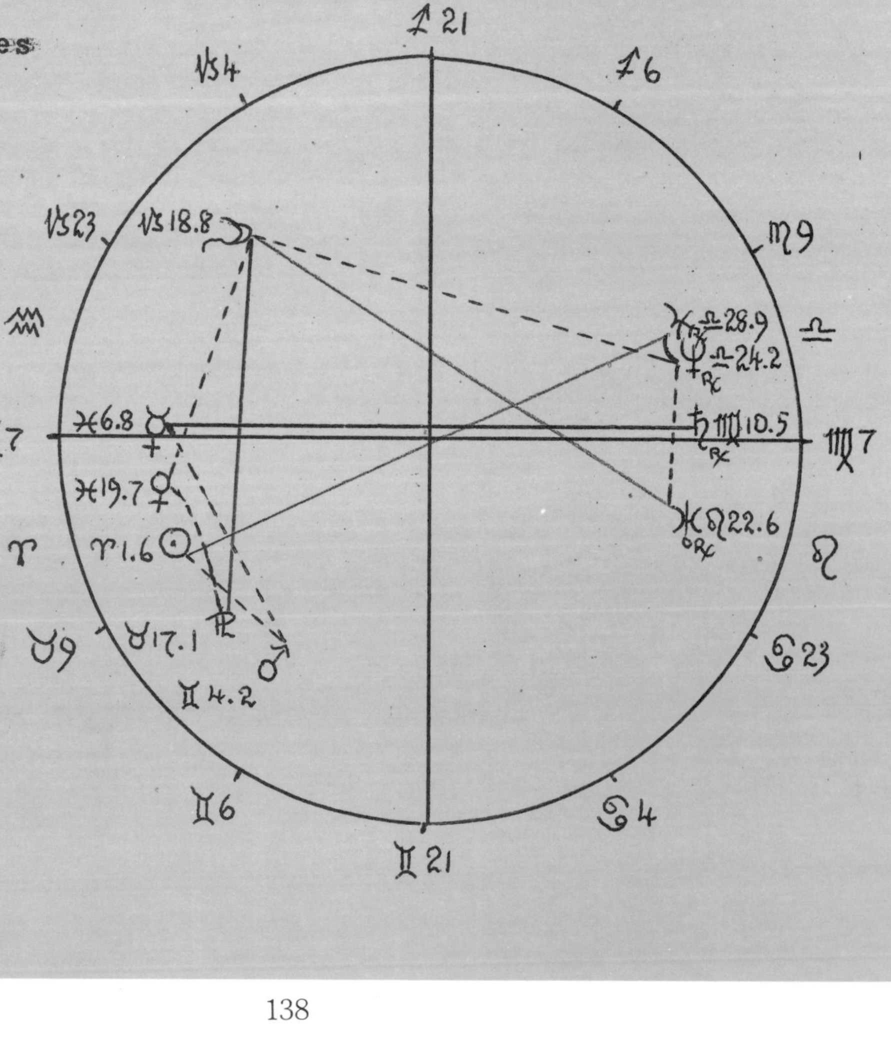

Aubrey's personal notes begin: "He was borne (longaevous, healthy kindred) at Easton Pierse, a hamlet in the parish of Kington Saint Michael in the hundred of Malmesbury in the countie of Wilts, his mother's (daughter and heir to Mr. Isaac Lyte) inheritance, March the 12 St. Gregorie's day, A.D. 1625, about sun riseing, being very weake and like to dye, that he was christned before morning prayer." (MS. Aubr. 7 f.3): "about sun-rising" also under "Accidents".

But neither Aubrey, nor two friends who cast his nativity, used sunrise (6h.1m.), but took 5h.15m., as the Sun rose towards the horizon. Absolute darkness had ended just after 4 a.m.; relative darkness (Nautical Twilight) ended at 4h.48m.; Civil Twilight ended ended at 5h.28m. a.m. By then visibility would be normal & no doubt the sky red. The friends were Henry Coley (1663 q.v.), friend of Lilly & author of Clavis Astrologiae; & Charles Snell, Esq. (1639 q.v.) an expert amateur. Coley used Lat. 51°30′ and 17h.14m.44s. p.m. (Tempus verum, or rectified); Snell used Lat. 51°06′ and 5h. 13m.40s., this too would be rectified.

I adopt this time rather than sunrise because it satisfied Aubrey & yielded surprising results. I also adopt the Regiomontanus or Rational system of division which they would have used. Coley wrote: "The nativity is a most remarkable opposition, and 'tis much pitty "the starres were not more favourable to the native...they threaten "ruin to land and estate; give superlative vexations in matters re- "lating to marriag, and wondrous contests in law-suits."

This was too true. He lost all he had, law-suits were numerous, & relationships with women came to nothing & the last was damaging. Aubrey wrote: "I had never quiett, nor anything of happiness till divested of all, 1670, 1671: at what time providence raysed me (unexpectedly) good friends"—whom he names. He was bankrupt, a hanger-on at the tables of kindred & acquaintances. His father had left him with nothing but debts in 1652, & sales of property began. But things went really wrong later. In Nov. 1665 "I made my first address (in an ill howre) to Joane Sumner", followed by "this year (1666) all my businesses and affaires ran kim kam. Nothing tooke effect, as if I had been under an ill tongue. Treacheries and enmities in abundance against me." He had, however, become an F.R.S. in 1664.

He mentions only three women. In 1651 "about the 16 or 18 of April, I sawe that incomparable good conditioned gentlewoman, Mris M. Wiseman, with whom at first sight I was in love—haeret lateri." He seem to have been still in love with her in 1656 & somewhere around this time me made a Will & left "to Mris Mary Wiseman of Westminster, my best diamond ring." In December 1656: "Veneris morbus". In November 1657, "obiit domina Katherina Ryves, with whom I was to marry; to my great losse." She had £2000. Then came enigmatical Joan Sumner.

Aubrey thought of entering the Church; of emigrating to America; but did neither. He suffered violence in London several times, the last being in March 1693: "about 11 at night robbed and 14 wounds in my head." In Jan. 1694: "an applectick fitt, circiter 4^h. P.M."

But the worst misfortune was in lending the 2nd Part of his book of lives to his dear friend Anthony Wood, M.A. When he got it back in November 1692, he discovered that Wood had removed pages 1 to 44, & the Index as well. Wood published Athenae Oxoniensis in 1691-92.

Andrew Clark's "Aubrey's Brief Lives", Oxford, 1898, is the sole source of these notes: a fine work in two volumes. He showes Aubrey dead in 1697, without further details.

QUEEN CHRISTINA OF SWEDEN 1626.12.8

Il faut savoir assez de la médecine et de l'astrologie pour n'être pas la dupe des médecins et des astrologues.
Christina of Sweden

Daughter of King Gustavus Adolphus of Sweden & Maria Eleanora of Brandenburg: a Queen at 6, a Ruler at 18: with a boy's education in the classics & politics. Veteran councillors, impressed by her knowledge & firmness, had great hopes—fulfilled at first. She fostered trade & manufactures, promoted education, brought in foreign scholars, & encouraged literature & science. But her mother's flight to Denmark in 1640 had shocked her deeply & may have influenced a radical change which surfaced in 1650.

Christina had been for some time jealous of the power of Axel Oxenstjern, the great Chancellor: she had herself crowned KING & scorned marriage. Her brilliant qualities became vitiated by inordinate pride & egoism; Sweden seemed too petty for attention; the Court spoke French & filled up with French people; she had favourites of both sexes; & intrigue & passion succeeded her former & nobler views while she indulged in senseless prodigality & contempt for public opinion. Though dissuaded from abdication in 1651, the Swedes were glad to see her do so in 1654.

Christina met the abiding passion of her life in Rome in 1658: Cardinal Decio Azzolino. He came to her when she died in Rome on 19 April 1689, straitened & neglected; but she left a great art collection & many valuable MSS.

Calculated for Stockholm, 59N20 18E0, Friday, 8/18 December 1626, 8h.46m p.m. apparent time, from Schoch & Foelsch, with the solar refinement of Hynes. A second source has "vers minuit".

Tropical zodiac
VP: 10°22′
Campanus houses
RA MC: 38°14′
☊: ♌19.9

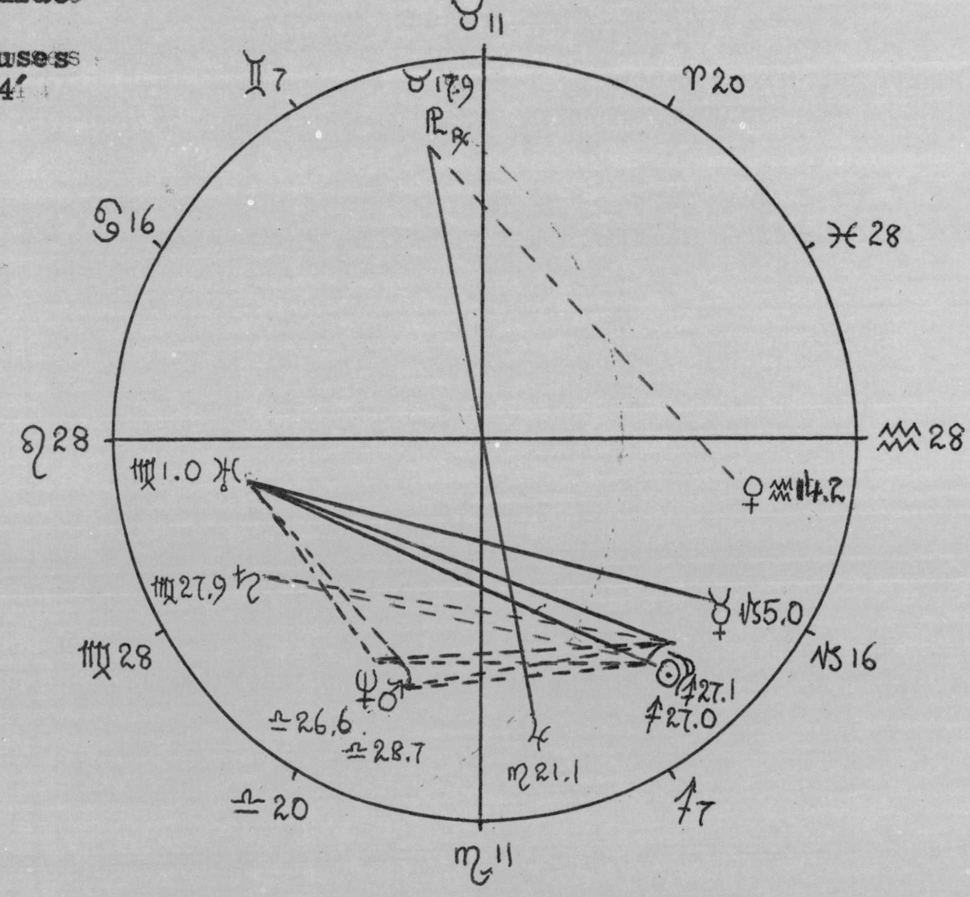

My sources conflict. Jacques Castelnau, in "Christine Reine de Suède", Paris, 1944, p.16, has "naît à Stockholm, le 8 décembre 1626, vers minuit", no source but he mentions an astrologer who had predicted a boy. But Francis Bernard (Sloane MS. 1683) has:

X[tina] Sueicae Rey: Nat: Dec: 8:18 1626 H:8 46 PM (f.106)

Preference goes to Bernard for his definite time; but "vers minuit" demands perhaps more credit as being non-astrological.

"Christine a épuisé le cycle des consolations humaines; elle a cherché l'amour des hommes, l'amitié des femmes, la distraction des livres. Elle n'a trouvé que des satisfactions incomplètes, aucune n'a pu combler son attente et apporter à sa nature l'equilibre ou l'apaisement dont elle a tant besoin. Il ne lui reste, désormais, que la resource suprême: Dieu." When she left Sweden in 1654, she entered the Roman Church in secret, & in public at Innsbruck in Nov. 1655. She was not impressed & said so.

Two years later, at Fontainebleau, she had her equerry Monaldeschi murdered for betrayal of confidence, incurring great odium. La Grande Mademoiselle (1627 q.v.) saw her at this period: "She is fair; her blue eyes are at times gentle, at other times very stern; a fairly good mouth, though large; beautiful teeth; the nose big and aquiline. A very small woman, her doublet disguises her bad figure (her shoulders were unequal). Taken all in all, she looked to me like a pretty little boy." But Mademoiselle, like everyone else, found her bizarre: "what else can one expect of a Queen of the Goths."

Nobody wanted her anywhere: "Elle a le goût du paradoxe et de l'antithèse." To Cardinal Azzolino alone did she say: "Votre volonté sera une loi éternelle à laquelle la mienne contredira jamais." (Quotations ex Castelnau)* those in French.

1626 Decem. 8/18
11h.45m. p.m. "vers minuit"
Campanus
RA MC: 83°12'

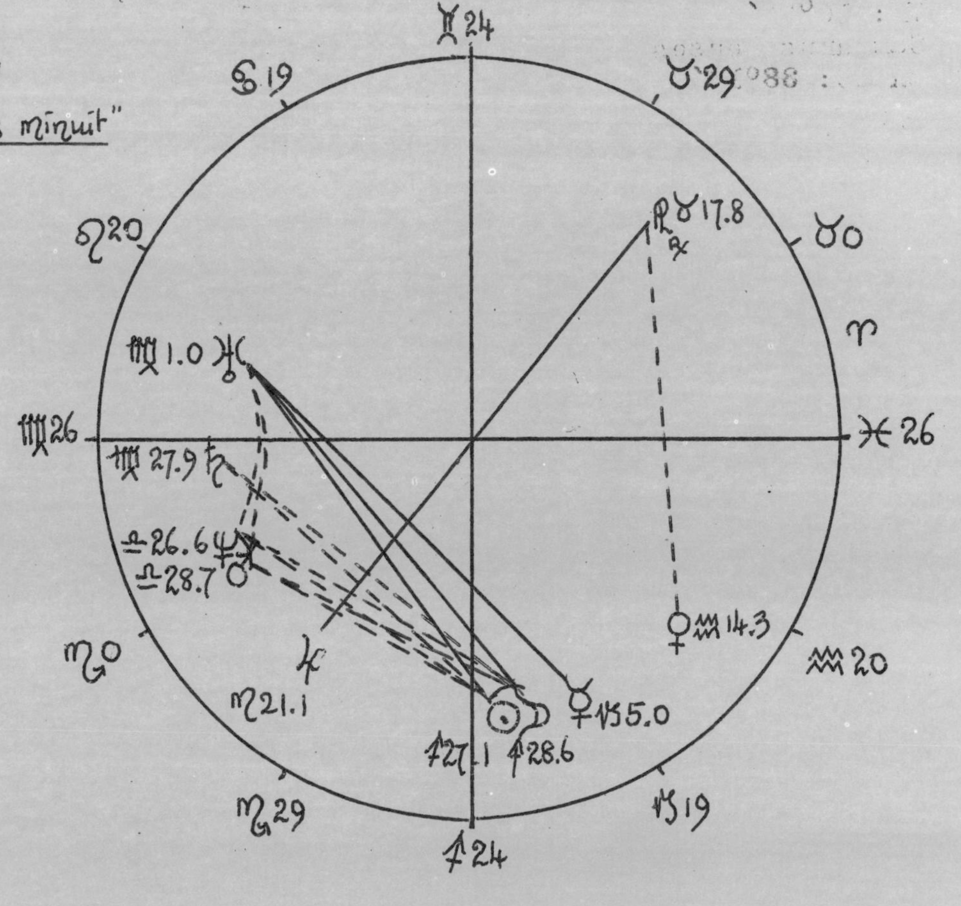

Dr. FRANCIS BERNARD 1628.9.14
Assistant-physician to St. Bartholomew's Hospital
Fellow of the Royal College of Physicians
Physician-in-ordinary to King James II.

Important items in my collection, some not found elsewhere come from MS. books kept by Francis Bernard, M.D. (<u>Sloane</u> 1683, 1707, 1708) & by his son, Sergeant-surgeon Charles Bernard (<u>Sloane</u> 1684) in the B.M. Both had big libraries. Francis, who knew Latin, Greek, French, Spanish, Italian, had "the largest collection of books on physic ever made in England." Charles (q.v. 1652) found in books "his relaxation & delight & no surgeon before his time had been so learned as he. Both owed much to King James II. <u>Norman Moore</u> (articles in D.N.B. Vol.2, pp. 380 & 377-378) wrote that "as they were for ten years (sic) contemporaries on the staff of Barts, it is not improbable that they were akin, but not record of the relationship has been discovered." He seems to have worked mainly from Barts records, and overlooked the British Museum MSS. which contain the family data discussed below. The latest births noted by me from <u>Francis</u>, were Frederick (IV) of Denmark & the Duke of York's daughter Katherine, both <u>1671</u>; & from <u>Charles</u> the Duke of York's daughter Katherine Laura, <u>1675</u>.

Birthplace unknown. Calculated for London, Sunday, 14 September 1628, at 7h.0m. a.m. apparent time, from Schoch & Foelsch, with the solar refinement of James Hynes.

Tropical zodiac
VP: 10º21′
Campanus houses
RA MC: 105º33′
☊: ♋ 15.8

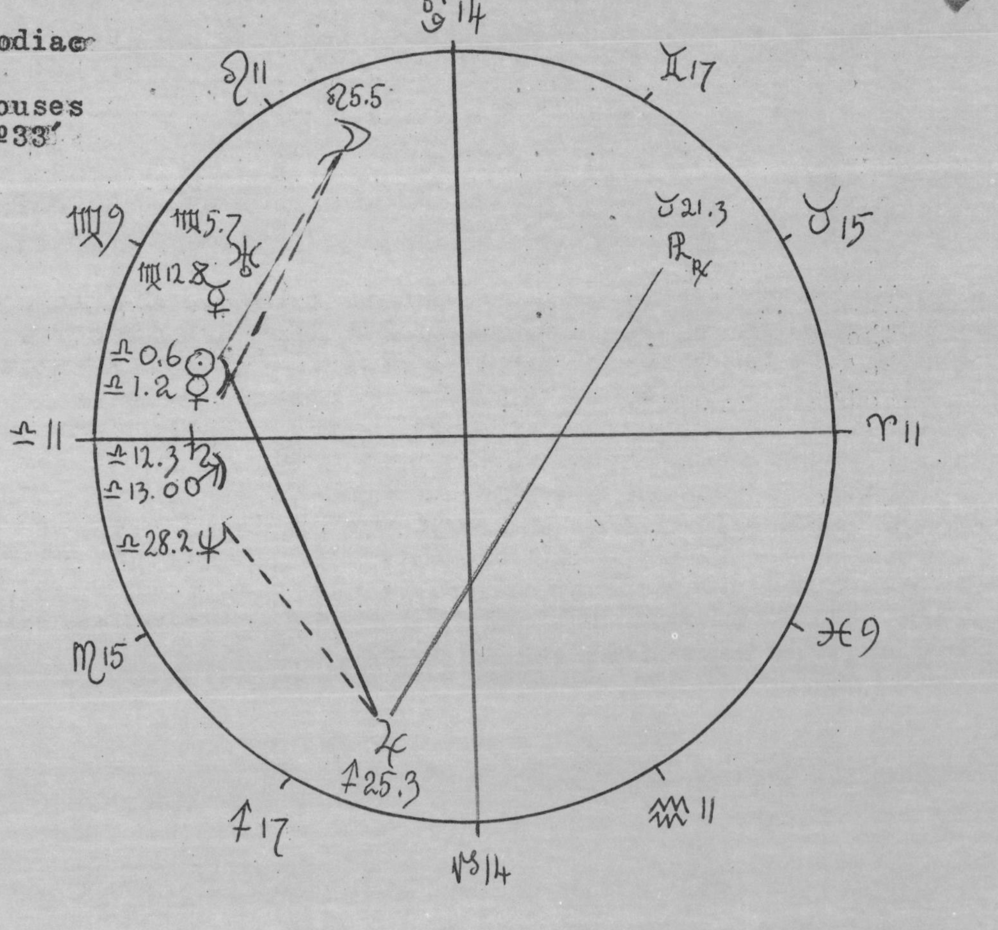

The three FRANCIS BERNARD MSS. found by me in the B.M. were :-

a) Sloane 1683: "F. Bernard Nativities of Eminent Persons", a tall book of 182 ff., schemes to f.162, then notes & an indes. Birth data of himself & family are on the last page (f.182.v.) with his signature: "Francis Bernard". He heads the list as "F:B: N: 14 Sept:1628 H:7 AM: Die ☉ "

Similar data follow below, descending chronologically from "Ed: B: N: Sep:3 1629 H:3 PM" to "Carolus B. Nat Vlt Aug:1652 H:3:30 PM". Eleven names including his own.

The only Christian names in full are "Carolus" and "Anna B: Maij 3 1633 H:7 AM", following F:B: (1628), Ed:B: (1629), & El:B: (1631). Perhaps Anna was Mrs. Bernard & Charles their firstborn, vouchsafed in her 20th year, the other entries being brothers & sisters or cousins.

This list seems to represent basic data for schemes developed on ff. 52-58 in the same MS.: drawn for everyone on f.182.v. save "Joh:B:" (1634). Some are rectified: "Ed:B:" (1629) by 3 mins.; "Sam:B:" (1636) to 46 mins. earlier; ~~and the place of birth as Croydon;~~ "F:B:" (1641) to 39 mins. earlier; and "Carolus B." to "temp: aest: 3:45 PM" from the 3h.30m. PM on f.182.v.

But these figures include three (ff. 57-58) not included in the list on the last page, though they continue it: "M:B:" (1654); "filia mea Anna Bernarda" (1656); "Elizabetha Bernarda" (1658). The times are not approximate, but 8.55 PM, 5.28 PM, 10.22 PM, marked "exact observation". Thus, before he was 30, Francis Bernard had four children: Charles, Mary (?), Anna, Elizabeth; and we shall see under Charles Bernard (1652) that he may have had four more.

Incidentally, Sloane 1683, ff.139.v. - 140, shows twins born to Nathanael Bernard at Croydon on 25 Aug. 1640: Samuel at 9h.30 PM & John at 10h.3m. TC. Temp. Aest: 9h.45. Presumably cousins.

b) Sloane 1707: "Dr. F. Bernard Schemes of Nativities", a smallish book of rough astrological schemes & remarks with only 63 ff. but few of interest.

c) Sloane 1708: several items bound together into a large volume of 155 ff., wherein "F. Bernard Nativities" occupies ff. 106-126, the other MSS. being older & medical. Bernard's astrological notes are written in an alphabetical index & refer to his medical colleagues, criminals, violence, friends, & some prominent people including Frances Stewart, Duchess of Richmond, & her husband, & thus noted after their marriage in 1667. But two notes on f.126 are of high value: (a) "Duke of Yorkes daughter, Mary Nasc: Ap: 30 1662 AM H2:22′AM." and "His Sonne July 12 1663 H1:19 AM by y[e] Kings watch." (b). Evidently he knew the royal family some 15 years before he became an M.D. & it is interesting to note that King Charles attended births watch in hand.

LOUIS XIV DE FRANCE ET DE NAVARRE 1638.9.5
le Grand Monarque: le Roi Soleil
l'Etat c'est moi

Jean Baptiste Morin, M.D. (1583-1656), the renowned astrologer of Astrologia Galica (1661), was hidden behind a curtain by Louis XIII, to mark when the Dauphin should utter his first cry. Morin reported 11h.15m. a.m. and this is confirmed by le Père Anselme in Histoire Genealogique: "Louis XIV. du nom, roy de France et de Navarre, surnommé le Grand, naquit au chateau-neuf de S. Germain en Laye le dimanche 5. setembre 1638. sur les onze heures & un quart avant midi..."

Elder son of Louis XIII & Anne of Austria, he became King on 14 May 1643 while yet a child: Regency being vested in the Queen, who was assisted by Mazarin. He attained legal majority on 7 Sep. 1651 but Saint-Simon says he had no real power until he was 23.

In June 1660 he married D. Maria Thereza, only child of D. Felipe IV of Spain & Elizabeth, daughter of Henry IV of France. She loved him deeply and bore 6 children: but Louis the Dauphin died at 40, two others died at 3 & 5, the rest died in infancy. When she died in 1683, in her 45th year, the King said: "voilà le premier chagrin qu'elle m'ait jamais donné."

Around 1683, he married the Widow Scarron (1635-1719), who became successively governess of his children by Madame de Montespan, and governess of himself. Louis died on 1 September 1715, having told his great grandson & heir: "I have loved war too much: don't do the same."

Calculated for St. Germain, 48N50 2E5, Sunday 5 September 1638 N.S. 11h.15m. a.m. apparent time, from Hynes, Schoch, Ebertin.

Tropical zodiac
VP: 10°11′
Campanus
RA MC: 153°50′
☊ ♑ 7.3

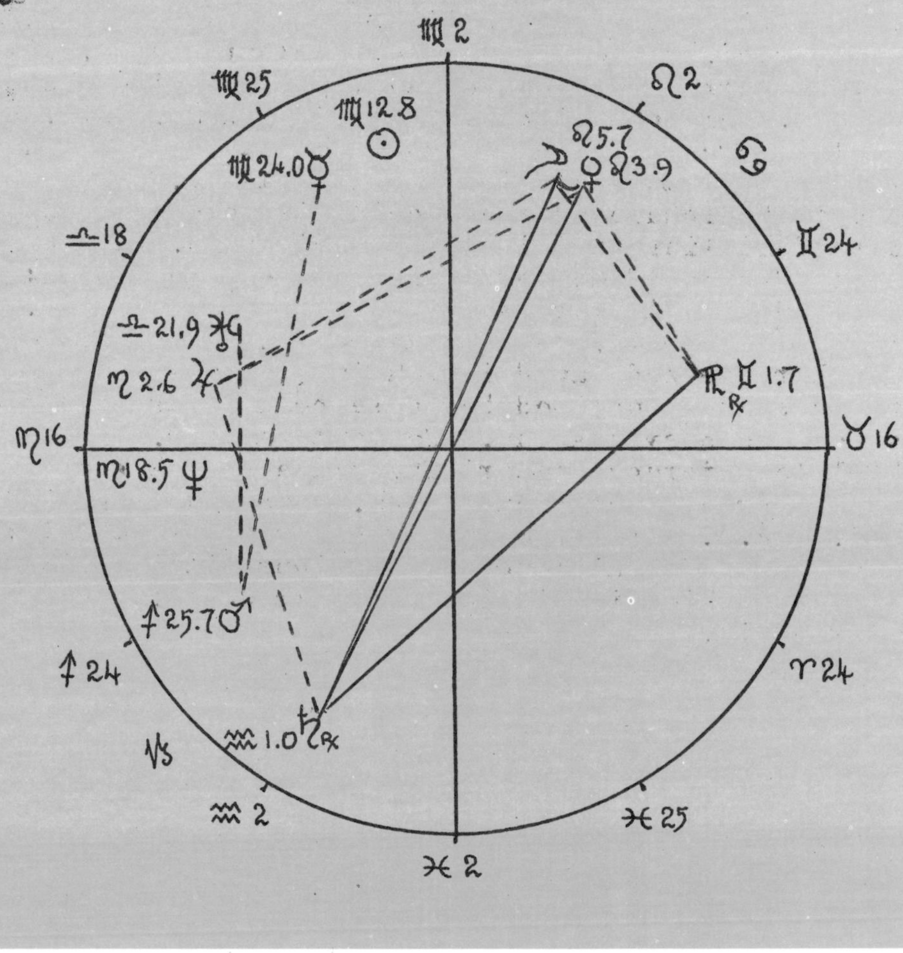

Bayle St. John, who abridged & translated "The Memoirs of the Duke of Saint-Simon on the Reign of Louis XIV. and the Regency" (1888), wrote in his introduction: "these Memoirs refer chiefly to the latter days of Louis XIV, when he had become tied to the apron strings of that stately intriguer, so pious and yet so bitter, Madame de Maintenon; but I do not think this is the reason he appears so mean. He was always mean; and never meaner than in his young days, when he had beautiful mistresses, some of whom were not so contemptible as others. We know the promises he made that he did not perform; and the offensive word that exists to describe such conduct. But this is not the place to discuss the general character of this smirking, grimacing, old dancing-master."

Saint-Simon (1675 q.v.) says that when the King took over at 23, he found the most skilled ministers in Europe, the best generals, his Court filled with illustrious & clever men. "He was made for a brilliant court; .. among other men, his figure, his courage, his grace, his beauty, his grand mien, even the tone of his voice and the majestic and natural charm of his person, distinguished him till his death as the King Bee."

But Saint-Simon reveals that able ministers and good generals soon displeased him and he chose others, "not for capacity but for the want of it." He would reign alone, approached only through his adulators. "Suppleness, meanness, coupled with an admiring, dependent, cringing manner, were the sole means of pleasing him. Vanity and unreasonable love of admiration was his ruin."

"He was a man solely personal" says Saint-Simon, "who counted others only as they stood in relation to himself. His hard-heartedness, therefore, was extreme. At the time when he was most inclined towards his mistresses, whatever indispositions they might labour under, even the most opposed to travelling and to appearing in full court dress, could not save them from either. When enceinte, or ill, or just risen from childbirth, they must needs be squeezed into full court dress, go to Flanders or further, dance, sit up, attend fêtes, eat, be merry and good company; go from place to place; appear neither to fear, nor to be inconvenienced by heat, cold, wind, or dust; and all this precisely to the hour and day, without a minute's grace. He treated his daughters in the same manner."

But the female of the species is more dangerous than the male, wrote Rudyard Kipling; and in the end his wife, Madame de Maintenon, proved this: "He loved me more than anyone else, but at the same time he loved me only so far as he was capable of loving." She wasn't very different herself, despite all he had done for her. In August 1715, when her husband lay dying, Maintenon was with him on Wednesday 28. On Thursday he noticed her absence and was told she had gone to St. Cyr on the previous day. He sent for her. But she did not come until the late afternoon on Friday, stayed but a short time, then returned to St. Cyr and never came back. The Sun King died on Sunday morning at 8.15 a.m. As St. John Bayle remarks in a note: "If anything could make Madame de Maintenon more odious, it is this heartless desertion of the old King in his last moments of agony and penitence." Yet he deserved it.

ARTHUR COGA, B.D. **1640.1.1**

The English pioneer in blood transfusion

He took his B.D. at Cambridge; but when submitting himself in 1667 to blood transfusion from a sheep, Samuel Pepys called him "Mr." On the other hand, Charles Bernard, the sole authority for this nativity, labelled the figure "Dr. Coga".

Before the Royal Society on 14 November 1666, Mr. King and Dr. Thomas Coxe had transferred blood from "a little mastiff into a spaniel with very good success." The mastiff bled to death as the spaniel received his blood to replace a like volume emitted. After seven days, the spaniel "was produced and found very well" Someone suggested that the blood of a Quaker might be let into an Archbishop.

Yet one year later they tried it on Arthur Coga instead. "He was looked upon as a very freakish and extravagant man" & therefore, no doubt, presumed suitable. The experiment was performed before the Royal Society on 23 November 1667 by "Dr." King at Arundel House in the presence of many persons of quality and four or five physicians. Coga afterwards wrote a description of his case in Latin, and when asked why he chose a sheep's blood rather than that of some other creature, he said: "Sanguis ovis symbolicam quandam facultatem habet cum sanguine Christi, quia Christus est agnus Dei." Though said to be "indigent", they gave him no more than twenty shillings.

Calculated for London, 1/11 January 1639/40, Wednesday, at 3h. 30m. a.m. apparent time, from Schoch & Foelsch, with the solar refinement of Hynes.

Tropical zodiac
VP: 10º11′
Campanus houses
RA.MC: 164º46′
☊: ♐ 7.3

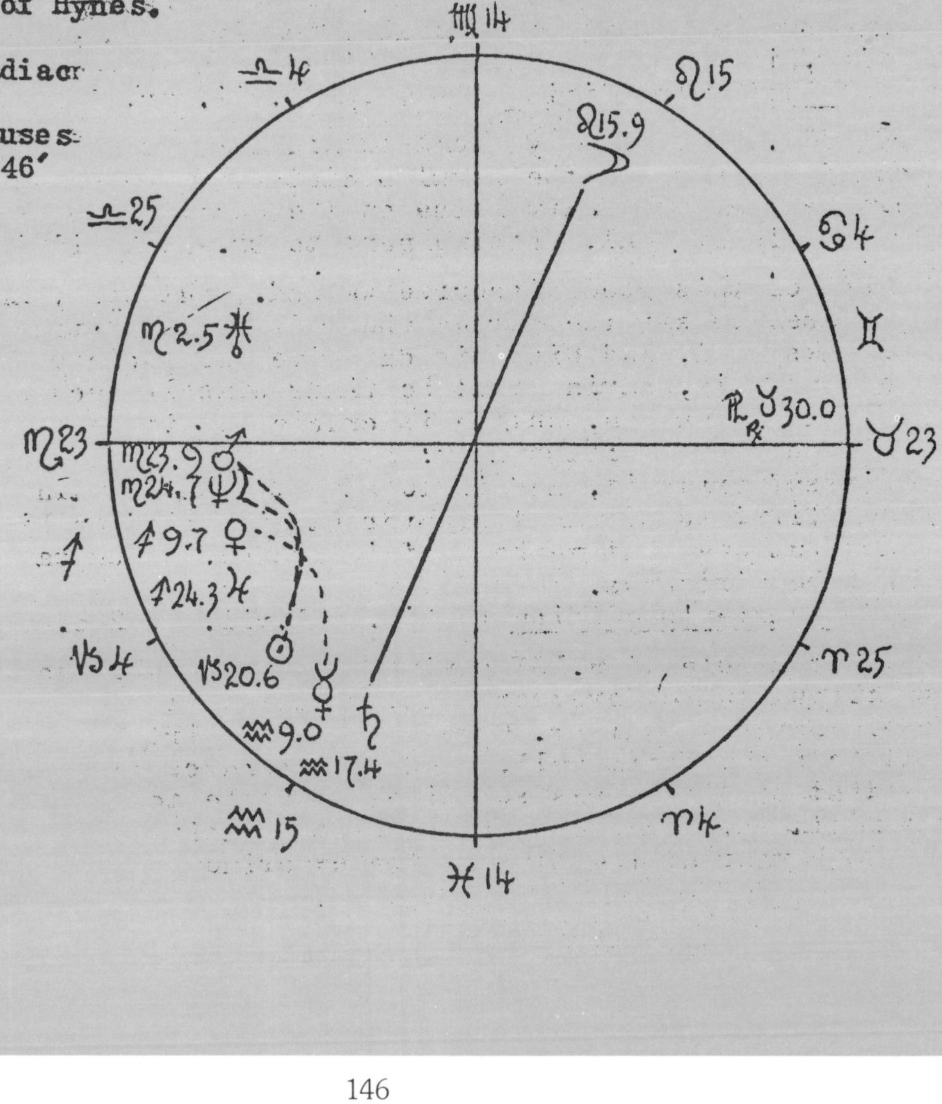

Charles Bernard (q.v. 1652) drew this nativity on f.8 of his "Astrological Schemes by C. Bernard", which MS. he began on 7 July 1674, and is now in the British Museum as <u>Sloane 1684</u>. Charles was only 22 at the time and he would not be elected surgeon to Barts for another twelve years. The label has:-

Dr. Coga. $16\frac{39}{40}$ Jan. 1º H.3.30 AM. maniacus

The figure is cast for the latitude of London: MC ♍14 AS ♏22.20 with Sun in 20º40 of the Sea-Goat & Moon in 18º of the Lion. Arthur Coga is not in the D.N.B., but his story is related by Pepys under 21 & 30 November 1667, respectively pp. 195 & 205.

On 21 November, in the evening, Pepys met his friend Mr. Creed and they went to a tavern in St. Clement's Churchyard, finding there several learned men & good conversation:

> From this we fell to other discourse, and very good; among the rest they discourse of a man that is a little frantic, that hath been a kind of minister, Dr. (John) Wilkins (Bishop of Chester) saying that he hath read for him in his church, that is a poor and a debauched man, that the College (the Royal Society meeting at Gresham College) have hired for 20s. to have some of the blood of a sheep let into his body; and it is to be done on Saturday next. They purpose to let in about twelve ounces; which, they compute, is what will be let in in a minute's time by a watch. They differ in the opinion they have of the effects of it; some think it may have a good effect upon him as a frantic man by cooling his blood, others that it will not have any effect at all. But the man is a healthy man, and by this means will be able to give an account what alteration, if any, he do find in himself, and so may be usefull.
>
> <u>Wheatley's edition</u> (1928), vol.vii. pp. 195/6.

On 30 November, Pepys went to Arundel House to see the election of Officers of the Royal Society for the ensuing year. From there he went to Canary House on the east side of Exeter Change for his midday meal, sitting next to Dr. John Wilkins:-

> Much of this good discourse we had. But here, above all, I was pleased to see the person who had his blood taken out. He speaks well, and did this day give the Society a relation thereof in Latin, saying that he finds himself much better since, and as a new man, but he is cracked a little in his head, though he speaks very reasonably, and very well. He had but 20s. for his suffering it, and is to have the same again tried upon him: the first sound man that ever had it tried on him in England, and but one that we hear of in France, which was a porter hired by the virtuosos.
>
> <u>Wheatley's edition</u> (1928), vol.vii. p. 205.

There is a note at p.195 saying that Dr. King, who performed the experiment on 23 November 1667, remarked in a letter to the Hon. Robert Boyle, "that Mr. Coga was about thirty-two years of age; that he spoke Latin well, when he was in company, which he liked, but that his brain was sometimes a little too warm." Dr. King was mistaken, because we see from the nativity that Coga was in his 28th year at the time of the experiment.

LOUISE-FRANÇOISE DE LA VALLIÈRE 1644.8.6

She was the first mistress of Lewis XIV. of France and had four children by him; she loved no other man and after he abandoned her she entered the Carmelites.

Calculated for noon by the sundial at Tours 47N23 OE43 on Saturday August 6 1644 N.S. from the Ephemeridum of Laurentius Eichstadius: the new planets are from Schoch & Foelsch.

Hypsomatic zodiac
VP: 10°7′

Tropical zodiac
Campanus houses

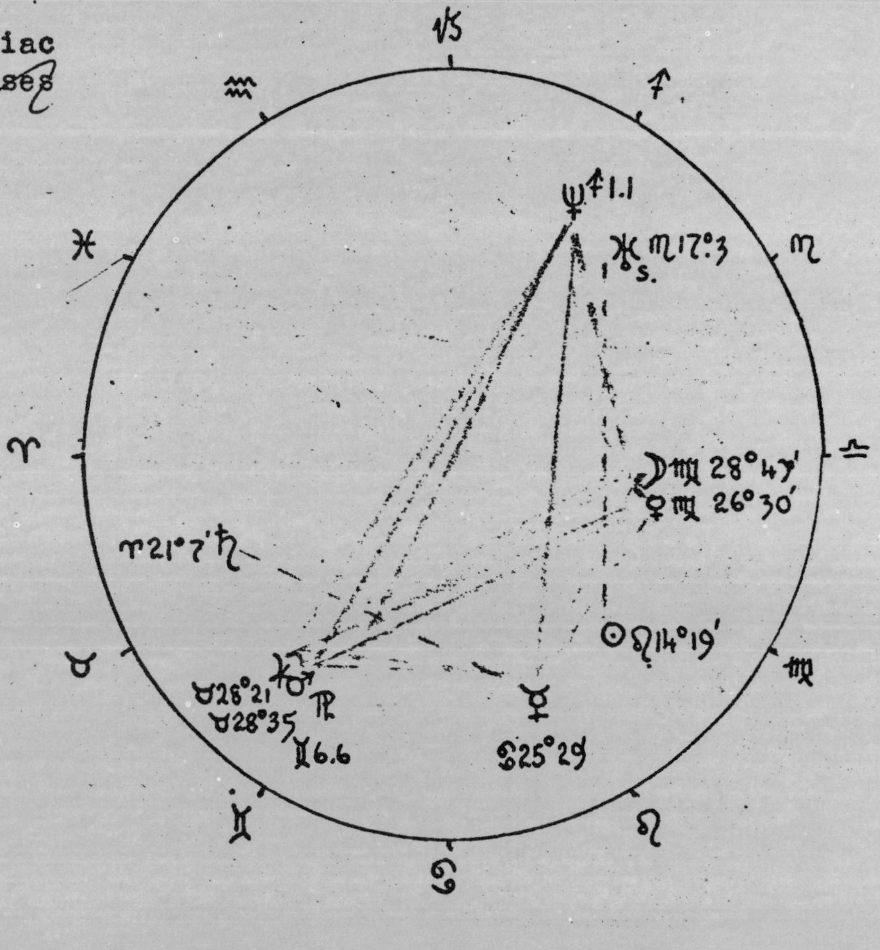

Mademoiselle de La Vallière: de la cour de Louis XIV aux Grandes Carmélites, 1644-1700
Lt-Col. Henri Carré: Librairie Hachette, 1938.

p.8. L'année suivante, Laurent de La Baume épousait Françoise Le Provost, fille de Jean Le Provost, seigneur de La Coutelaye, chevalier de Saint-Lazare, écuyer de la Grand Écurie du Roi, et veuve en premières noces de Bernard Rosay, conseiller au Parlement de Paris. Deux fils survinrent d'abord au nouveau ménage, puis une fille qui naquit le 6 août, à Tours. Elle fut baptisée Louise-Françoise en l'église Saint-Saturnin et eut pour parrain Pierre Le Blanc, conseiller au présidial de Tours, et pour marraine Louise de La Baume, veuve de Michel d'Evrard, capitaine de Paris.

Louise de La Vallière and the early life of Louis XIV. From unpublished documents: By Jules Lair, Member of The Institute. Translated from the fourth French edition by Ethel Colburn Mayne. Hutchinson & Co. London: 1908.

p.3. Louise de La Vallière was born at Tours on August 6, 1644. Her father was Laurent de La Baume Le Blanc, and her mother, Françoise Le Provost de la Coutelaye.

p.4. Note: Baptismal certificate of Louise de La Vallière published by P. Clement, with his Réflexions sur la miséricorde de Dieu, v.II p.188. Paris: Techener, 1860.

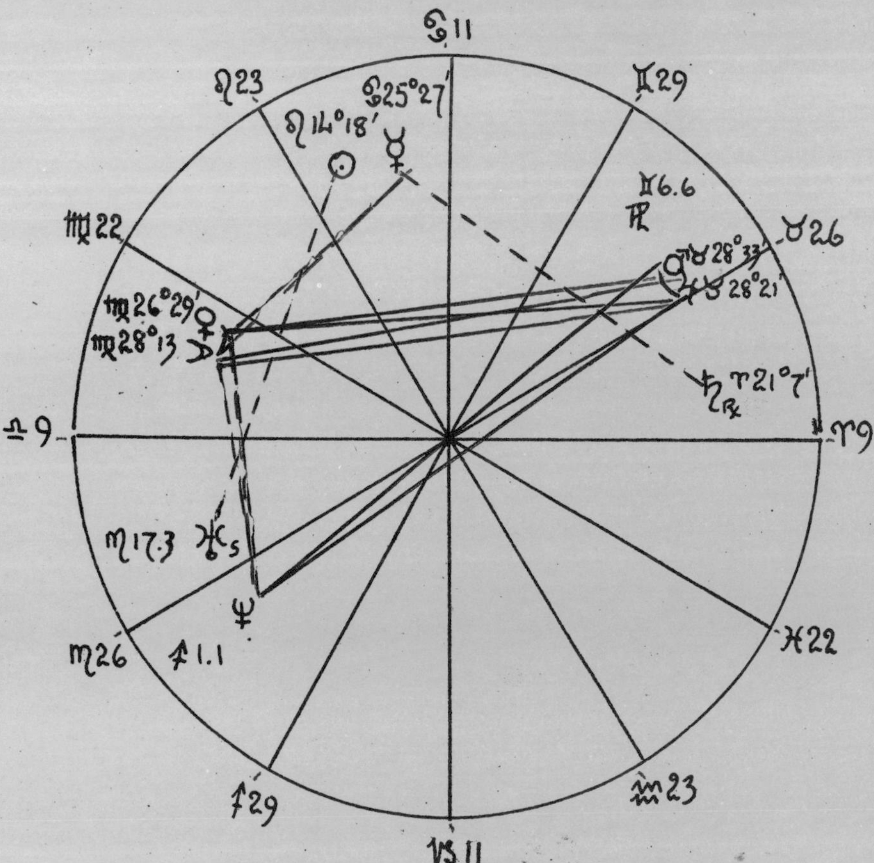

Speculative scheme based on childrens' figures and portraits. My faith in it is not unassailable

FRANCES TERESA STEWART 1647.7.8
"La Belle Stuart"
Model for Britannia on medals & coins

Elder daughter of the Hon. Walter Stewart or Stuart, M.D. 3rd son of the 1st Lord Blantyre. As royalists, they went to France after 1649, returning at the Restoration: Frances with the Queen Mother in July 1662, becoming one of the new Queen's maids-of-honour. Early in 1663, through Lady Castlemaine, the King took notice and despite Grammont's quip that it's hardly possible for a woman to have less wit or more beauty, she enchanted him with her gaiety and charm, growing up tall & graceful & slender, the best dancer & the best dressed woman at Court. She kept him dangling for years, yielding nothing substantial, until the Lady Castlemaine discovered to Charles in 1667 that Frances & Charles Duke of Richmond & Lennox had serious intentions: they married privately, he being 28, she 20, remaining in love until his end by drowning in 1672. Though popular at Court, Frances did not remarry or take a lover during her 30 years of widowhood: she died in 1702. La Belle Stuart was remarkable for her unswerving loyalty to Queen Catherine & to the Royal Family in general: she herself was a Roman Catholic. There were no children.

Calculated for Blantyre, 55N47 4W7, the most likely place of birth, for Thursday, 8/18 July 1647 at 8h. p.m. apparent time, from Ephemeridum Novarum et Motuum Coelestium, Pars Altera, 1641 -1650, à Laurentio Eichstadio, Stetini, M.DC.XXXVI. New planets ex Schoch & Foelsch.

Tropical zodiac
VP: 10º5′
Campanus houses
RA MC: 237º48′
☊: ♋ 11

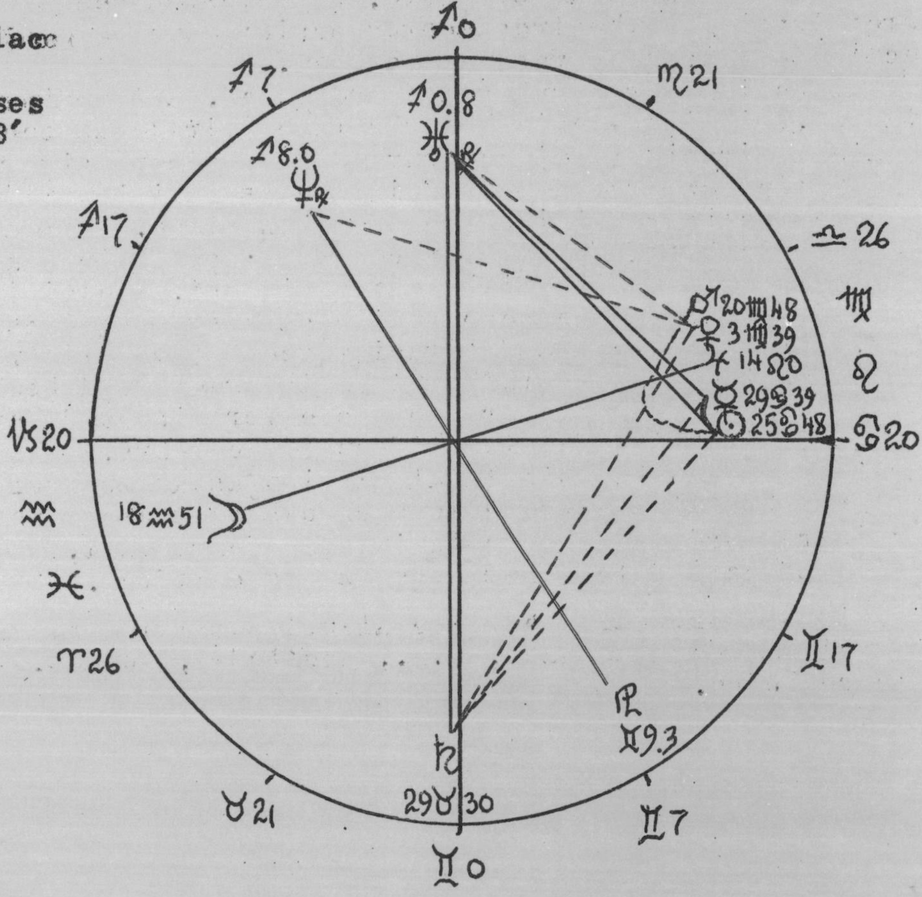

Dutchesse of Richmond July 8 1647 H 7:57' PM ☽ 18:26 ♒

B.M. MS. Sloane 1708. f.121. "F. Bernard Nativities", a large book of 159 ff. kept by Francis Bernard, M.D. (b.1628), who was physician to James II. & to St. Bartholomew's Hospital. This is a medical note-book & only ff. 106-126 relate to astrology: these leaves form an alphabetical index of birth data covering 1660 to 1669. Frances came to Court in 1662 & married on ♄ 30 march 1667.

Grammont's charge that Frances behaved like a girl of 12 or 13 is not too surprising. When she reached England in 1662, a maid-of-honour designate, her 15th birthday was only three weeks behind. Vanity & frivolousness is not strange in a teen-ager who enchants a King and keeps him in tow for years--under the eyes of a titular mistress described (by Sir John Reresby) as "the finest woman of her age". The biographer of Frances sees this frivolity as no more than the gaiety of spoilt youth and it disappeared as she grew older. "Her character deepened and expanded as the wild-rose loveliness of her girlhood gradually changed into the stately beauty of her later years." This change began when she was twenty and married Richmond.

La Belle Stuart overcame difficulties with prudence, common sense, & self-control. She was neither subtle nor brilliant, but steadfast. Her heart did not run away with her: coolly, almost callously, she thought things out: Scottish caution made her slow in making up her mind, but once made up she never budged. She was down to earth, with a good head for business in financial affairs and manager her own and those of others to considerable advantage.

In expressing herself she was happy & graceful, but not witty. Pre-eminently a woman of taste, she dressed beautifully; liked literature; loved the theatre; adored music; none danced better. Her collection of pictures was well chosen.

Her zeal in preserving a "good name", astounding in the circumstances, might suggest that she rated Virtue as second only to Beauty & male admiration; yet one may doubt whether this passionate chastity really stemmed from a belief in the essential worth of morality, rather than aesthetic revulsion from physical love. Perhaps there was some physiological reason for her coldness: something lacking that caused her to regard passion with fear & disgust. Possibly the incompleteness of nature on the sexual side came from some constitutional delicacy, for her gaiety and vivacity seem to result from a highly-strung & nervous temperament rather than the rude good health of youth.

Yet none can doubt her deep love for Richmond, or his for her, during their brief married life of five years. They were often apart, particularly during his fatal mission as Ambassador Extraordinary to Denmark, but always wrote to each other by every post, Frances using "My deare Lord" and he beginning "My deare Hart, but the texts are deeply affectionate. Yet they had no children.

This summary has been made almost entirely from <u>La Belle Stuart</u>, by Cyril Hughes Hartmann, M.A., Routledge, London, 1924: a work of excellence.

GRINLING GIBBONS 1648.4.4

Master Sculptur
& Master Carver to the Crown

At 8.[H] p.m. on 12 October 1682, Elias Ashmole received a letter from Gibbons asking whether he and his parthers should have 'good sucksess or no' in 'a Consarne of great Consequens'. He enclosed a letter from his sister:-

For M[r] Grinling Gibbons the Kings the Kings (sic) Caurner at the Kings Arames in bow street In Couent Garden

loving Brother

I cannot tell whever my father did Rit ould stille or nu it is set doun this 4th aprill 1648 about 3 or 4 A clocke in the morning being tuesday I haue hard my myther say it was easter Tuesday you ware born so if you Could Git an almanack you mit know by that the still I called where my sister bid me but they haue no thing Com as yet so prayed them to send her word so with my loue to you I rest

Yo[r] louing sister
M.B.

This incident is in Ashm. MS. 243. ff. 330-333, the nativity being at f. 330v. labelled:

M[r] Grinling Gibbons the Excellent Carver Ap: 4. 1648. Stilo vet: 3[H]: 30′ A.M.: at Rotterdam. Lat. 51[g] 55′

My figure follows this: from Hynes, Schoch, Foelsch.

Tropical zodiac
VP: 10° 4′
Campanus
RA MC: 255°23′
☊: ♊ 25.6

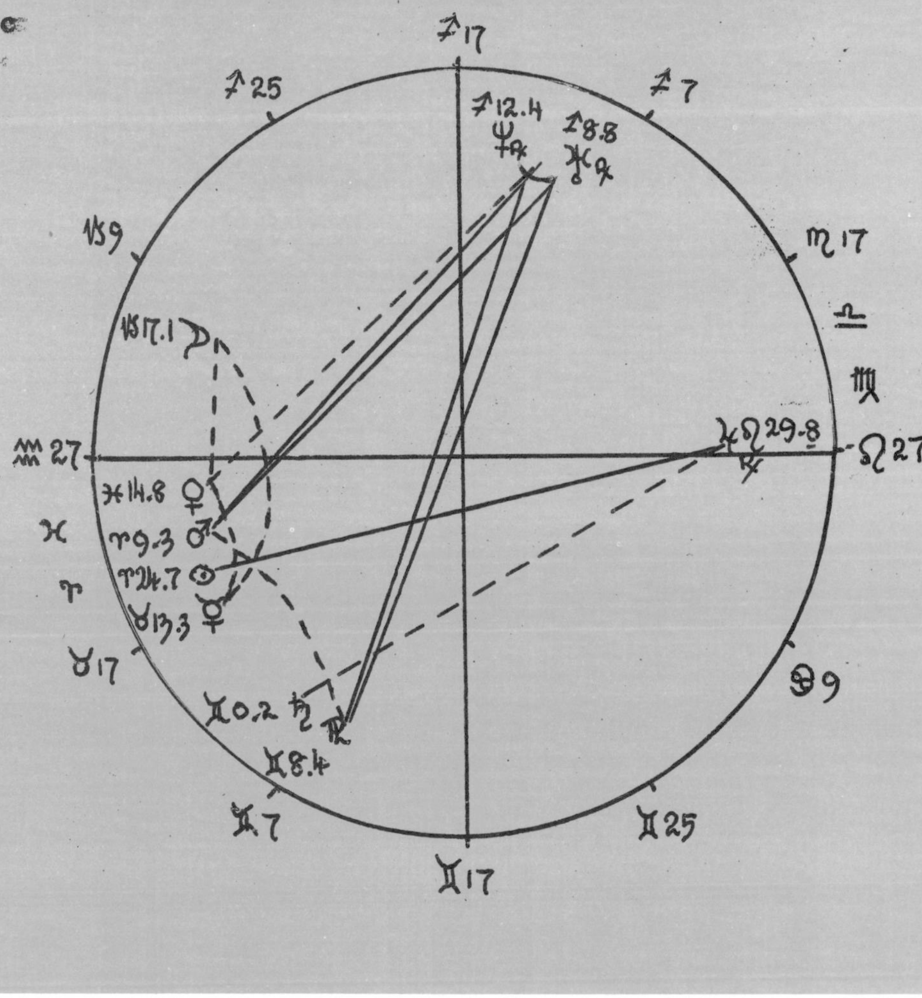

Gibbons, who died in 1721, was employed by royalty and by most of the nobility of his time, to execute carvings in their houses (Petworth a notable example), and for churches. On his 300th birthday, the BBC remembered this remarkable man, and the opinion of a Margaret Whinney, whose qualifications are unknown to me, appeared in THE LISTENER, 8 April 1948. Sample:-

> Grinling Gibbons was one of the most skilful craftsmen who has ever worked in this country. He evolved a manner of carving in wood which will always be associated with his name, and which, once seen, is easily remembered... But, in spite of his renown, is Gibbons a great artist? I think not. His popularity largely rests on his skill in making something appear to be what it is not. For instance, the pierced baskets of flowers at Petworth do not appear to be part of the architecture of the room, carved out of a solid material such as wood. Of course, illusionism, provided it is sufficiently clever and amusing, has its proper place in European decoration. But to be successful it must be done in one of two ways. It can be audacious, on a grand scale, like the most splendid monuments of Roman baroque, where the spectator is invited to become part of an elaborate theatrical performance. Or it can be whimsical and witty, like the decoration of the Amalienburg. Gibbon's naturalism is too painstaking to be amusing, too trivial to be daring. And so he falls between two stools. He is a great craftsman, but not a great decorator.

Yet Gibbons is likely to please lovers of beautiful art long after the acidulous Margaret Whinney does not.

Grinling Gibbons: engraving after portrait by Kneller

NELL GWYN 1650.02.02

Comédienne of The King's Playhouse, Drury Lane

Born Candlemas 1649/50 in Drury Lane, to Ellen Gwyn of loose habits Nell could say (at 17) to Beck Marshall, also of The King's: "I was but one man's whore, though I was brought up in a bawdy-house to fi strong waters to the guests; and you are a whore to three or four, though a Presbyter's praying daughter." She was just back from a summer at Epsom with Charles Sackville (1643 q.v.) who had stolen h from Charles Hart, an ex Royalist Captain & Nell's opposite number The King's House—opened in 1663 by Thomas Killigrew with a company he had formed when the King came home.

Not yet 15 & selling oranges to the pit, Killigrew gave her Cyndaria in Dryden's "Indian Emperor". She made a hit. Pepys was hap to sit next to "pretty witty Nell" to watch "Mustapha" at The Duke' in April 1665. Two years later, Mayday 1667, just before she elope with Sackville, Pepys "saw pretty Nelly standing at her lodging's do in Drury Lane, in her smock sleeves and bodice, looking upon one: s seemed a mighty pretty creature." She was low, mignonne, piquante.

Before year's end, the King began sending for her though still enarmoured of Moll Davis of The Duke's. Her career ended after her Almahide to Hart's Almanzor in Dryden's "Conquest of Granada", put in the autumn of 1670: she had borne the King a son in May: fame at 15, retirement before 21. Nell died on 14 November 1687: the man s called her Charles III, following Hart & Sackville, had already gon just after her 36th birthday in the previous year.

Calculated for London, Saturday, 2 February 1649/50, 6h. a.m. apparent time, from Schoch & Foelsch, with the solar refinement of Hyme

Tropical zodiac
VP: 10º 2′
Campanus houses
RA MC: 236º 7′
☊: ♉22.2

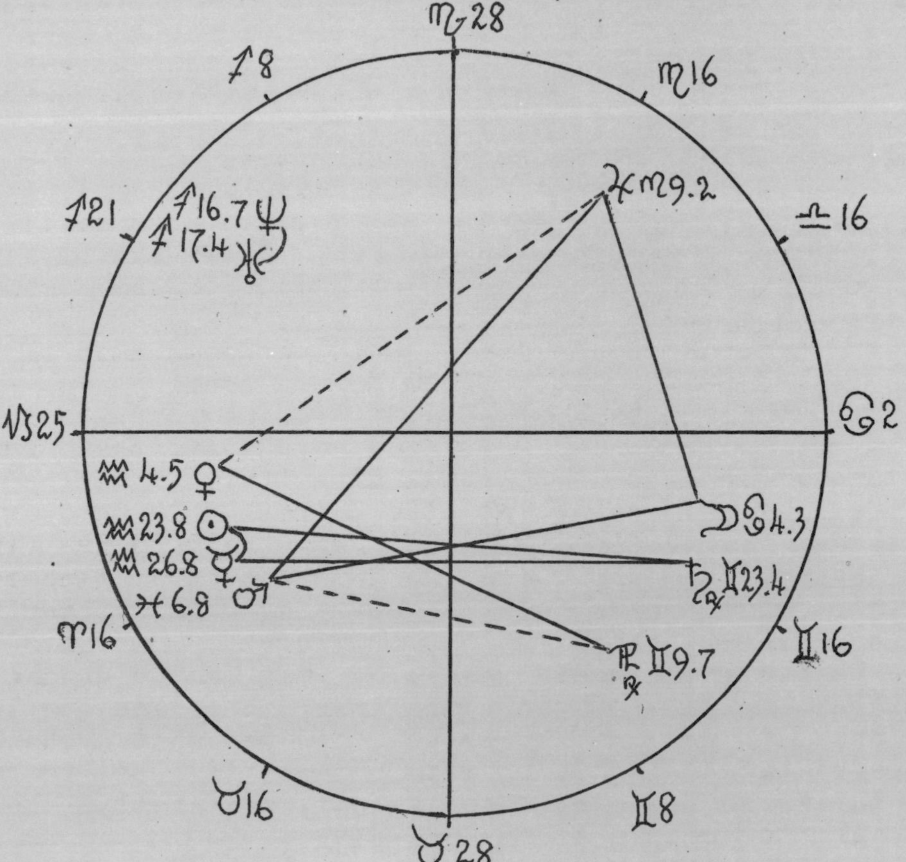

Nell's birth date became known in 1851, when Peter Cunningham published Ashmole's nativity of her (MS. 423. f.103) in _The Story of Nell Gwyn_. It's label reads: "Nata ——— ♄. ffebr: 2º 6ᴴ mane. 1650." Cunningham read this correctly as 1650 N.S., but his annotator in 1908, and _Encyclopaedia Britannica_, took it for 1650/51. The planets places are for 1649/50. No place of birth is shown. Cunningham said that although Hereford & Oxford had been mentioned, the most likely place was London, because the Coal Yard in Drury Lane appeared in print as early as 1721 and had been copied by Oldys in the account he wrote for Curll's _History of the English Stage_ (1741). London it was, as appears from the contemporary "Astrological Schemes C. Bernard", Sloane MS. 1684, f.31v., in a figure by _Charles Bernard_ (1652 q.v.):

Nell: Guyn. D. ♄ . Febr. 2d 1650. H.6. A.M. Londini Regia Pellex.

In my opinion, Bernard obtained the original data & gave them to Elias Ashmole, with whom he corresponded.

When Charles took Nell, she moved from Drury Lane to Lincoln's Inn Fields where Charles Beauclerk was born on 8 May 1670. He became Earl of Burford (1676) & Duke of St.Albans (1684), & married Diana (1694), sole daughter of Aubrey de Vere, 20th & last Earl of Oxford. She moved to the north side of Pall Mall, then crossed the street to a house Charles gave her, with a garden looking on St. James's Park, which she kept to the end of her short life. Here her 2nd son, James Beauclerk, was born on Christmas Day 1671. He died in 1680. Her mother, who lived with her, had died in the previous year. Nell also had a fine house at Windsor. In 1675, she became a lady of the Queen's Privy Chamber.

Madame de Sévigné, writing of Louise de Kéroualle in 1675, said: "She did not foresee that a low actress was to cross her path, and to bewitch the King. She is powerless to detach him from this comedian. He divides his money, his time, and his health between the pair. The low actress is as proud as the Duchess of Portsmouth, whom she jeers at, mimics, and makes game of. She braves her to her face, and often takes the King away from her, and boasts she is the best loved of the two. She is young, of madcap gaiety, bold, brazen, debauched, and ready witted... This is how she argues: 'That hoity-toity French duchesss sets up to be of grand quality. Every one of rank in France is her cousin. The moment some grand lord or lady over there dies, she orders a suit of deep mourning. Well, if she's of such high station, why is she such a jade? She ought to be ashamed of herself! If I were reared to be a lady, I am sure I should blush for _myself_. But it's my trade to be a doxy, and I was never anything else. The King keeps me; ever since he has done so, I have been true to him.. he is as fond of me as of his French miss.'"

One last glimpse of Nell the actress. In October 1667, finding the house full at the Duke's House, Pepys went to The King's where he met Mrs. Knepp, "and she tok us up into the tireing-rooms: and to the women's shift, where Nell was dressing herself, and was all unready, and is very pretty, prettier than I thought... But Lord! to see how they were both painted would make a man mad, and did make me loathe them; and what base company of men comes among them, and how lewdly they talk! and how poor the men are in clothes, and yet what a shew they make on the stage by candle-light, is very observable. But to see how Nell cursed, for having so few people in the pit, was pretty; the other house carrying away all the people at the new play..."

In 1666, Nell had a virginal made for her by Adam Liversedge.

GEORGE PARKER 1654.8.9

Astrologer and maker of ephemerides
He tried to introduce heliocentric positions

As calculated by Dr. John Partridge (see over) for Lat. 52. Wednesday 9 August 1654 at 5h.17m. a.m. with the addition of the new planets from Schoch and Foelsch.

Tropical zodiac
VP: 9°58′
Campanus houses
RA.MC. 46°33′
☊ 24♒46

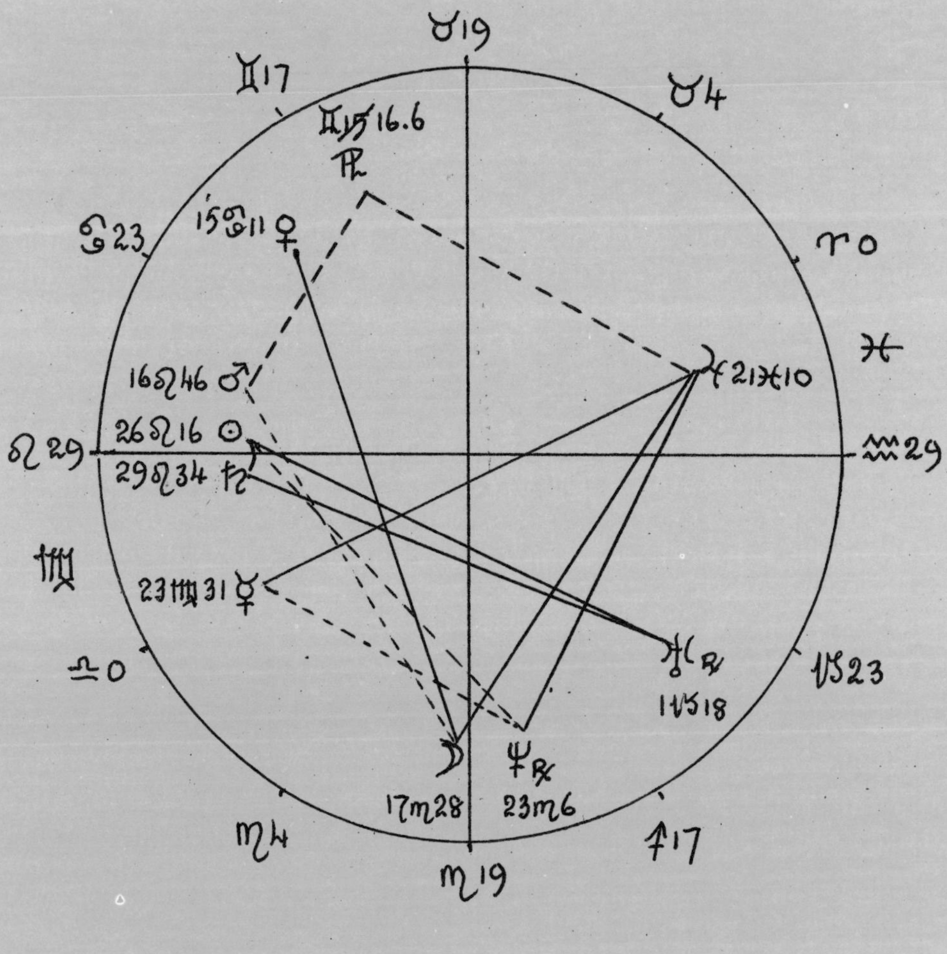

Flagitiosus Mercurius Flagellatus: or the Whipper Whipp'd: Being an Answer to a Scurrilous Invective Written by George Parker in his Almanack for MDCXCVII. In such Language and base Expressions that none but a Bended Mechanick would be seen to own; and this without Provocation given by me.

Printed by John Partridge at the end of his <u>Defectio Geniturarum</u> (1697).

Honest George Parker; Natus die 9. Augusti, hor. 5. min. 17. manè. 1654. ☽ per Lat. □ ♂ exactè. Estimate past 5 manè. Sub Lat. 52.

This is the day he says he was born on, but I am of opinion it was the 10. day at this time, and he not willing to own it; but I am sure that he gives of ♍ ascend. is false.

MATTHEW TINDAL 1655.4.11

English deist & philosopher

He entered Lincoln College, Oxford, in 1672, & became a Fellow of All Souls in 1678. After the Revolution he sat as a judge in the Court of Delegates. In 1706, he published a treatise entitled the Rights of the Christian Church, attacking hierarchical supremacy. This work excited the animosity of the High Church clergy, and the House of Commons ordered it, together with two defences of it written by Tindal, to be burned by the common hangman. In 1730 he published his most famous work, Christianity as Old as the Creation, of the Gospel of Republication of the Religion of Nature, in which he maintains that there has been no revelation distinct from the internal revelation of the law of nature in the hearts of mankind.

As published by George Parker, at the Star and Ball in Salisbury Court, in Parker's Ephemeris For the Year of our Lord 1711. Or, the Heliocentrick and Geocentrick Motions and Aspects of the Planets, Exactly Computed to the Meridian of the City of London. With A short Explanation of the Feasts and Fasts, according to the Institution of the Church of England. Also a Correct List of the Lords Spiritual and Temporal, and Commons of this present Parliament. And several other Useful Things. The Like not Extant.
London: Printed and Sold at the Author's House, and by most Booksellers. 1711. Price Six-pence.

The new planets have been added from Schoch & Foelsch.

Tropical zodiac
VP: 9°57′
Regiomontanus houses
RA MC: 254°54′
☊: 11♒49

Born: Beer or Bere Ferrers, 50N24 4W11 just north of Plymouth.

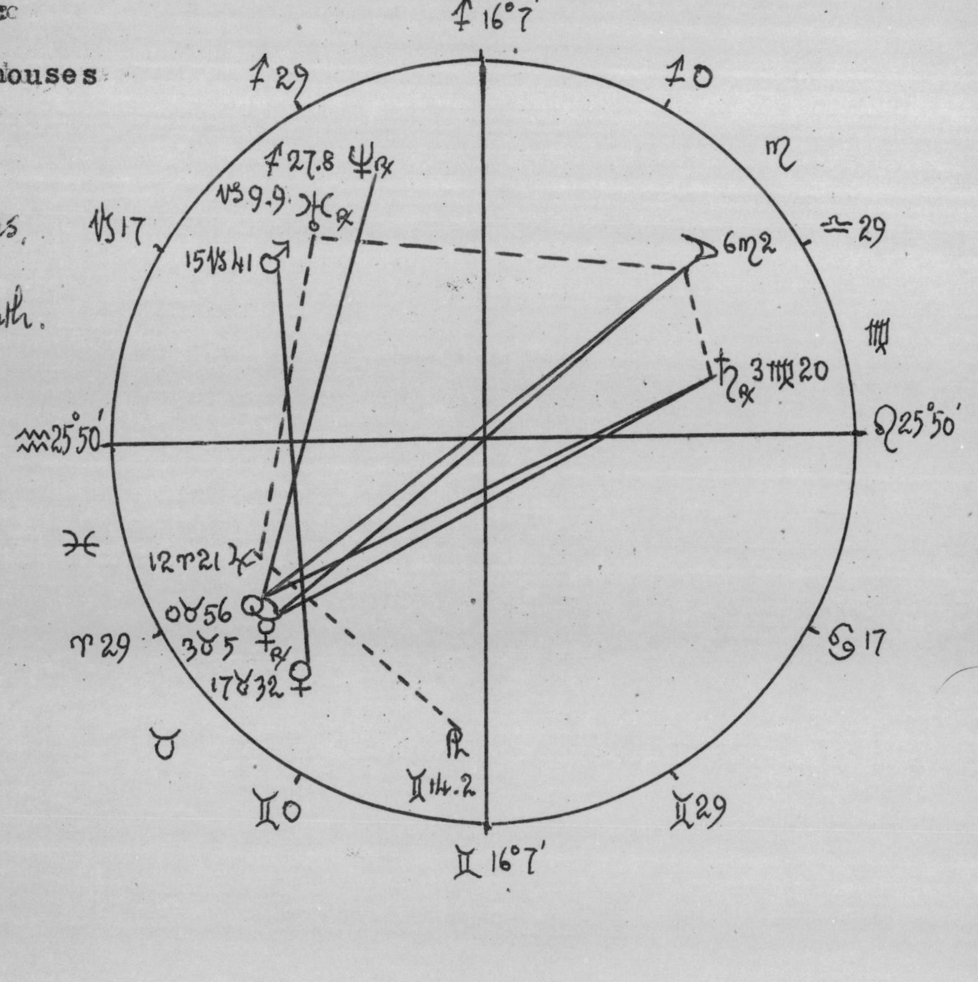

George Parker heads his article: "The Nativity of Mr. T——, the supposed Author of a Book, Intituled, The Rights, &c." The fig. is inscribed: "Born April 10. / 15h. 15m. P.M. / Temp. Est. / London." Nevertheless, Parker rectified this figure silently to 15h. 4m. 16s. P.M., as can be seen from his Sun in ♉ 0° 56' & M.C. at ♐ 16°7'. Neither did he use the equation of time from apparent to mean, for on that day the equation was only 1 minute of time. This nativity is generally interesting, because the date of Mr. Tindal's birth does not appear to be known. Parker's article is a curious example of astrological method at that time:-

This Author of The Rights, &c. having made himself popular through the Nation, by his Performances in that pernicious Undertaking, which tends to the debauching and corrupting weak Judgments at this time of Liberty, when Atheism and Prophaneness appear Rampant; and being presented with the time of his Birth as a Novelty, by a worthy Gentleman studiously inclined in this Art, was willing to let the Publick have a view thereof, and acquaint the World, that whenever any Person has perform'd more than common, and blaz'd like a Meteor, there must be, at the time of such a one's Birth, some remarkable Position of the stars to effect it.

The said Author is (as I am inform'd) a Gentleman, a Scholar, and a Member of one of our Universities; for which reason, I would not give any just cause of Disgust, especially to one that I am utterly a Stranger to; so that what is observed here shall be with Modesty.

That this is the true time of Birth, there is reason to believe; for at the latter-end of the Year 1676. this Person had a violent Feaver, at which time his Ascendant was directed to the Quartile of Mars, and Opposition of the Moon: It was undoubtedly a time of great Danger, and had destroy's Life, if the presence of Jupiter had not been near to support it.

At the time before-mention'd, Aquarius ascends the Horizon, and Saturn who governs that Sign is Angular in the Seventh House, and in the Sign Virgo, where the Planet Mercury has the Dignity of Exaltation; and therefore esteemed to endue and qualify Persons with sharp and excellent Parts, such as this Person is undoubtedly furnish'd with; and this is yet more eminent, in regard the Planet Mercury, who is the only Patron of Ingenuity, is in Trine to Saturn, and both of them are Retrograde: All this consider'd, there is reason to conclude, that there is no want of Parts, or Ability to manage any Argument or Design he shall engage in; and as those two Planets are posited in fixed Signs, so will he be fixed and resolute in his Undertakings, and not recoil or draw back to recant any Position he has openly propagated.

Having intimated something of his Stedfastness, and shew'd that he is one of no mean Parts, let me also observe a little of his Inclinations, and how from natural Reason those good Parts and Qualifications may be imploy'd, in which this Scheme seems very particular, as will appear by what follows.

The Moon we find is posited in Scorpio, a Sign that always gives ready and ingenious Conceptions, as well as Virgo; but withal it must be consider'd, it is mark'd with a Sting to attend it, viz. Perfidiousness and Sbutilty; so that it is often found by Experience, that more Knaves and Fools are born under it.

But I don't esteem the Moon's being in Scorpio, to be the real and sole Cause of such Inclination; no, there must be something that is more potent, otherwise the Person may be an Ingenious, honest, good Man; and that which at this times (sic) is to be taken notice of, is the Oppsition of the Moon and Mercury, which corrupts the Morals, and renders a Person of a troublesome Wit, employing his Talent in matters and things of a pernicious Consequence, or at least in these things that had better been let alone.

Besides it is to be observ'd, that the Luminaries are also in Opposition; and when this happens, the Person is very frequently in Quarrels and Controversies, and by that means accumulates to himself many Enemies: But there is another thing to be regarded, and that is the planet Jupiter, who is not only the general patron of Religion, but in this Nativity the particular Significator of his Devotions or Inclinations that way, who by his being Governor of the 9th House, and seeing no other planet is posited there, that planet must be allowed sole Ruler of the same; and then that planet being afflicted with the Quartile of Mars, who is virtually in a Cadent, and malevolent House, it aptly betokens the Person to have but a slender esteem for those sacred Institutions.

I shall forbear any further Observations upon the Scheme, these being sufficient to shew, that the Stars govern the Inclinations of Mankind; and next Year, for a further Demonstration of the like Nature, I will (God willing) present the World with the Nativity of the late turbulent Mr. Edmund Hickeringall, Rector of All-Saints in Colchester, and Author of The Black Nonconformist.

The article on Mr. Matthew Tindall is followed by a full-page of instructions: "To know the Hour and Minute of the Night, by the Shadow of the Moon upon the Sun-dial."

CARL VON LINNÉ or LINNAEUS 1707.5.13

Swedish botanist, the son of a clergyman. He entered Lund University in 1727 and Upsala in the following year, where he became an assistant to Professor Rudbeck and supervised the botanic garden. His Bibliotheca Botanica was published in 1738 and he ended up a professor not only of medicine but of botany and natural science. He was ennobled in 1741, and died in 1778. His nativity is included in my collection as an example of the curious effects of house division in high latitudes, and also of Sweden's odd calendar reform.

Calculated for Roshult near Stenbrohuit 57N 15E, Tuesday 13 May 1707 in the early morning 30 minutes past midnight, from Astrologus Britannicus: or an Almanack For the Year of our Redemption, 1707, (&c.) By Richard Gibson, Student in Astrology. London, 1707. New planets from Schoch and Folsch.

Tropical zodiac
VP: 9°15′
Campanus houses
RA MC: 247°24′
☊ : ♈24°17′
♇ : ♌24

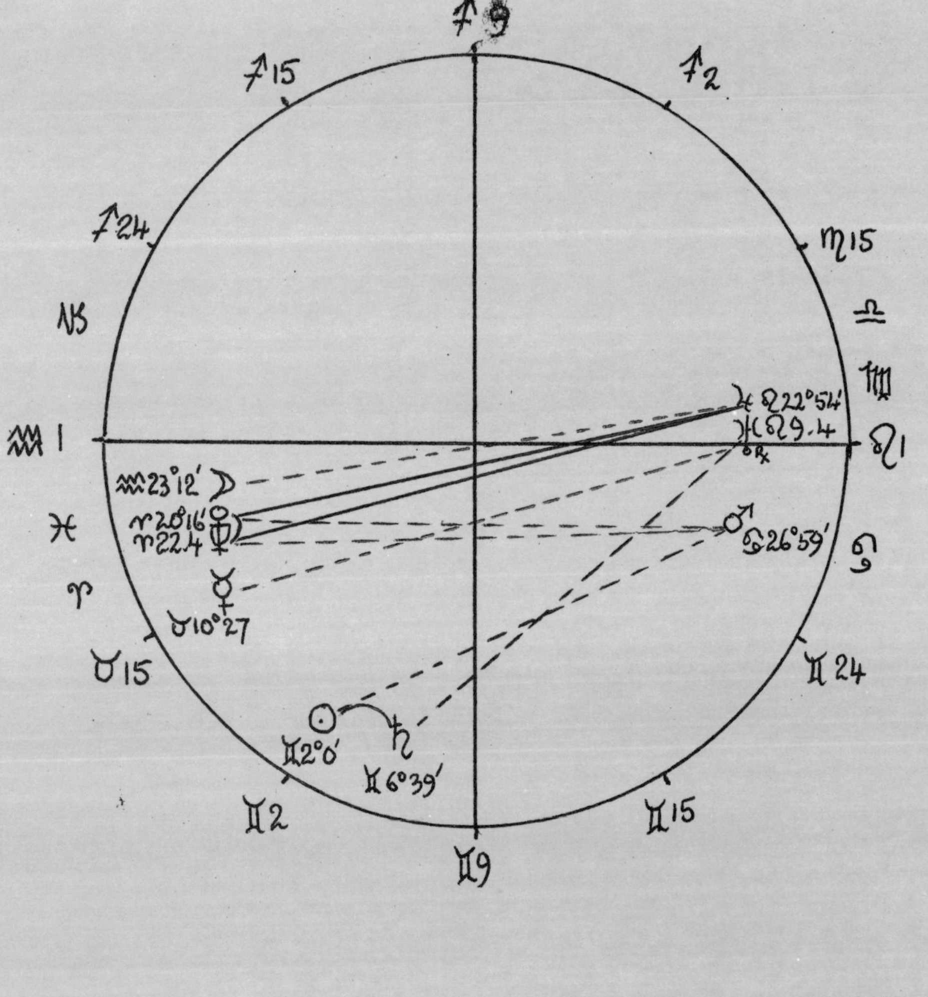

Sweden adopted Gregorian years with a Transition Calendar introduced in 1696, to drop eleven Leap-years, ending in 1744 inclusive (authorities disagree). Yet many Swedes appear to have clung to the Julian style. The nativity of Carl von Linné is an example. In his Diary he wrote that he was born

> on May 12/22 to 13/23 between 12 and 1 in the night

This notation would correctly express the old and the new styles in the xvii century, but would not do so in 1707 when he was born. However, he clearly regarded his birth as having been on the night of 12/13 May, Julian, because in an account of his Lapland tour he wrote:

> I set out alone from the city of Upsala on Friday, May 12, 1732 (Old Style) at 11 o'clock being within half a day of 25 years of age.

This was a Friday in the Julian calendar, but not in the Gregorian or Transitional ones. Yet in the same year he has an entry for 'Sunday, June 20' which agrees with the Transitional Calendar—only to write a little further on that 'At Kionitis I rested during the whole of Sunday, July 2nd'. That was Julian.

LOUIS XV DE FRANCE 1710.2.15

Son of Louis duc de Bourgogne; grandson of Louis le Grand Dauphin; great grandson of Louis XIV to whom he succeeded in 1715. In 1725 he married the Princess Marie Leczinska, daughter of Stanislas of Poland, who bore him two sons & eight daughters: she died in 1768, his senior by seven years. The King began to take mistresses in 1737, first the Demoiselles de Nesle; Madame de Mailly (q.v. 1710); & overlapping with her, Madame de Vintimille (1739 to 1741 when she died); followed by Madame de la Tournelle, later Duchesse de Chateauroux (1742 to 1744 when she died). An interval of occasional ladies then occurred, to be ended by Madame d'Etoiles (q.v. 1722 Jeanne Poisson) afterwards la Marquise de Pompadour, from 1745 until her death in 1764. His last important mistress was Madame du Barry (q.v. 1743 Jeanne Béqus), from 1768 until his own death in 1774 while she was nursing him through smallpox.

Calculated for Versailles 48N49 2E07, Saturday 15 February 1710 N.S., at 8h.3m. a.m. apparent time, from Parker's Ephemeris For the Year of our Lord 1710. (&c.) By George Parker, at the Star and Ball, in Salisbury-Court. London. New planets from Schoch and Foelsch.

Tropical zodiac
VP: 9°13′
Campanus houses
RA MC: 269°18′
☊: ♓1°2′
♇: ♌28.2

I have used apparent time, despite the minutes & seconds recorded, because clocks were then commonly regulated by sundials, & also because seconds suggest an astrological origin.

If mean time was really used, the RA.MC. would be 265°45′ and:
MC ♐26
AS ♓21

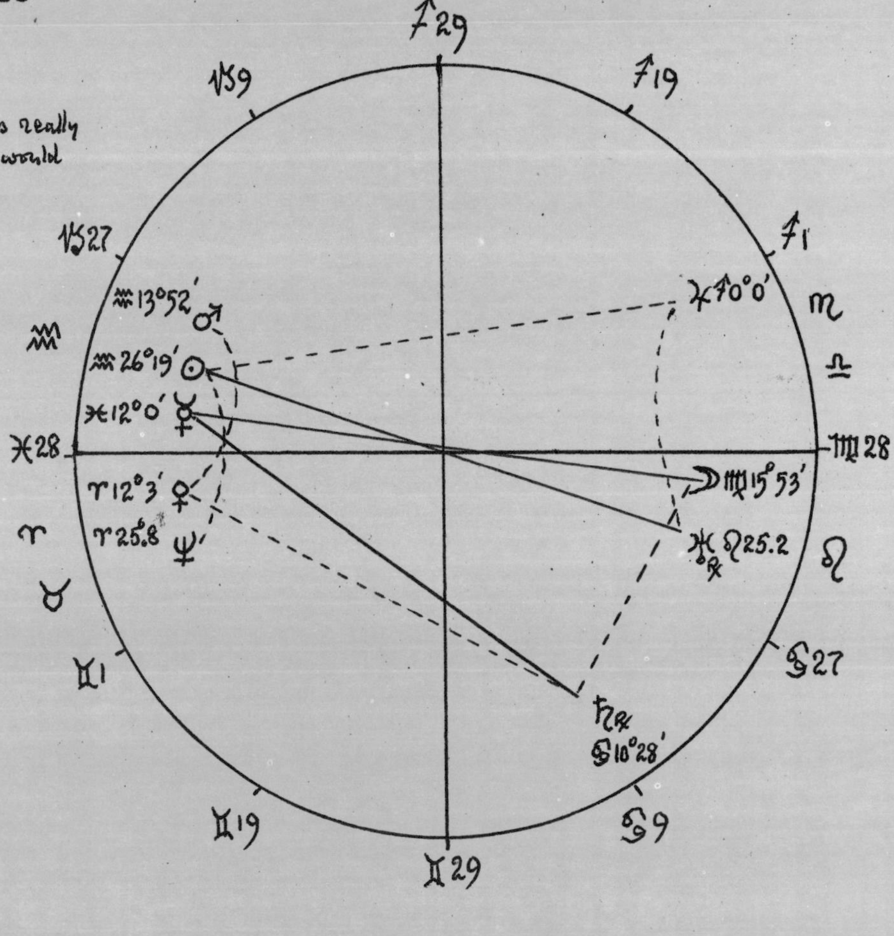

The Memoirs of the Duke of Saint-Simon
of the Reign of Louis XIV. and the Regency
Translated from the Frency by Bayle St. John.
London, 1888. Vol. 2. page 134.

On Saturday, the 15th of February, the King was waked up at seven o'clock in the morning, an hour earlier than usual, because Madame la Duchesse de Bourgogne was in the pains of labour. He dressed himself diligently in order to go to her. She did not keep him waiting long. At three minutes and three seconds after eight o'clock, she brought into the world a Duc d'Anjou, who is the King Louis XV., at present reigning, which caused a great joy.

CATHERINE THE GREAT OF RUSSIA 1729.04.21

She was a princess of Anhalt-Zerbst who achieved such great things in Russia that her nativity hardly seems to match them, and has made me wonder whether my collection of nativities has not been a waste of time.

Calculated for Stettin, 53N26 14E34, for Monday, 21 April 1729, at 2h.30m. a.m. apparent time, from Parker's Ephemeris For the Year of our Lord 1729. Being the First after Bissextile, or Leap Year. The Fortieth Impression. London: Printed for the Company of Stationers 1729.

Tropical zodiac
VP: 8º56′
Campanus houses
RA MC: 256º36′
☊: ♒20

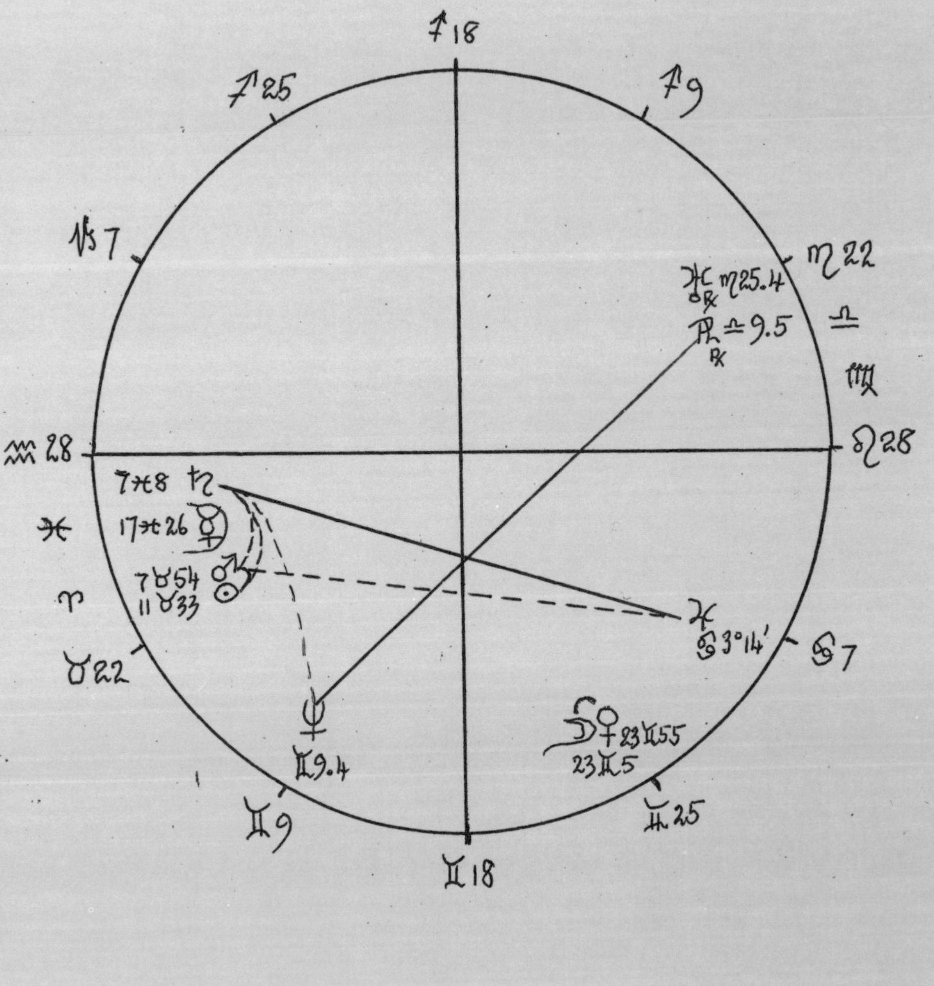

My only data for this disappointing nativity is from Herr E.H. Troinski of Berlin who said he found them in a contemporary newspaper, but could not enlarge because his basic notebooks had been left behind in Poland and he could not return there because of the Russians.

BENJAMIN ROBERT HAYDON: PAINTER 1786.1.25

Though a distinguished artist, he never made much material headway and eventually cut his throat and shot himself in London at about a quarter to eleven in the morning of Monday 22 June 1846. He left an autobiography and journals.

Calculated for Plymouth, 50N20 4W10, Wednesday 25 January 1786, 9H.0m. p.m. apparent time, from The Coelestial Atlas, Or, A New Ephemeris For the Year of our Lord 1786. (&c.) By Robert White, Teacher of the Mathematicks. The Thirty-seventh Impression. London.

Tropical zodiac
VP: 8°9′
Campanus houses
RA MC: 83°34′
☊: 2♒42
℞: ♒13

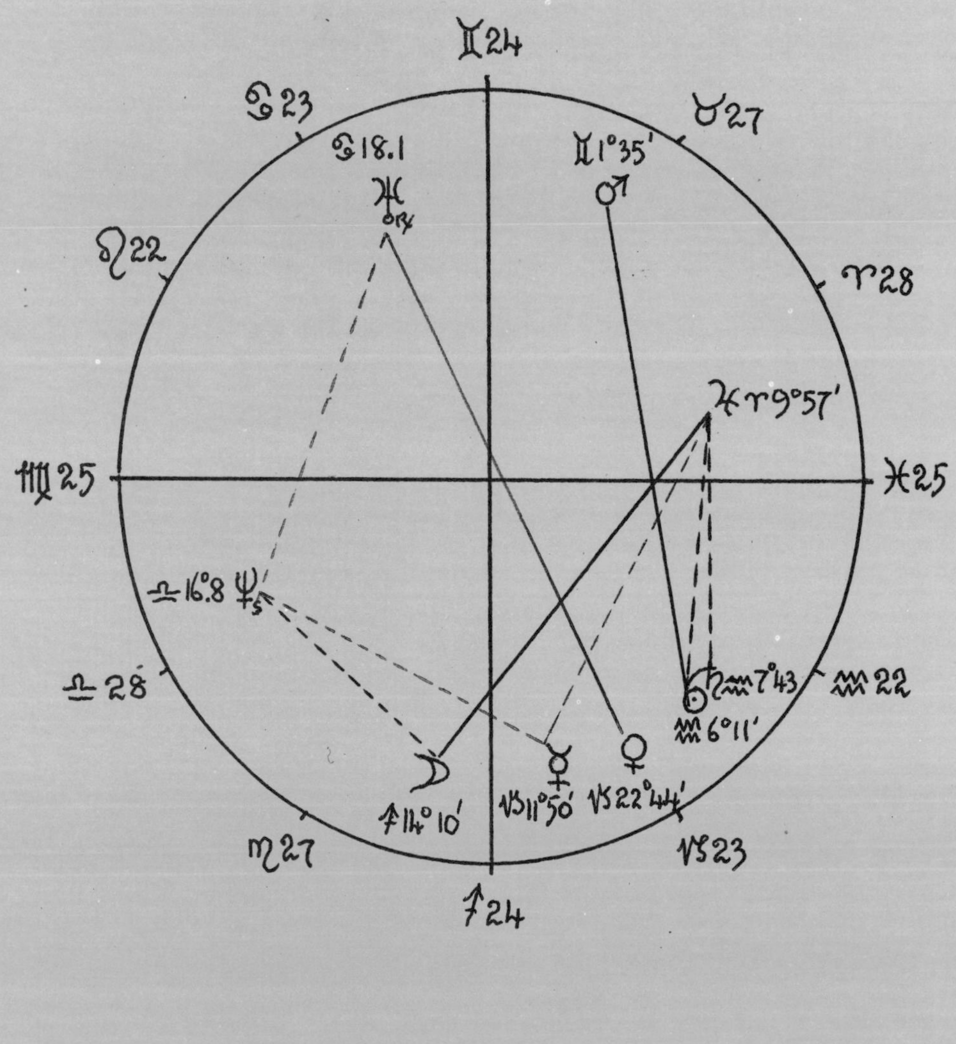

The Autobiography and Journals of Benjamin Robert Haydon (1786-1846) Edited, with an Introduction, by Malcolm Elwin. Macdonald & Co. (Publishers) Ltd., London. 1950.

A.D. 1786 Many years ago, my sister sent me a journal of my father's, which he had kept for a number of years ... On the 23rd of January, 1786, my father thus writes:

> 'I went with Miss Squire to hear Mr. Watson, who made an excellent sermon; went home with her and spent a very agreeable hour with her and her mother. Hay supped with me and left at twelve. Dear Sally poorly.'

My mother was called Sarah, and every husband, from this gentle hint of my father's, will anticipate the approaching catastrophe. The next day:

> 'Very dirty weather; wind W.S.W. Sally taken bad - hope it will end well with her. Called on Squire.'

And the next:

> 'Sally taken in labour, and at nine at night was delivered of a fine boy. Is as well as can be expected.'

And so my father's journal launches me fairly into the world. (page 5)

There can be no doubt that 25 January 1786 is the correct date, or that 26 January given in NN818 is the wrong one, because Haydon was in the habit of noting his birthday in his journals. Examples:

page 370.	1823 January 25th - My birthday -	thirty-seven.
.. 493.	1832 January 25th - My birthday -	aged forty-six.
.. 510.	1833 January 25th - My birthday -	forty-seven years old.
.. 638.	1846 January 25th - My birthday -	sixty years old!

HANS CHRISTIAN ANDERSEN 1805.4.2

Writer of fairy tales

Calculated for Odense 52N22 10E25 on Tuesday April 2 1805 at 1h.0m. a.m. sundial time from The Coelestial Atlas of Robert White for the old planets and Uranus, from Raphael for Neptune, and from Foelsch for Pluto.

Hypsomatic zodiac
7°51′7"

RA MC 205°53′
☊ ♑22

Tropical zodiac
Campanus houses

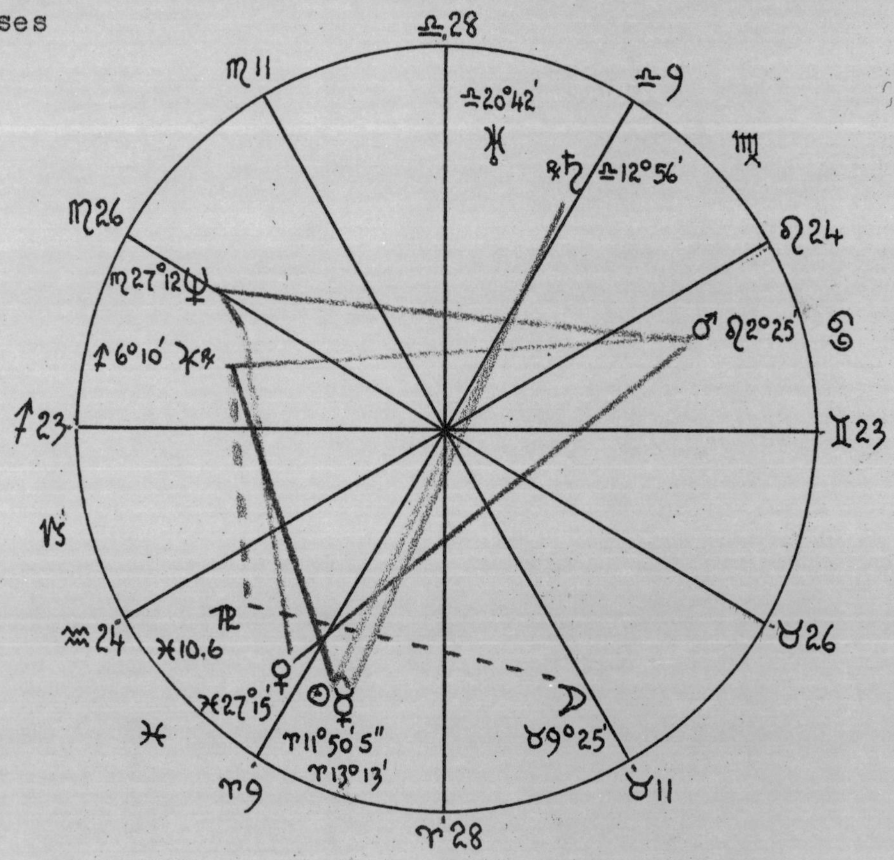

From an article by Mrs Joan Rodgers in Astrology edited by Charles E. O. Carter, vol.24 no.3, September 1950, page 102.

> Hans Christian Andersen, the author of the famous Fairy Tales, was born on April 2, 1805, at 1 a.m. at Odense, on an island called Funen about 20 (Danish) miles from Copenhagen. The source of this chart is an article in American Astrology, which in turn quotes it from a Danish magazine called Okkultisten. The time of birth was found in the records of the parish church at Odense and I think when you have heard the particulars of Andersen's life you will agree that the chart is more or less correct.

The chart referred to has Libra 22 at the midheaven and appears to be for Central European Time which did not exist in 1805. Mrs Rodgers (or the Editor of Astrology) suggests that it should be for LMT. I have preferred to take the hour as solar time, since it is probable that clocks were still regulated by that means in such an outlying place.

DOM PEDRO II OF BRAZIL 1825.12.2

Son of the future Dom Pedro I and D. Leopoldina of Austria: declared heir in 1826, acclaimed Emperor in 1831, declared of age to rule in 1840, married Dona Teresa Cristina of the Two Sicilies in 1843, deposed and exiled in 1889, and died in Paris in 1891. Dom Pedro brought about extraordinary progress during his reign, and his daughter D. Isabel, while acting for him as Regent, introduced the law of Ventre Livre in 1871 (the children of slaves born free) and total abolition of slavery in 1888. His rule was characterized by the absence of corruption and violence, which cannot be said of the Republic that replaced him.

Calculated for Rio de Janeiro, 23S00 43W20, Friday 2 December 1825, 2h.30m. a.m. apparent time, from The Coelestial Atlas; Or, a New and Improved Ephemeris for the Year of our Lord 1825... By Robert White, Teacher of the Mathematicks. The Seventy-Sixth Impression. London: Printed for the Company of Stationers... (Price Two Shillings and Eight Pence, stitched.) Pluto from Foelsch & Ebertin.

Tropical zodiac
7º35′
Campanus houses
RA MC 105º39′
285º39′
☊ : 11♐58

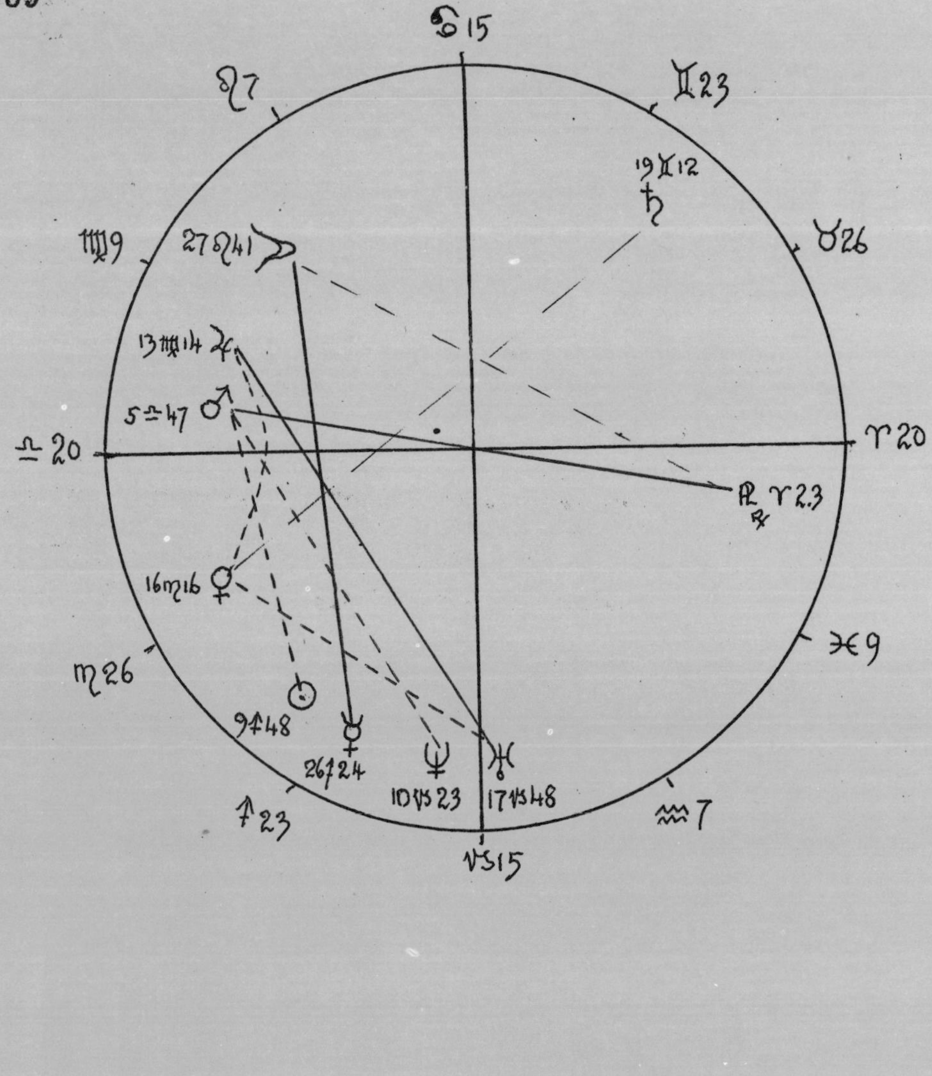

Sua Magestade o Senhor Dom Pedro II de Alcantara ... Nasceu, a 2 de Desembro de 1825, pelas duas horas e meia da madrugarda no palacio da Boa Vista (São Christóvam), no Rio de Janeiro, e falleceu em Paris á uma hora da manhã, do dia 5 de Dezembro de 1891.

Archivo Nobiliarchico Brasileiro
Barão de Vasconcellos / Barão Smith de Vasconcellos
Lausanne, 1918. p.18.

A 2 de dezembro do mesmo anno, em que se celebrou a ratificação da nossa independência politica pelo Tratado de 29 de agosto, com a antiga metropole (1825), á 2 1/2 horas da madrugada, nascia o segundo imperador do Brasil, de um parto natural, que durou cerca de cinco horas, assistido pelo cirurgião do Paço, dr. Domingos Ribeiro dos Guimaraes, que logo depois, foi agraciado com a comenda da Ordem de Christo.

"D. Pedro II. Seu Nascimento. Seus Irmãos", Max Fleiuss.
Revista do Instituto Historico e Geografico.
Tomo 98 - vol.152 (1925), p.23
Impprensa Nacional 1927.

MARÍA ROSALÍA RITA DE CASTRO 1837.2.23

Born in Santiago de Compostela on 24 February 1847, died in Padron in Galiza on 15 July 1885, she called attention to Galician poetry which had been asleep since the 13th century. Her mother, of an aristocratic family, was not permitted by her parents to marry the man she loved, and Rosalía spent the first ten years of her life in simple surroundings with her god-mother.

She went to Madrid in 1856 to complete her education, which had been undertaken apparently with her mother to begin with. In 1857, she published a pamphlet of 40 pages containing her earlyy poems. This received a welcome from Manuel Martinez Murguia (aged 25) in La Iberia, the pamphlet being entitled "La Flor". They married in Madrid on 10 October 1858.

Her first major work "Cantares Gallegos" (32 poems) was published in Vigo in 1862, in Galego, and had great success, though not in Madrid. No more poems were published until 1880, when she published "Follas Novas", also in Galego, in Santiago de Compostela: most of the them had been written ten or more years earlier. Her last work, "En las orillas del Sar", was published in Madrid, in Castilian, in 1884.

My figure is drawn for Santiago de Compostela, 42N53 8W33, midnight, apparent time, Thursday-Friday, 23/24 February 1837, from Raphael's Ephemeris for that year, Pluto from Foelsch.

Tropical zodiac
Campanus
RAMC 15h24'
Caput: 4 ♉44

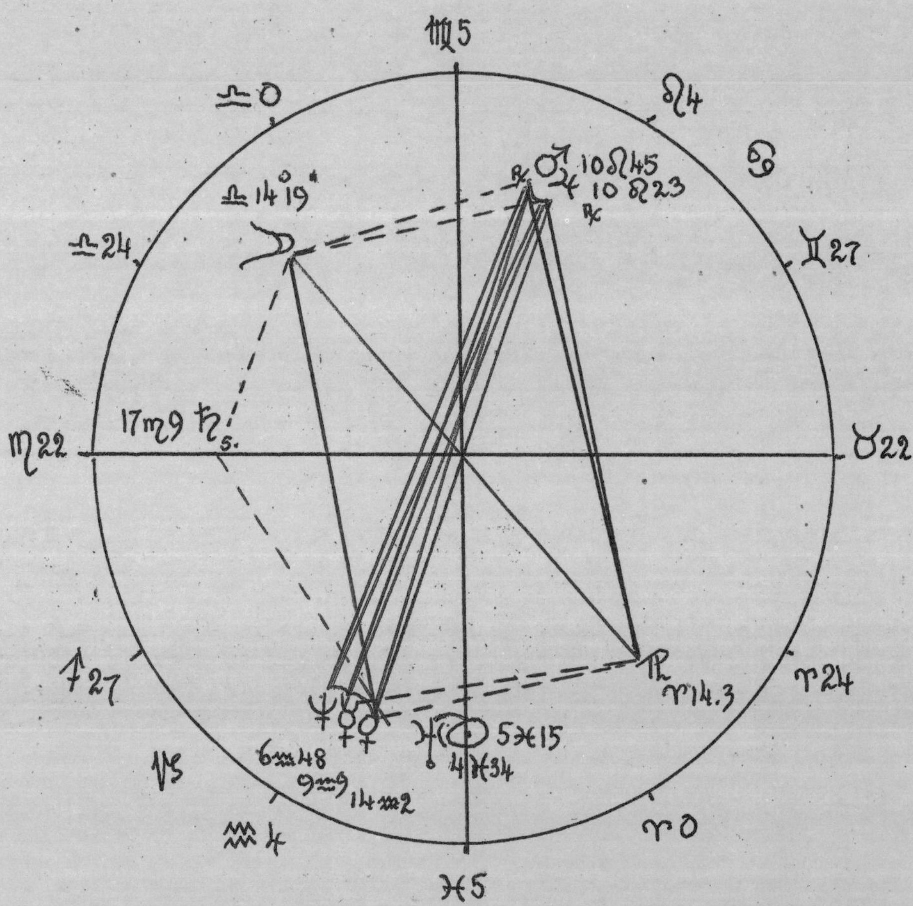

Birth data are confused. In OBRAS COMPLETAS, Rosalía de Castro, published by M. Aguilar, Madrid, 1944, V. Garcia Marti, begins his biography with 'Como nace Rosalía de Castro' in a circumstantial account: darkness, with a fine but steady rain falling; the Cathedral in Santiago sounds ten o'clock; Canon don Nicolas Lopez Ballesteros was about to close the doors of the Gran Hospital Real when an urgent letter arrives from doña Teresa de Castro Abadia for Dr. Varela Montes, an old friend of the Castro family, the leading medical man there, founder of the Medical School at Compostela. Pleading an urgent case, Dr. Varela Montes is given instant permission to go to doña Teresa in a part of the city known as las Barreiras.

When Dr. Varela Montes returned through the fine rain at three in the morning, he brought with him a newly born child, and was met in the Hospital's chapel by a priest named José Vicente Valera y Montero, and the child's godmother, Maria Francisca Martinez. The child was baptized and the priest entered in the book kept for baptisms, at folio 159:-

> En veinte y cuatro de febrero de mil ochocientos treinta y seis, Maria Francisca Martinez, vecina de D. Juan del Campo, fué madrina de una niña que baticé solemnemente y puse los santos oleos, llamándola Maria Rosalía Rita, hija de padres incógnitos, cuya niña llevó la madrinha, y va sin numero por no haber pasado a la Inclusa; y que así conste, lo firma, José Vicente Valera y Montero (Rúbrica)

Though written at length, the date 1836 is wrong, because all the other entries, before and after, are for 1837.

At the end of calle Rosalía Castro in Padron, a small house bears a plaque saying: "En esta casa vivió/y en ella murió a 15 de julio de 1885 / la poetisa popular, honra de Galicia, / Rosalía Castro. / Nacido en Santiago el 23 de febrero de 1837." This is quoted in 'Rosalía Castro / Obra Poética / segunda edición / Estudio y selección / de Augusto Cortina / Esparsa-Calpe, S.A. / Buenos Aires - Mexico.' 1942, p. 17.

Augusto Cortina does not state the day of her birth. He gives only the baptism entry, though apparently he had given in the first edition 21 Februray 1837 as the date. Years ago I had this edition, but someone borrowed it; but I remember he contested 23 February. That he did not maintain this in the second edition suggests that he had some doubt.

Perhaps he based that date on what Manuel Murguía, Rosalía's husband, wrote in the prologue to her last work: En las Orillas del Sar. 'Nació nuestra escritora en Santiago de Galicia el 21 de febrero de "1837 y falleció en Iria (Padron) el 15 de julio de 1885.' Although her husband should be the best witness to her birthday, I have drawn my figure according to the documentary evidence, and have cast it for midnight in Santiago on 23/24 February 1837, from Raphael's Ephemeris, Pluto being from Foelsch.

DONA ISABEL 1846.7.29

Princess Imperial & Heiress Presumptive of Brazil, ex-Regent of the Empire, surnamed "A Redemptora", daughter of the Emperor Dom Pedro II and the Empress Thereza Cristina of the Two Sicilies. In 1864, she married Gastão de Orleans, Conde d'Eu; during her first regency (1871-1872) she signed the <u>Lei do Ventre Livre</u>; was again regent in 1876-1877; and during her third Regency (1887-1888) she signed the <u>Lei Aurea</u> (Abolition). In 1889, she went into exile with her family, and she died in Paris in 1921.

Calculated for Rio de Janeiro (Palacio da Boa Vista) on Wednesday, 29 July 1846, 6h. 25m. p.m. LMT, from Raphael's Astronomical Ephemeris of the Planets' Places For 1846, London: 1896. Pluto from Foelsch.

Tropical zodiac
VP: 7º18′
Campanus houses
RA.MC.: 223º15'
43º15'
☊: ♌ 29

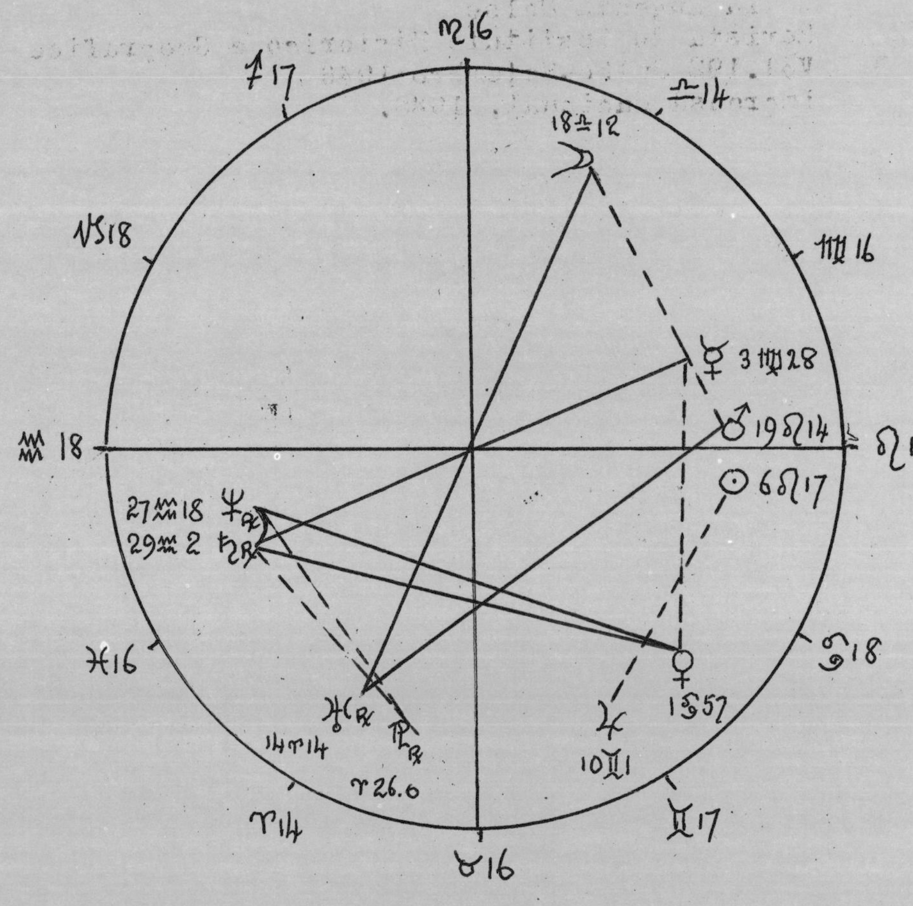

Dona Isabel (7 other names), Princeza Imperial; Herdeira Presumtiva da Corea, Ex-Regente do Imperio - "A Redemptora".

Nasceu, a 29 de Julho de 1846, no Palacio da Boa Viagem (S. Christovam), no Rio de Janeiro, peloas 6 horas e 25 minutos da tarde.

ARCHIVO NOBILIARCHICO BRASILEIRO
Barão de Vasconcellos
Barão Smith de Vasconcellos
Lausanne: Switzerland.

<u>Regencies</u>

1871 May 25 - 1872 Mar. 31
1876 Mar. 26 - 1877 Sep. 25
1887 Jun. 30 - 1888 Aug. 22

Foi às 6 horas da tarde de 29 de julho de 1846 que o sinal do morro do Castelo se fez ouvir, anunciando à cidade atenta que S.M. a Imperatriz D. Teresa Cristina acabava de dar à luz a uma criança do sexo feminino, a Princesa Dona Isabel Cristina Leopoldina Augusta Michaela Gabriela Rafaela Gonzaga.

Síntese Biografica da Princesa Isabel
Maria Eugenia Celso
Revista do Instituto Historico e Geografico Brasileiro
Vol. 192 Julho-Setembro 1946
Imprensa Nacional, 1948.

MARY OF TECK 1867.5.26

Queen of George V. of Great Britain & Ireland

Calculated for Kensington Palace on Sunday May 26 1867 at one minute before midnight LMT, from Die Deutsche Ephemeride and Koppenstatter.

Hypsomatic zodiac
7°0'21"

Tropical zodiac
Campanus houses

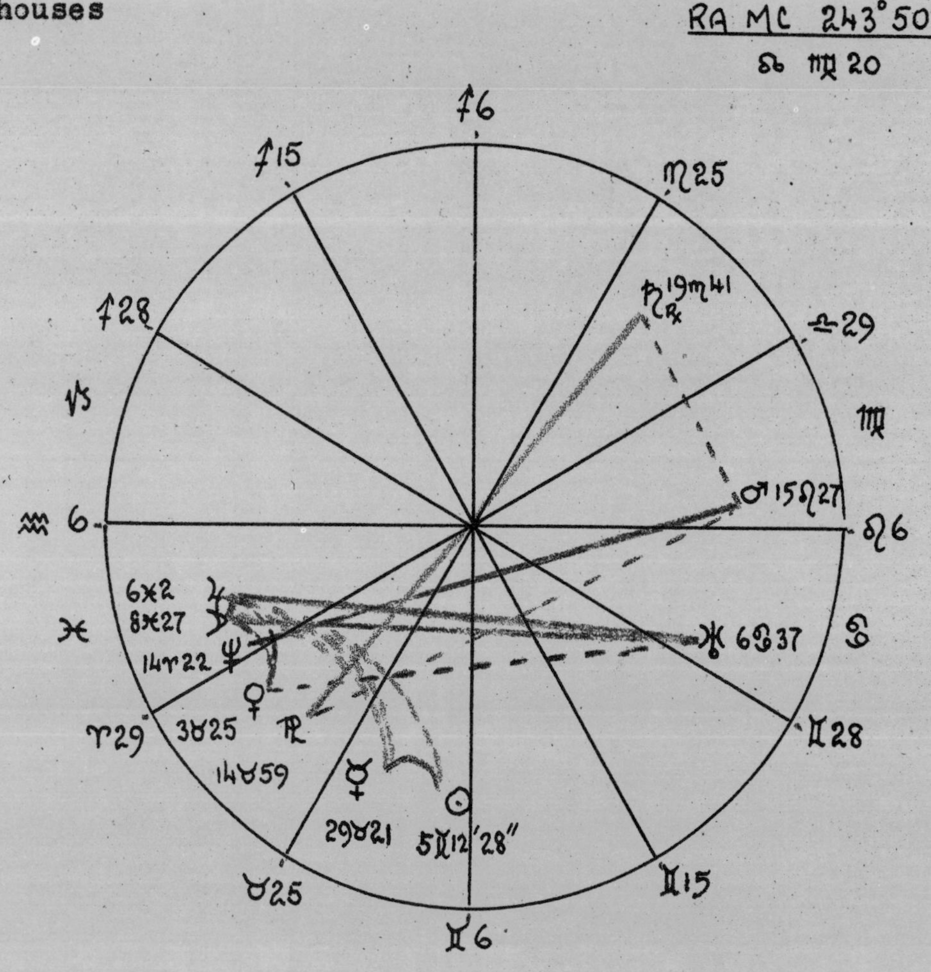

The Times
Monday, May 27, 1867. page 9. column 1.

Accouchement of the Princess Mary of Teck

Kensington Palace, May 27, 1 A.M.

Her Royal Highness the Princess Mary Adelaide was safely delivered of a Princess at one minute before midnight on the 26th inst. (yesterday). (&c.)

The Times Weekly Review
Thursday March 26 1953 page 3

The death of Queen Mary was announced in the following statement issued from Marlborough House at 11.15 p.m. on Tuesday:-

While sleeping peacefully, Queen Mary died at twenty minutes past ten o'clock.

Horace Evans
Webb-Johnson

Queen Mary, who was 85, had been confined to her bed with a recurrence of gastric trouble.

Princess Victoria Mary Augusta Louisa Olga Pauline Claudine Agnes was born on May 26, 1867, in the same room in Kensington Palace which had seen the birth of her first cousin once removed, Queen Victoria ...Princess Victoria Mary, or May as she was always called from her earliest days, was the eldest child and only daughter of Prince and Princess Francis of Teck. The Prince was a grandson of the King of Wurtemburg, and a few years after his marriage he was created Duke of Teck. It was on a visit to the Prince and Princess of Wales in 1865 that the Duke first met his future wife, Princess Mary of Cambridge. She was the youngest daughter of Adolphus Duke of Cambridge (George III's youngest son) and sister to the Duke who was for many years Commander-in-Chief. (ibid)

SIR WINSTON CHURCHILL, K.G. 1874.11.30

The Greatest Englishman

Winston Leonard Spencer Churchill was the son of Lord Randolph Churchill, younger son of the 7th Duke of Marlborough, George Charles, "a man of formidable facade who was gentle and understanding but with an obstinacy and single-mindedness that characterized the Churchills." Unlike his predecessors, the seventh Duke led a usefull life of public service. He was a Conservative Member of Parliament for Woodstock and later served as Lord President of the Council.

His mother was the celebrated beauty, Jennie Jerome, born in New York on 9 January 1854, her father geing Leonard Jerome, at various times a lawyer, newspaper editor, U.S. Consul at Trieste, art collector, part-owner of "The New York Times", referred to as "The King of Wall Street" and "The Father of the American Turf." He became a millionaire in 1857. Jennie Jerome married Randolph Churchill in Paris on 15 April 1874.

These notes are from "Jennie / The Life of Lady Randolph Churchill / The Romantic Years 1854-1895 / By Ralph G. Martin, New York, 1970.

Calculated for Blenheim Palace, 51N51 1W22, Monday, 30 November 1874, 1h30m. a.m. LMT, from Die Deutsche Ephemeride, and Pluto from Eduard Koppenstätter.

Tropical zodiac
VP: 6º 55′
Campanus Houses
RA MC: 91º 0′
☊: ♈ 24°32′

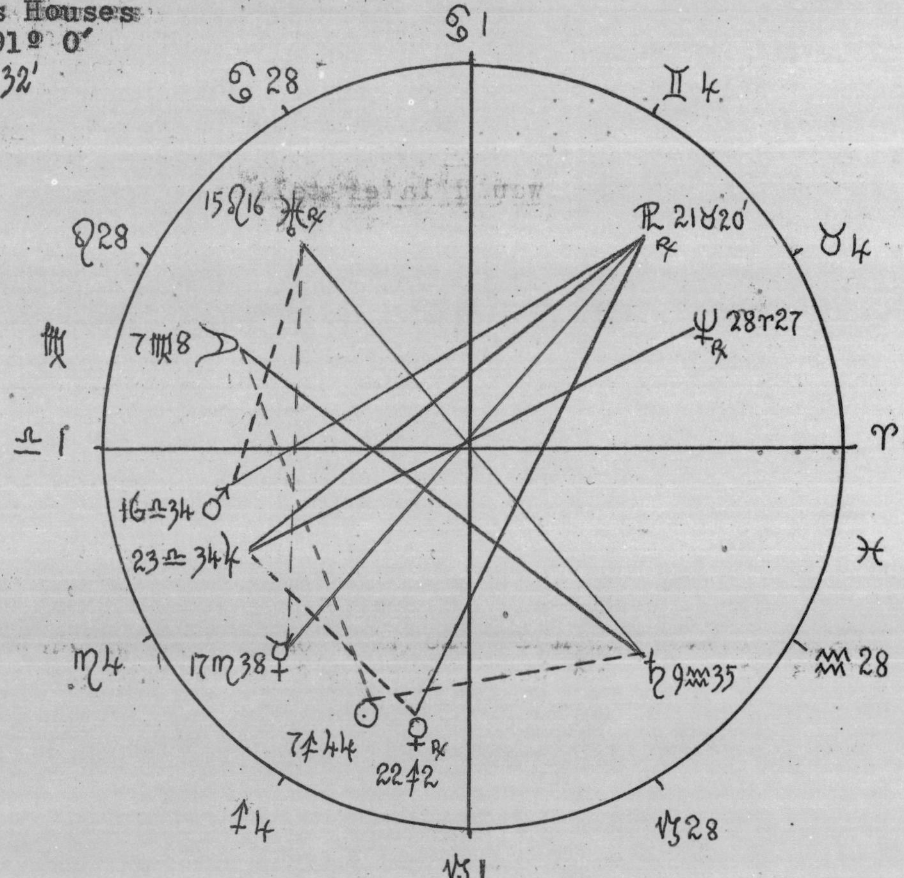

"The name of Jennie Spencer-Churchill makes its first official entry on October 22, 1874 (in a Visitor's Book at Blenheim Palace... It has the signature of the first Duke of Marlborough, dated 1708)... November was a peaceful month at Blenheim but it was climaxed by the annual St. Andrew's Ball. Her grandniece, Anita Leslie, claims that Lady Randolph was dancing when suddenly she had to hurry away while the party was still at its height... The facts are... "A rather imprudent and rough drive in a pony carriage brought on the pains on Saturday night," Randolph wrote to his mother-in-law. "We tried to stop them, but it was no use. They went on all Sunday."...

"Since there were few trains on Sunday, the London obstetrician failed to arrive when needed, and a local Woodstock doctor, Frederic Taylor, performed the historic delivery on November 30. 'The baby was safely born at 1:30 this morning after about eight hours labour,' Randolph continued. 'She suffered a good deal poor darling, but was very plucky and had no chloroform. The boy is wonderfully pretty so everybody says, dark eyes and hair and very healthy considering its prematureness.'...

"The Times of London reported at the head of its birth notices: 'On the 30th Nov., at Blenheim Palace, the Lady Randolph Churchill, prematurely, of a son.'"

The best example I know of speculative futilities & undocumented reports roundly debunked. The first are contemptible, but the second require notice: once done by me at length in Charles Carter's ASTROLOGY, Vol.24, N°2, June 1950, pp. 72-74. Briefly:

(a) Marion Mayer Drew in "101 Headline Horoscopes" (1941) "I will say at once that I am related to Mr. Churchill, and the information upon which I form this calculation is definite and reliable, although I am not at liberty to mention the source." Her figure is for around 11h.45m. p.m. Sunday (sic) 29 November 1874.

(b) ASTROLOGY (ed. C.E.O. Carter) December 1945, announced from an English source a birth during the two hours prior to midnight on 30 November. Carter would later tell me (letter 25 July 1946): "It seems we have authoritative evidence that Churchill was born under the end of Leo or the beginning of Virgo...my informant, a Lodge member, was told by a man whose mother, as he asserted, was present at the birth. Lady Randolph insisted when 8 months gone, on attending a ball at Blenheim Palace and was taken ill soon after it began; she was delivered in the ladies' cloak-room. I do not suppose balls in those days began much before nine."

(c) A.G.S. Norris's article in ASTROLOGY for March & June 1949, studied birth data obtained from deceased members of the Churchill family, ancient & modern, in séances: the mother felt unwell probably between 11.30 and midnight, while at a party at Blenheim Palace. She rose in some confusion and hurried to her room, hearing a church bell ringing as she did so. Labour lasted three or four hours, but no proper note was taken at the time of birth, which was in the early hours or may have been between four and five. The child came normally.

COMPLETE LIST, IN CHRONOLOGICAL ORDER, OF THE NATIVITIES RESEARCHED BY THE AUTHOR: year, month, day, name (* in this book)

LISTA COMPLETA, EM ORDEM CRONOLÓGICA, DAS NATIVIDADES LEVANTADAS PELO AUTOR: ano, mês, dia, nome (constante deste livro)*

*1133.03.05 - Henry II of England, surnamed Fitzempress
1155.02.28 - Henry the Young King
*1157.09.08 - Richard Cor Leonis
1158.09.23 - Geoffrey of Brittany
1162.10.13 - Eleanor Queen of Castille
*1165.08.21 - Philip II of France
*1167.12.24 - John "Lackland", King of England
1187.09.03 - Lewis VIII of France, surnamed The Lion
1207.10.01 - Henry of Winchester
1208.02.01 - D. Jaime de Aragon
1209.01.05 - Richard of Cornwall
1239.06.17 - Edward I of England
1242.06.25 - Beatrice, duchess of Brittany
1245.01.16 - Edmund, surnamed Crouchback
1245.04.30 - Philip III of France (Le Hardy)
1273.11.23 - Alfonso of Bayonne
1274.07.11 - Robert the First of Scotland, "The Bruce"
1279.03.11 - Mary of Windsor
*1284.04.25 - Edward II of England
1300.06.01 - Thomas of Brotherton
1301.08.05 - Edmund of Woodstock
1304.07.20 - Fraunceys Petrak (Francesco Petrarca)
1306.05.06 - Eleanor (3rd.child of Edward I and his 2nd.wife)
*1312.11.13 - Edward of Windsor
1315.08.15 - John of Eltham
1320.04.18 - D. Pedro I de Portugal
*1330.06.15 - Edward of Woodstock
*1338.01.21 - Charles V of France
1338.11.29 - Lionel of Antwerp
1345.10.31 - D. Fernando de Portugal
*1355.01.07 - Thomas of Woodstock
1355.08.16 - Philippa of Clarence
1358.04.11 - D. João I de Portugal
1366.04.04 - Henry of Lancaster

1367.01.06 - Richard II of England
1368.12.03 - Charles VI of France
1371.05.28 - Jean Sans Peur
1372.03.13 - Lewis, duke of Orleans
*1386.09.16 - Henry V of England
1389.11.09 - Isabel de France, 2nd.Queen of Richard II
1392.12.09 - D. Pedro de Aviz K.G.
1394.03.04 - D. Henrique de Portugal K.G.
*1401.10.27 - Catherine de Valois
1403.02.22 - Charles VII of France
1421.12.06 - Henry VI of England
1423.07.03 - Lewis XI of France
*1428.11.22 - Richard Neville, Earl of Warwick
1432.01.15 - D. Afonso V de Portugal
1439.08.10 - Ann Plantagenet, duchess of Exeter
1442.04.28 - Edward IV of England
1443.05.17 - Edmund Plantagenet of York
1443.05.31 - Margaret Beaufort
1444.09.22 - Elizabeth Plantagenet of York
1446.05.03 - Margaret Plantagenet of York
1449.10.21 - George Plantagenet, duke of Clarence
*1452.03.10 - D. Fernando V de España
*1452.09.21 - Girolamo Savonarola
1452.10.02 - Richard III of England
1455.05.04 - João II of Portugal
1456.06.11 - Ann Neville
1457.01.28 - Henry Tudor (The Usurper)
1456.12.08 - Leonor Queen of Portugal
1462.06.27 - Lewis XII of France
1466.02.11 - Elizabeth Plantagenet of York
*1469.07.01 - D. Manuel I de Portugal
1470.06.30 - Charles VIII of France
1470.11.02 - Edward V of England
1476.01.26 - Anne de Bretagne
1476.09.11 - Louise de Savoie
*1478.02.07 - Sir Thomas More
1480.04.18 - Lucrezia Borgia
1486.09.20 - Arthur Tudor
*1489.11.28 - Margaret Tudor, Queen of Scotland
*1491.06.28 - Henry Tudor

1492.04.11 - Margaret of Agouleme
1492.04.20 - Pietro Aretino
1492.07.02 - Elizabeth Tudor
1494.09.12 - Francis I of France
1496.03.18 - Mary Tudor
1499.02.21 - Edmund Tudor
1499.10.13 - Claude of France
1500.02.24 - The Emperor Carlos V of Germany
1500.11.02 - Benvenuto Cellini
1502.06.06 - João III of Portugal
1503.02.02 - Katherine Tudor
1506.04.08 - Fatidicae Mulieris (an example from Hieronymus Cardanus)
1511.01.01 - Henry Tudor
*1512.01.31 - Cardinal Dom Henrique of Portugal
1512.04.10 - James Stuart
1515.10.08 - Lady Margaret Douglas
*1516.02.18 - Mary I of England ("Bloody Mary")
1516.03.11 - Henry Brandon, Earl of Lincoln
1517.07.16 - Frances Brandon
*1519.03.31 - Henry II of France
*1519.04.13 - Catherine de Medici
1520.08.10 - Magdelaine de France, Queen of Scotland
1520.09.13 - Sir William Cecil, K.G., Lord Burghley
1521.06.08 - Infanta Da.Maria de Portugal, "a sempre noiva"
1527.05.21 - Philip II of Spain
*1533.02.28 - Michel D'Ayquem, Sieur de Montaigne
1533.04.24 - William of Nassau, surnamed "The Silent"
*1533.09.07 - Elizabeth I of England, "The Virgin Queen"
1534.09.07 - Robert Dudley, Earl of Leicester
1536.01.29 - male Tudor stillborn, son of Ann Bullen by Henry VIII
1537.10.12 - Edward VI of England
1540.09.17 - Walter Devereux, Earl of Essex
*1542.12.07 - Mary Stuart
*1544.01.19 - François II de France
1547.02.26 - Sir George Carey
1549.11.01 - Anna of Austria
1550.06.27 - Charles IX of France
*1551.09.19 - Henri III de France, the last Valois
*1552.12.31 - Dr. Simon Forman, astrologer and conjuror
1553.05.14 - Marguerite de Valois

*1553.12.14 - Henri IV of France
1554.01.20 - D. Sebastião de Portugal
1554.06.05 - Donna Elizabeth of Austria
1555.04.22 - Jane Fromonds (Dr. John Dee's 2nd. wife)
1558.08.08 - George Clifford
1560.07.08 - Margaret Clifford, née Russell
1563.03.05 - Sir John Coke
1563.06.23 - Joan Cooper, wife of Sir Edward Kelley
1564.11.22 - Henry Brooke
1566.06.19 - James Stuart
1566.11.10 - Robert Devereus, 2nd. Earl of Essex
1573.10.07 - William Laud
*1575.04.26 - Maria de Medici
1564.08.21 - Winifred Goose (client of Dr. John Dee)
1577.02.06 - Beatrice Cenci
1578.07.27 - Frances Howard
1583.03.03 - Edward Lord Herbert of Cherbury
*1588.04.05 - Thomas Hobbes Malmesburiensis
1590.05.31 - Lady Frances Howard
1591.01.11 - Robert Devereux, 3rd. Earl of Essex
1592.08.29 - George Villiers
*1593.01.18 - William Backhouse, alchemist
1593.04.13 - Thomas Wentworth
1594.02.19 - Henry Frederick Stuart, Prince of Wales
1595.04.20 - Henri II, Duc de Montmorency
1596.08.06 - Frederick V, Count Palatine of the Rhine
1596.08.19 - Elizabeth Stuart, Princess Royal of Great Britain
*1599.04.25 - Oliver Cromwell
1600.11.19 - Charles Stuart, "The Martyr"
*1601.03.24 - John Booker, astrologer
*1601.09.17 - Lewis XIII of France, "Le Juste"
*1602.05.01 - William Lilly, astrologer
*1602.11.22 - Elizabeth of France
*1603.07.11 - Sir Kenelm Digby
1605.04.08 - Mary Stuart (who died in infancy)
*1606.02.10 - Chrétienne de France, Madame Royale
*1607.04.16 - Monsieur, Duc d'Orléans (never had a christian name)
1607.07.14 - Wenceslaus Holler, artist
*1608.04.25 - Gaston Jean-Baptiste de France, Duc d'Orleans, Monsieur
1608.12.08 - George Monk, duke of Albermarle, K.G.

1608.12.09 - John Milton, poet
1609.02.18 - Edward Hyde, Earl of Clarendon
*1609.11.15 - Henriette Marie de France, La Reine Malheureuse
1610.10.19 - James Butler, 12th Earl and 1st duke of Ormonde
*1611.03.01 - John Pell, D.D., linguist and mathematician
1615.11.12 - The Rev. Richard Baxter
1618.07.14 - Cornet George Joyce of Whaley's Regiment
1619.09.19 - Major-General John Lambert
1619.12.17 - Prince Rupert of the Rhine, K.G.
1621.01.06 - Prince Maurice of the Rhine
1621.07.22 - Sir Anthony Ashley Cooper
1625.07.27 - Admiral Sir Edward Montagu, K.G.
*1626.03.12 - John Aubrey, Esquire, F.R.S.
*1626.12.08 - Queen Christina of Sweden
1627.05.29 - Anne Maria Louise d'Orléans, la Grande Mademoiselle
1627.01.01 - (1628?) John Gadbury, physician and astrologer
1628.01.30 - George Villiers, 2nd. duke of Buckingham
1628.07.11 - Henry Howard of Norfolk, F.R.S.
*1628.09.14 - Dr. Francis Bernard, physician
1628.12.26 - Mrs. John Gadbury (1st. wife)
1629.04.29 - Ruth Nedham (3rd. wife of William Lilly)
1629.05.13 - Charles James Stuart
1629.11.20 - Ernst August of Guelph
1630.05.29 - Charles II of Great Britain and Ireland
1630.10.13 - Sophia, Electress of Hanover
1631.08.09 - John Dryden, dramatist and poet
1631.11.04 - Mary Stuart, Princess Royal, Princess of Orange
1632.12.17 - Anthony Wood, historian
1633.10.14 - James II of Great Britain and Ireland
1635.12.28 - Elizabeth Stuart
1637.03.17 - Anne Stuart
*1638.09.05 - Louis XIV de France et de Navarre, le Roi Soleil
1638.11.25 - Dona Catarina de Bragança
*1640.01.01 - Arthur Coga (English pioneer in blood transfusion)
1640.07.08 - Henry of Oatlands, Earl of Cambridge, Duke of Gloucester
1640.09.21 - Philippe d'Anjou, "Monsieur", Duc d'Orléans
1641.05.12 - Barbara Villiers
1642.03.03 - Hester Davenport, comedian
1642.03.15 - Anna Maria Brudenell, countess of Shrewsbury
1643.08.21 - D. Afonso VI de Portugal

1643.01.24 - Charles Sackville, courtier and poet
1644.06.16 - Henrietta Anne d'Angleterre, duchesse d'Orléans
*1644.08.06 - Louise-Françoise de la Vallière
1645.03.29 - Mary Davis
1645.04.26 - John Gadbury's mistress
1646.08.31 - Louise Renée de Pénancoet de Kéroualle
1646.12.01 - Jane Bickerton
*1647.07.08 - Frances Teresa Stewart, "La Belle Stuart"
*1648.04.04 - Grinling Gibbons, sculptor and carver
1648.04.26 - D. Pedro II de Portugal
1649.08.31 - Charles Pamphlin
*1650.02.02 - Nell Gwyn, comédienne of The King's Playhouse, Drury Lane
1650.11.14 - William III of Orange and Great Britain
1651.02.11 - Ann Scott, duchess of Monmouth and Buccleuch
*1645.08.09 - George Parker, astrologer and maker of ephemerides
*1655.04.11 - Matthew Tindal, English deist and philosopher
1660.05.28 - George Lewis
1660.05.29 - Sarah Jennings, duchess of Malborough
1660.08.11 - Henrietta baroness Wentworth
1662.04.30 - Mary Stuart
1664.03.20 - Madam Taylor
1665.02.06 - Anne Stuart
1674.08.02 - Philippe, Duc d'Orléans, Régent de France
1688.06.10 - James Francis Stuart
1689.10.22 - Dom João V de Portugal
1707.01.20 - Frederick Lewis, Prince of Wales
*1707.05.13 - Carl von Linné or Linnaeus, Swedish botanist
1709.10.22 - Princess Anne
*1710.02.15 - Louis XV de France
1710.03.16 - Louise-Julie de Mailly-Nesle
1711.05.30 - Princess Amelia Sophia Eleanor (Emily)
1713.05.30 - Princess Caroline Elizabeth
1714.05.26 - Dom José I de Portugal
1717.11.02 - George William
1721.04.15 - William Augustus, duke of Cumberland
1722.12.29 - Jeanne-Antoinette Poisson, marquise de Pompadour
1723.02.22 - Mary (4th. daughter of George II of Gt.Britain)
1724.12.07 - Louisa (5th. daughter of George II of Gt.Britain)
*1729.04.21 - Catherine the Great of Russia
1732.02.11 - George Washington

1734.12.06 - Dona Maria I de Portugal
1737.07.31 - Princess Augusta
1738.05.24 - Prince George William Frederick
1739.03.14 - Edward Augustus
1740.12.30 - Elizabeth Caroline
1743.08.19 - Jeanne Béqus, Madame la Comtesse du Barry
1743.11.14 - William Henry, duke of Gloucester and Edinburgh
1745.10.27 - Henry Frederick, duke of Cumberland and Strathern
1749.03.08 - Louisa Anne
1750.05.13 - Frederick William
1751.07.11 - Caroline Matilda
1756.01.27 - Wolfgang Amadeus Mozart
1758.05.06 - Maximilien-Marie-Isidore de Robespierre
1758.11.27 - Mary Robinson, née Darby
1762.08.12 - George Augustus Frederick
1763.08.16 - Frederick, duke of York
1765.08.21 - Willialm Henry, duke of Clarence
1767.05.13 - Dom João VI de Portugal
1767.11.02 - Edward Augustus, duke of Kent
1768.05.17 - Princess Carolina Amelia Elizabeth
1768.11.08 - Princess Augusta Sophia
1770.12.16 - Ludwig Van Beethoven
1771.06.05 - Ernest Augustus, duke of Cumberland
1773.01.27 - Augustus Frederick, duke of Sussex
1774.02.24 - Adolphus Frederick, duke of Cambridge
1776.04.25 - Princess Mary (4th. daughter of George III of Gt. Britain)
1777.11.03 - Princess Sophia (5th. daughter of George III)
1783.08.07 - Princess Amelia (6th. daughter of George III)
*1786.01.25 - Benjamin Robert Haydon, painter
1797.01.31 - Franz Peter Schubert
1798.10.12 - Dom Pedro de Alcantara, Dom Pedro I do Brasil
1799.05.20 - Honoré de Balzac
1802.10.26 - Dom Miguel de Portugal
1804.12.06 - Wilhelmine Schroeder-Devrient, German soprano
*1805.04.02 - Hans Christian Andersen, writer of fairy tales
1818.05.05 - Karl Marx
1819.02.08 - John Ruskin, art critic
1821.03.19 - Sir Richard Burton, linguist, translator, explorer
*1825.12.02 - Dom Pedro II do Brasil
1826.07.04 - Stephen Foster, composer of American folk song

1837.02.23 - Maria Rosalia Rita de Castro, Spanish poet
1837.04.05 - Algernon Charles Swinburne, English poet
1840.11.21 - Victoria Adelaide, Princess Royal
*1846.07.29 - Dona Isabel, Princess Imperial of Brasil
1852.05.24 - Robert Bontine Cunninghame Graham
1864.01.08 - Albert Victor
1864.11.24 - Henri de Toulouse-Lautrec
*1867.05.26 - Mary of Teck
*1874.11.30 - Sir Winston Churchill, K.G.
1887.09.07 - Edith Sitwell, poet and writer
1889.05.05 - Reimar Von Vullow Radum, pianist, mystic, recluse
1890.11.22 - General Charles de Gaulle
1896.05.22 - Cyril Fagan, rediscoverer of the Fixed Zodiac
1911.12.28 - Erna Bastian, astrologer